LE FÉMINISME POP

SANDRINE GALAND

LE FÉMINISME POP

LA DÉFAILLANCE DE NOS ÉTOILES

remue-ménage

Couverture : Remue-ménage
Infographie : Folio infographie

Catalogage avant publication de Bibliothèque et Archives nationales du Québec et Bibliothèque et Archives Canada

Titre : Le féminisme pop : la défaillance de nos étoiles / Sandrine Galand.
Noms : Galand, Sandrine, autrice.
Description : Comprend des références bibliographiques.
Identifiants : Canadiana 20210058862 | ISBN 9782890917644
Vedettes-matière : RVM : Femmes dans la culture populaire. | RVM : Féminisme dans les médias.
Classification : LCC HQ1150.G35 2021 | CDD 305.42—dc23

ISBN (pdf) : 978-2-89091-765-1
ISBN (epub) : 978-2-89091-766-8

Réimpression, 2021

© Sandrine Galand et les Éditions du remue-ménage
Dépôt légal : troisième trimestre 2021
Bibliothèque et Archives nationales du Québec
Bibliothèque et Archives Canada

Les Éditions du remue-ménage
C.P. 65057, B.P. Mozart
Montréal (Québec) H2S 2S0
Tél. : +1 514 876-0097
info@editions-rm.ca
www.editions-rm.ca

DIFFUSION ET DISTRIBUTION
Au Canada : Diffusion Dimedia
En Europe : Hobo Diffusion

Les Éditions du remue-ménage bénéficient du soutien de la Société de développement des entreprises culturelles du Québec (SODEC) et du Conseil des arts de Montréal pour leur programme d'édition. Nous remercions le Conseil des arts du Canada de l'aide accordée à notre programme de publication. Nous reconnaissons l'appui financier du gouvernement du Canada pour nos activités d'édition.

À Mélanie, ma seule certitude.
Tous mes mots ne seront toujours que pour toi.
K'kzalmel, n'gezalem. Askamiwi.

Quand j'étais enfant, mon père n'aimait pas que je joue aux Barbies. Il était très au fait des critiques qui, dans les années 1980, fusaient de partout, tissant des liens entre l'augmentation des troubles alimentaires chez les jeunes filles et la taille de guêpe impossible à atteindre de la poupée de Mattel. Ça me mettait en colère. Si seulement j'avais pu lui expliquer qu'elles ne représentaient pas pour moi un corps de femme à idéaliser, mais plutôt des textes en attente d'être écrits. Mais, ça, bien sûr, je ne le comprenais pas encore moi-même. Tout ce que je savais, c'est que rien dans ce jeu ne me fragilisait. Au contraire, je m'y sentais toute-puissante. En dépit de la méfiance de mon père, mes séances de jeu sont devenues, au fil des années, un véritable rituel. Épuisée de voir traîner sur le plancher de ma chambre les larges bacs de plastique emplis de figurines, de vêtements et d'accessoires divers, ma mère les avait déplacés au sous-sol, dans l'ancien garage converti en chambre d'invité où personne n'allait jamais. Quand l'envie me prenait de jouer, je descendais les escaliers recouverts de tapis beige à poil ras, puis pénétrais dans la pièce, refermant précieusement la porte derrière moi. Je m'installais, assise en tailleur sur le lit. Autour de moi, déployées comme les points de fuite d'une toile encore à peindre, mes Barbies étaient prêtes à entrer en scène. Là, dans le mutisme le plus complet, je leur créais des mondes élaborés dans lesquels il n'y avait ni princesses ni princes. Avec le recul, je réalise maintenant que ma pratique d'écriture a commencé ainsi : dans mon sous-sol, mes Barbies plantées sur mes genoux, à leur écrire des vies en silence dans ma tête, des heures durant. Je sais que j'écris parce que j'ai aimé les Barbies.

Sont ensuite arrivées les Spice Girls. Si ma mère me laissait écouter leur musique à contrecœur, elle refusait que je regarde leurs vidéoclips, effrayée de voir des femmes en si petite tenue se dandiner pour le plaisir de jeunes filles. Pourtant, ce sont elles qui m'ont donné pour la première fois l'impression qu'être une fille, c'était bien, et que je pouvais frapper aussi fort que les garçons au ballon-chasseur. Chaque récréation, je m'entraînais à perfectionner le coup de pied circulaire, signature de Mel C. Puis est venue Hermione, dans *Harry Potter*, qui m'a appris qu'une fille qui aimait l'école pouvait sauver le monde. Puis j'ai connu Beatrix Kiddo, de *Kill Bill*, et mémorisé toutes ses répliques en l'étudiant décapiter celles et ceux qui croisaient sa fureur. Enfin, un jour, j'ai rencontré Sarah Connor, dans *Terminator*, et je suis un peu tombée amoureuse.

Toutes ces femmes, produits d'une industrie culturelle puissante, étaient résolument populaires. D'aussi loin que je me souvienne, j'ai aimé le pop : d'abord sa musique — quand j'ai pu acheter mon premier CD, mon choix s'est arrêté sur Britney Spears, cette nouvelle sensation de la chanson qui polarisait alors les débats à cause de son allure de jeune écolière hypersexualisée —, puis sa télévision et tous ses dérivés. J'aime les femmes du pop. Je les aime comme amies, comme amantes, comme sœurs. Elles m'accompagnent en musique, en lecture, en cinéma. J'aime les « bonnes » comme les « mauvaises », les réelles comme les fictives. De Beyoncé à Nicki Minaj, de Carrie Bradshaw à Katniss Everdeen, de Dana Scully à Lara Croft. Cependant, c'est également d'aussi loin que je me souvienne qu'il m'a fallu défendre ces amours, que je les intellectualise à outrance ou que je les tourne en dérision, pour lutter contre leur dépréciation par mon entourage. Une fois admise entre les murs du savoir, j'ai constaté que, si la dichotomie entre la doxa universitaire et la soi-disant impureté de la culture populaire s'était désormais adoucie, toutes choses pop n'étaient pas bonnes à aimer de manière équivalente, comme si les mots de Virginia Woolf résonnaient encore d'un à-propos déconcertant : « Pour le dire crûment, le football et le sport sont "importants", tandis que le culte de la mode et l'achat de vêtements sont futiles[1]. » Certaines composantes

---

1. Virginia Woolf, *Une pièce bien à soi*, trad. Elise Argaud, Paris, Payot Rivages, 2011, p. 128.

de la culture pop attiraient le respect, alors que d'autres restaient dans l'ombre. Heureusement, durant mes années d'études, j'ai observé un changement de ton. Aux thèses sur le baseball se sont ajoutées celles sur l'humour au féminin ou celles s'intéressant aux études sur la grosseur (*fat studies*). L'amorce de ma réflexion s'est tout de même faite sous le signe du combat. Il me fallait me défaire de mes propres craintes par rapport à la légitimité d'un sujet qui appartient — du moins, c'est ce qu'il me semblait — à ces objets culturels constamment relégués à l'insignifiance parce qu'ils traitent, dit-on, « des sentiments des femmes[2] ». Moi qui avais toujours aimé les femmes en pop, je leur avais tourné le dos par crainte qu'elles me délégitiment comme intellectuelle.

Maintenant, il me fallait réapprendre à les aimer.

★

Je fais mon entrée au doctorat en septembre 2012, le conflit de la grève étudiante vient à peine de prendre fin. J'ai passé les derniers mois à arpenter les rues de Montréal et quelque chose s'est brisé en moi à force d'être témoin de la violence silencieuse qui gronde alors dans les rues de la métropole. J'ai réalisé combien les corps n'existent pas tous de la même manière dans l'espace. La même scène me revient toujours en tête : une jeune fille, environ du même âge que moi, ses cheveux noués dans une queue de cheval, assise sur le bord d'un trottoir, à regarder passer la manifestation parce que, sans doute, elle se repose un peu avant d'y retourner ; et un policier, chargé d'encadrer la même manifestation, qui, en passant derrière elle — parce qu'il est plus fort, parce qu'il en a le droit, parce qu'il méprise ceux qu'il est censé protéger —, décide d'empoigner la couette de cheveux et de tirer. Je vois la nuque de la jeune fille se cambrer violemment par l'arrière. Je vois le sourire satisfait du policier. J'ai les poings serrés.

Deux ou trois mois plus tard, dans un 5 à 7 universitaire, une étudiante se fait embrasser contre son gré par son professeur.

L'hiver suivant, je suis un séminaire où, pour la première fois en sept ans d'études en littérature, le corpus à l'étude est entièrement composé d'œuvres créées par des écrivaines. Pourtant, si souvent, on

---

2. *Ibid.*, p. 129.

m'a donné à lire des corpus 100 % masculins. Je suis soudainement affamée. Je dévore tout ce qui est au programme. Je recherche un espace et des voix pour penser les changements qui s'opèrent à l'intérieur de moi.

Et puis, 2014 arrive.

Autour de moi gronde un nouvel ordre qui va lentement façonner les assises de ce livre.

*

Au début de l'année 2014, le mot-clic #MMIW (pour « *Missing and Murdered Indigenous Women*[3] »), créé par la cheffe Sheila North Wilson en 2012, devient l'un des sujets de l'heure sur Twitter pour dénoncer les violences terribles dont sont victimes les femmes et les filles autochtones. Quelques mois plus tard, la Gendarmerie royale du Canada (GRC) publie un rapport dans lequel elle reconnaît que les femmes des Premières Nations, qui représentent 4 % des Canadiennes, comptent pour 16 % des cas de féminicides et pour 11,3 % des cas de disparitions entre 1980 et 2012[4]. Quelques jours après la publication du rapport, on retrouve le corps de Tina Fontaine, une étudiante de 15 ans et membre de la nation Sagkeeng, enfoui dans un sac au fond de la rivière Rouge au Manitoba.

Le 17 mai, grâce au travail acharné d'une coalition féministe, Facebook cesse de censurer les photographies d'allaitement. Pourtant, l'épreuve du temps montrera que le réseau social a encore une idée bien arrêtée de la manière dont les corps féminins doivent se dénuder : une poitrine à peine contenue par un bikini microscopique, mais pas le mamelon d'une femme en train d'allaiter; un corps taille 4 posant en sous-vêtements devant le miroir, mais pas un corps taille 10; les gros plans sur l'entrejambe, mais pas ceux qui laissent deviner les poils pubiens. Facebook nous envoie un message très simple, écrit la

---

3. Si la version française de l'acronyme existe — les femmes et les filles autochtones disparues et assassinées (FFADA) —, son mot-clic, lui, est beaucoup moins usité dans la twittosphère.

4. Gendarmerie royale du Canada, « Les femmes autochtones disparues et assassinées : un aperçu opérationnel national », 27 mai 2014.

chroniqueuse Jessica Valenti : « S'il vous plaît, nous acceptons seulement les photographies de femmes que des hommes voudraient baiser[5]. »

Le 23 mai, dans la communauté balnéaire d'Isla Vista en Californie, un homme lourdement armé tue six personnes et en blesse 13 autres. Dans les jours qui suivent, l'enquête montre que l'attaque était préméditée et qu'elle visait les femmes, que le tueur détestait. En quelques heures, sur les réseaux sociaux, le mot-clic #YesAllWomen détrône le controversé #NotAllMen[6] : les hommes ne sont peut-être pas tous des agresseurs, mais toutes les femmes subissent les violences du sexisme ordinaire et de la misogynie, clament en chœur plus de deux millions de gazouillis. Ce soir-là, dans un souper, le conjoint d'une amie me demande si je crois à ça, moi, la culture du viol.

En juillet, Laverne Cox devient la première personne trans à être nommée pour un Emmy. Pour celles et ceux qu'elle nomme affectueusement ses « frères et sœurs transgenres », cette nomination est tout sauf banale : « Personnellement, je suis une personne qui consomme la culture *mainstream*. Et je veux m'y voir. […] J'ai des intérêts *mainstream*. Ce n'est pas parce que je suis Noire et trans que je ne suis pas *mainstream* et que je ne consomme pas la même culture que tout le monde[7]. »

En août, Anita Sarkeesian, une vidéoblogueuse féministe qui s'intéresse à l'univers des jeux vidéo, annule une allocution qu'elle devait donner à l'Université d'État de l'Utah après que l'administration a reçu une mise en garde anonyme. Les mots violents circulent abondamment sur les réseaux sociaux : « Si vous la laissez venir [dans cette université], elle va mourir en hurlant comme la petite pute lâche qu'elle est… J'écrirai mon manifeste avec son sang versé, et vous serez témoins de tout le mal causé aux hommes d'Amérique

---

5. Jessica Valenti, « Social Media Is Protecting Men from Periods, Breast Milk and Body Hair », *The Guardian*, 30 mars 2015.
6. Le premier mot-clic pourrait se traduire par « Oui, toutes les femmes » alors que le deuxième signifie « Pas tous les hommes ».
7. Aleksandra Gjorgievska et Lily Rothman, « Laverne Cox Is the First Transgender Person Nominated for an Emmy — She Explains Why That Matters », *Time*, 10 juillet 2014.

par les mensonges et le poison féministes[8]. » Sarkeesian est habituée à ce genre de menaces depuis qu'elle alimente sa plateforme *Feminist Frequency*, mais, cette fois, elle décide de ne pas prendre la parole parce que les dirigeants de l'université refusent de lui assurer que les armes légales seront contrôlées sur le site de sa conférence.

En septembre, la finissante en arts visuels Emma Sulkowicz déambule sur le campus de la très réputée Université Columbia avec un matelas de 23 kilos sur le dos. Ce matelas est semblable à ceux qui se retrouvent dans chaque chambre de chaque dortoir étudiant. Ce matelas est semblable à celui sur lequel elle s'est fait violer en 2012 par un autre étudiant. Elle le portera jusqu'en mai 2015, jusqu'à la cérémonie de remise des diplômes.

Durant la même période, l'actrice Emma Watson livre un vibrant plaidoyer à l'Organisation des Nations unies en tant qu'ambassadrice de bonne volonté d'ONU Femmes pour le lancement de la campagne «HeForShe», une initiative visant à mobiliser des hommes de tous âges pour qu'ils s'engagent dans la lutte pour l'égalité des sexes. Son allocution polarise les débats. Malgré la réception généralement enthousiaste de son discours et du message qu'il promeut, l'actrice reçoit une pluie de critiques provenant de féministes : on lui reproche son aveuglement devant ses propres privilèges[9]. L'idée du féminisme populaire commence à être discutée sur de nombreuses tribunes.

Le 16 octobre, sur la scène du Trocadero, à Philadelphie, l'humoriste Hannibal Buress accuse Bill Cosby d'être un violeur. Une personne dans la salle enregistre le numéro et le partage sur les réseaux sociaux, où la vidéo devient virale, ce qui relance l'intérêt des médias quant à la série de scandales d'agressions sexuelles entourant l'intouchable vedette du *Cosby Show*. Jusqu'à sa condamnation pour viol en 2018, plus de 60 femmes prendront la parole pour dénoncer les abus et les violences sexuelles qu'il leur aura fait vivre, entre 1965 et 2008.

---

8. Eliana Dockterman, «What Is #GamerGate and Why Are Women Being Threatened About Video Games ? », *Time*, 16 octobre 2014.
9. Pascale Navarro, «Emma Watson et le "diplôme" de féminisme», *Le Devoir*, 1er octobre 2014 ; Pascale Navarro, «Beyoncé, Emma et nous », *La Gazette des femmes*, 4 octobre 2014.

À peine quelques jours plus tard, la CBC renvoie son présentateur radio vedette, Jian Ghomeshi, en lien avec des accusations d'agressions sexuelles. La crédibilité des femmes ayant porté plainte est rapidement attaquée : pourquoi n'ont-elles rien dit jusqu'à maintenant ? Deux journalistes montréalaises, Antonia Zerbisias et Sue Montgomery, décident d'offrir leur soutien aux femmes portant les dénonciations sur leurs épaules en révélant que, elles aussi, ont subi un viol sans le rapporter aux autorités. Elles créent le mot-clic #BeenRapedNeverReported (#AgressionNonDénoncée), qui est relayé par plus de huit millions de personnes. Au cours des semaines qui suivent, plus d'une quinzaine de femmes accuseront Ghomeshi d'agressions sexuelles, et six de ces cas seront portés devant la cour deux ans plus tard, où il sera acquitté.

Le 19 décembre, la Ms. Foundation for Women, une organisation à but non lucratif fondé en 1972 par Gloria Steinem, Patricia Carbine, Letty Cottin Pogrebin et Marlo Thomas, annonce, en collaboration avec le magazine *Cosmopolitan*, leur palmarès des dix personnalités féministes de l'année. Au sommet trône Emma Watson, puis, dans l'ordre : Laverne Cox, Rachel Maddow, Beyoncé, Cher, Amy Poehler, Tina Fey, Meryl Streep, Mindy Kaling, Ann Curry. Dix célébrités.

À la fin de l'année 2014, je tiens l'ébauche d'un livre.

*

Ce livre s'est donc écrit avec le dehors. Ou, pour le dire plus justement, le dehors s'est inscrit entre ses pages, petit à petit, jusqu'à en faire intégralement partie. Les divers éléments qui allaient en façonner le cœur — le noyau — m'ont accompagnée à l'extérieur de l'espace de l'écriture bien avant qu'ils ne se mettent à composer ma question de travail. Au lieu de poser une hypothèse de départ à partir d'un échantillon d'analyse, comme on le ferait devant tout bon problème scientifique ou tout travail de recherche, il m'a plutôt fallu travailler avec l'intuition d'un échantillon, d'un corpus. Il m'a fallu émettre des hypothèses à partir d'un corpus en progression, d'un bassin d'analyse qui se mettait à exister en même temps que l'écriture. Là se pose sans doute l'un des premiers ancrages de ma réflexion. Celle-ci a pris le pari de s'écrire au présent, de se pencher sur un phénomène en train de se faire, avec ce que cela entraîne comme défis, comme écueils, mais aussi avec ce que cela génère comme joie de partager avec nombre d'ami·e·s et collègues mes intérêts de recherche. Entre ces pages, leurs voix sont désormais entrelacées.

Car au moment où je commence à dessiner les contours de ce livre, autour de moi, les féminismes sortent de l'ombre. Ils ne semblent plus appartenir uniquement à la sphère militante ou à l'univers des livres de théorie. Non seulement les mobilisations sociales féministes investissent les réseaux sociaux — le mouvement #MeToo[10] en 2017 en constituant une forme d'apogée —, rejoignant ainsi une grande masse de personnes aux motivations politiques diverses, mais le terme «féminisme» lui-même est de plus en plus saupoudré dans les médias et dans les différentes productions des industries culturelles nord-américaines. Épithète que l'on n'aurait jamais utilisée auparavant pour décrire une série télévisée, de peur de repousser le grand public, voilà maintenant que l'on qualifie de féministe toute série présentant

---

10. Mot-clic devenu viral en octobre 2017 à la suite d'un gazouillis de l'actrice Alyssa Milano, il s'est ensuite décliné en #MoiAussi au Canada francophone ou en #BalanceTonPorc en France, puis dans de nombreuses autres langues à travers le monde. Cette expression a été initialement utilisée par Tarana Burke en 2006 sur la plateforme MySpace. À cette époque, il s'agissait d'un mouvement social visant à créer un *empowerment* chez les femmes racialisées victimes d'agressions sexuelles par le biais de l'empathie générée par le partage de leurs expériences. Presque dix ans plus tard, en colère et désillusionnée devant la vague de dénonciations entourant le puissant producteur hollywoodien Harvey Weinstein, Alyssa Milano invite les femmes à briser le silence sur les violences sexuelles qu'elles subissent quotidiennement en les partageant sur Twitter, suivi du mot-clic #MeToo. En à peine 24 heures, plus de 32 000 gazouillis sont générés. Au moment d'écrire ces lignes et plusieurs années après l'arrivée de #MeToo dans l'espace public, on en est encore à mesurer son impact. Ce débat né au cœur d'Hollywood, l'une des industries culturelles les plus sexistes, a entraîné dans son sillage des questionnements importants sur les rapports de pouvoir entre hommes et femmes, sur la culture du viol et sur une masculinité toxique considérée comme la norme. Il a entraîné des prises de position officielles — par des dirigeants de compagnie, par exemple, qui ont adopté des politiques antiharcèlement —, des législations gouvernementales et une prise de conscience généralisée.

des personnages féminins un tant soit peu élaborés. Il semblerait que «le-féminisme» soit la nouvelle saveur, le mot-clic de l'heure. Nous voilà devant un féminisme entretenant d'étroits rapports avec les notions de vedettariat, de succès, de richesse et de prestige, tout en semblant se retirer de l'action directe et du militantisme. Un féminisme célébré dans les médias, de façon assez consensuelle, mais qui, du même geste, est parfois disqualifié dans les sphères intellectuelle et militante justement parce qu'il capitule devant les univers du spectacle, de la consommation et de la production de masse. On l'aime et l'on s'en méfie, tout à la fois.

Les médias tentent de circonscrire ce changement de paradigme à coups de nouvelles appellations. Certains le situent toujours dans le ressac du postféminisme, certains se contentent de traiter plus généralement de «quatrième vague», et les plus inventifs de *feel-good feminism* (féminisme de bonne conscience) ou de *cupcake feminism* (féminisme-gâteau). Pour ma part, j'ai choisi d'adopter une appellation qui permet à la fois d'inscrire les féminismes dans une pensée de la culture populaire — puisqu'il y fleurit plus que jamais auparavant — et d'appréhender l'engouement entourant cette inscription : je parlerai donc sobrement de féminisme pop.

Au cœur de ce gain de popularité que connaissent les féminismes, plusieurs vedettes se réclament d'une posture féministe. Dans les interviews qu'elles donnent ou sur leurs réseaux sociaux, elles s'affichent ouvertement comme telle. Aux questions du type «Quels sont tes essentiels dans un sac à main» que l'on pose aux stars de l'heure dans les magazines féminins s'ajoute maintenant la question : «Te considères-tu féministe ?» Non seulement elles se disent féministes, mais elles se servent de cette étiquette pour définir leur image de marque, leur *branding*. En plus d'être des actrices influentes de la culture populaire contemporaine, elles ont quotidiennement rendez-vous avec des milliards d'êtres humains, par le biais de la télévision et des journaux, mais aussi des réseaux sociaux qu'elles infiltrent. Elles prennent parole sur tous les fronts : Twitter, Facebook, Instagram, magazines, journaux, blogues, podcasts, talk-shows.

Bien sûr, je pense immédiatement à la chanteuse Beyoncé Knowles-Carter qui, lors d'un spectacle en 2014, a affiché en lettrages lumineux géants le mot «FEMINIST», transformé en mot-clic pour l'occasion — j'y reviendrai longuement plus loin. Mais les exemples abondent. On pourrait penser à la comédienne et réalisatrice Mindy Kaling, d'ailleurs nommée «femme de l'année», en 2014, par le magazine *Glamour*, qui se déclare féministe et confesse l'importance d'une telle orientation dans la création de sa série télévisée *The Mindy Project*[11]. On peut aussi penser à des éditorialistes comme Caitlin Moran, Roxane Gay ou Jessica Valenti, qui observent l'actualité et la culture pop à partir de leur posture féministe respective dans des quotidiens comme *The New York Times*, *The Guardian* ou *The Time*. Dans une entrevue à la BBC, la chanteuse Miley Cyrus laisse nonchalamment tomber qu'elle se considère comme «l'une des plus grandes féministes du monde» parce que, selon elle, ce qu'elle symbolise dans l'univers de la musique pop rappelle aux femmes qu'elles ne doivent avoir peur de rien[12]. Pour sa part, une autre chanteuse, Taylor Swift, après avoir d'abord refusé l'appellation, revient sur ses paroles en expliquant que son amitié avec Lena Dunham, la créatrice de la série *Girls*, lui a ouvert les yeux sur l'importance de l'étiquette elle-même[13].

Ce qui m'amène à me demander : que penser de ces multiples facettes de la *peopolisation*, soit la tendance à aborder différents enjeux à partir du point de vue des vedettes, que connaissent les féminismes depuis quelques années ? Et plus précisément, que penser de cette tranche plutôt consensuelle des féminismes dont se revendiquent ces vedettes ? Comment réfléchir le féminisme en lien avec sa mise en spectacle, sa marchandisation ? Quels sont le rôle, la place, l'impact, le pouvoir qu'ont ces stars ? Que gagnent-elles à se dire féministes au cœur du star-système qui est le leur ? Et surtout, est-il possible d'envisager que les célébrités qui se réclament du féminisme puissent présenter une posture qui échappe ou résiste, par moment, aux dynamiques parfois oppressives de la culture populaire et de l'industrie culturelle qui est la leur ?

---

11. Megan Angelo, «The Lady Boss : Mindy Kaling», *Glamour*, 4 novembre 2014.
12. Chi Chi Izundu et Amelia Butterly, «Miley Cyrus Says She's One of the Biggest Feminists», *BBC*, 12 novembre 2013.
13. Andi Zeisler, *We Were Feminists Once*, New York, Public Affairs, 2016, p. 120.

Mon intuition est que cette résistance potentielle a quelque chose à voir avec le fait de tomber, de chuter, d'être des étoiles en déroute. Des *falling* stars. Des *failing* stars[14]. Me tournant vers les moments où ces stars se mettent le pied dans la bouche, se ridiculisent publiquement ou ne sont tout simplement pas telles que les fans ou l'industrie l'auraient voulu, je comprends ces faux pas comme une manifestation d'intimité à même la performance de soi que livrent les stars. Autrement dit, je cherche à comprendre comment s'articule la part d'intime dans le tout du spectaculaire féminisme pop, et à quelles fins.

Or le bassin de ces féministes pop est vaste, aussi vaste que les industries culturelles dans lesquelles elles évoluent. Comment relier des vedettes comme Kaling, Swift, Dunham, Beyoncé ou des chroniqueuses comme Valenti, Gay ou Moran ? Elles appartiennent à des temps, des milieux, des pays — des continents même — pluriels. Pourquoi celles-là et pas d'autres ? Quatre balises m'ont servi de repères pour choisir *mes* féministes pop.

D'abord, elles écrivent. Au fil de mes recherches, je me mets instinctivement à discriminer ainsi une star de l'autre. Je regroupe celles qui ont une pratique d'écriture : best-seller, série télévisée autobiographique, stand-up, etc. Ce sont des stars qui présentent d'abord et avant tout des créations avec une énonciation claire à la première personne. Ce sont des stars « écrivantes », donc.

Ensuite, elles me sont contemporaines et je leur suis. Nous sommes de la même époque. C'est donc dire que oui, autour d'elles gravitent des stars comme Madonna ou des personnalités plus grandes que nature comme Oprah. Mais leur ascension ne coïncide pas avec le féminisme pop. Sans en être tout à fait les précurseures, elles le précèdent. Autrement dit, si elles alimentent le féminisme pop aujourd'hui, si elles gravitent autour de sa nébuleuse, leur carrière et leur renommée n'ont pas pris forme grâce à lui ou avec lui.

Puis, je fais la distinction entre les féministes pop *connues par* ou *pour leur féminisme* — comme le sont les autrices Roxane Gay ou

---

14. Jeu de mots difficilement traduisible, mais, ici, je joue sur la ressemblance orthographique entre une étoile tombante (*falling star*) et une étoile défaillante (*failing star*).

Jessica Valenti, par exemple — et les vedettes qui étaient déjà très célèbres, mais qui, en apparence, se servent du féminisme comme d'une plus-value à leur image de marque — comme Emma Watson ou Beyoncé, justement.

Et finalement, et sans doute est-ce à la fois la balise la plus simple, mais la plus insaisissable : je les aime. Ou, pour le dire de manière plus nuancée : j'aime les produits culturels qu'elles écrivent, produisent, réalisent.

Me voilà donc au milieu de l'écriture, à circonscrire un objet d'étude dont les parties — les cas de figure, les stars étudiées — sont multiformes et nombreuses. J'ai arrêté mon choix sur ces quelques stars : Lena Dunham ; les humoristes Amy Schumer et Tig Notaro ; la chanteuse Lady Gaga ; Ilana Glazer et Abbi Jacobson, les créatrices de la série télévisée *Broad City*. Apparaîtront aussi, de façon plus discrète, les humoristes Tina Fey, Sarah Silverman et Amy Poehler ainsi que l'actrice Mindy Kaling. Mais tant d'autres auraient pu y figurer. Le corpus du féminisme pop est pluriel et changeant. Il n'est pas question de dire que les féministes pop sont interchangeables, mais plutôt qu'elles sont les multiples paillettes d'une seule et même robe strassée.

Ce féminisme qui participe de la sphère médiatique et *people* n'est pas à proprement parler étatsunien, bien évidemment. En tout cas, il ne lui est pas exclusif. On n'a qu'à penser à la place qu'ont prise des chroniqueuses ouvertement féministes — Manal Drissi, Catherine Éthier, Marilyse Hamelin ou Rose-Aimée Automne T. Morin, entre autres — dans les médias québécois au milieu des années 2010. Les chroniques que tenait Judith Lussier dans le journal gratuit *Métro* sont par exemple devenues un rendez-vous hebdomadaire pour les usagers du transport en commun ; celles-ci ont très certainement joué un rôle déterminant dans une sorte de « normalisation » des enjeux féministes, sinon du vocabulaire leur étant associé[15]. Comme aux États-Unis à

---

15. En 2016, Judith Lussier forme aussi, avec Lili Boisvert, le duo les Brutes, qui diffuse de courtes capsules sur le site de Télé-Québec dans lesquelles elles abordent des sujets d'actualité de manière volontairement irrévérencieuse, mais toujours sous le couvert de l'humour. Ces vidéos connaissent un vif succès, et leur relais sur les réseaux sociaux participe à une certaine péda-

la même époque, il est question ici d'un féminisme plus tendance, mieux reçu par les médias grand public et l'auditoire en général. Et ce courant « populaire » fait réagir chez nous aussi : je me souviens de la minitornade médiatique qui a entouré l'autrice Léa Clermont-Dion en 2014, alors que des féminismes plus militants lui reprochaient publiquement d'être la tête d'affiche d'un féminisme d'autopromotion, un féminisme vendu aux diktats de la beauté — sous couvert de les dénoncer. Et puis, la scène humoristique québécoise n'est pas en reste, avec des personnalités comme Coco Belliveau, Mélanie Ghanimé, Mariana Mazza, Léa Strélinski ou Rosalie Vaillancourt, qui signent des spectacles où certaines blagues abordent sans gants blancs les violences sexuelles, les stéréotypes genrés, le sexisme en humour, etc. Le milieu de l'humour a connu, d'ailleurs, son propre #MeToo, en 2018, avec la vague de dénonciations qui a fait tomber l'ancien magnat de *Juste pour rire*, Gilbert Rozon[16]. Ces ramifications féministes s'étendent à la télévision. Au printemps 2016, on attend avec impatience la nouvelle série de Kim Lévesque-Lizotte, coécrite avec Louis Morissette et réalisée par Ricardo Trogi : *Les Simone*. La machine promotionnelle fait mousser la posture féministe qui formerait l'épine dorsale de la série. Or, une fois les épisodes diffusés, force est de constater qu'il ne reste de féministe que son titre — vague hommage à l'autrice du *Deuxième sexe*. Ainsi, que l'on soit au Québec ou aux États-Unis, cette transposition des enjeux féministes dans la culture pop participe parfois de leur vulgarisation, parfois de leur instrumentalisation, pour le meilleur et pour le pire. Mais l'arrivée fracassante de #MeToo dans nos vies, dans mon atelier d'écriture et dans l'espace public en général, aura tôt fait de confirmer mon besoin de restreindre mon approche

---

gogie des enjeux y étant abordés (j'ai en tête, par exemple, l'épisode avec la militante innue Melissa Mollen Dupuis, qui rectifie l'histoire du Québec et du Canada telle qu'enseignée dans les manuels scolaires).

16. Sur les 14 plaintes officielles déposées en 2018, une seule sera retenue par le Directeur des poursuites criminelles et pénales. En 2020, à la suite d'un procès hautement médiatisé, Rozon sera acquitté des accusations de viol et d'attentat à la pudeur pesant sur lui. La juge Mélanie Hébert nuancera toutefois son jugement en rappelant que le verdict d'acquittement ne signifie pas que les incidents reprochés ne se sont pas produits.

du féminisme pop à sa tranche étatsunienne. Certes, la colère comme un séisme qui est née aux États-Unis a créé une vague de fond qui s'est répandue ensuite bien au-delà de son épicentre, mais le contexte de la crise — et une partie de sa résolution grâce à la condamnation en 2020 du producteur Harvey Weinstein, accusé d'agressions sexuelles par de multiples actrices — s'ancre au cœur de Hollywood.

Si le féminisme pop n'est pas exclusif à un territoire, à une culture, il n'est pas non plus entièrement propre à notre époque. En effet, cette soi-disant résurgence des féminismes dans l'espace public n'est pas inédite. Si l'on établit ce qu'il a de commun avec un certain féminisme blanc et privilégié qui a contaminé les rangs militants des différents mouvements féministes historiques, et qu'on examine la part de spectaculaire et de pop qui a également habité ces mouvements, il apparaît clair que le féminisme pop n'est pas une nouveauté ni même une renaissance. Il n'est que continuité. Célébrité, blancheur, mise en scène de soi : ces trois caractéristiques du féminisme pop — qu'il appartienne ou non à une «quatrième vague» — sont aussi constitutives des vagues précédentes des féminismes étatsuniens. D'autant plus que, pour chacune de ces vagues, la canonisation que certains noms ou certaines idées ont connue au détriment d'autres me sert de courroie pour revenir sur la manière dont les féminismes historiques se sont cimentés dans l'imaginaire grâce à des dispositifs et des mécanismes semblables à ceux à l'œuvre dans le féminisme pop.

On le comprend, le féminisme est aujourd'hui devenu une occasion d'affaire florissante pour quiconque sait intelligemment s'en saisir. Un féminisme qui a pénétré la culture pop, c'est donc forcément un féminisme qui a à voir avec les industries culturelles, et donc avec leur idéologie néolibérale. Le féminisme est — pour ces différentes vedettes — un capital qui vient s'ajouter aux autres formes de capitaux qu'elles cultivent *de facto* du fait qu'elles sont des célébrités. Non seulement elles possèdent un évident capital économique — leur fortune n'est plus à prouver —, mais elles possèdent un fort capital symbolique — ce que l'importance de leur prise de parole dans la vague #MeToo aura montré, d'ailleurs, puisque leurs histoires d'agressions seront celles qui seront exposées et rediffusées partout à travers le monde et qui mèneront à une certaine fragilisation de l'immunité des agresseurs, alors que les récits des personnes non célèbres peinent toujours à se faire entendre ou — pis — à être crus.

Le féminisme devient donc une autre corde à leur arc, une autre façon de se montrer, d'exister dans l'espace public. En fait, pour le dire avec Anthea Taylor, qui analyse la prise de parole de personnalités comme Roxane Gay, Sheryl Sandberg ou Caitlin Moran, ces célébrités, en tant qu'incarnation publique du féminisme, sont venues redéfinir notre vision, notre définition du féminisme ou, à tout le moins, de «la» féministe[17]. C'est donc dire que ces féministes pop mettent à profit un féminisme qui le leur rend bien. Comment, dès lors, distinguer le bon grain de l'ivraie, un féminisme qui serait «authentique», «juste», «désintéressé», d'un féminisme fabriqué pour vendre, pour plaire, pour séduire et être au goût du jour? Parce que c'est bien cela qui taraude tout le monde: ces stars sont-elles de «vraies» féministes? Beyoncé mérite-t-elle d'être posée au sommet des palmarès des féministes les plus influentes de l'année ou n'est-elle qu'une imposture à dénoncer?

En écho aux travaux de chercheurs comme Michel de Certeau et John Fiske, mais aussi toutes celles et ceux appartenant à la grande tradition anglaise des études culturelles, l'école de Birmingham, puis leurs successeurs (Stuart Hall, Angela McRobbie, Henry Jenkins, Ien Ang ou Janice Radway), je crois qu'il est toujours possible de se jouer des textes que nous envoie la culture dominante. La prémisse à partir de laquelle je déplie ma réflexion, c'est que le féminisme pop est tout ce qu'on dit de lui, mais qu'il est aussi beaucoup plus: j'envisage un féminisme pop qui participe du *statu quo* tout en lui opposant une forme de résistance, qui opère autant du côté des personnes le consommant que de celui des célébrités le produisant. Je suggère que certaines vedettes féministes étatsuniennes réactivent et en même temps déstabilisent les codes de l'univers médiatique traditionnel américain, univers somme toute peu féministe, grâce à la place qu'elles laissent à l'humour, au corps — et notamment au corps malade — et à une énonciation autobiographique.

---

17. Anthea Taylor, *Celebrity and the Feminist Blockbuster*, Londres, Palgrave Macmillan, 2016, p. 3.

C'est la part d'inattendu des féministes pop qui forme l'épine dorsale de ce livre, les moments où — tout en continuant d'alimenter leur persona — quelque chose dans la façon dont elles se présentent fait fluctuer leur lumière et génère une interruption spectaculaire, que cette interruption soit calculée de leur part ou pas. Comme si, grâce à leurs gestes imparfaits, incorrects, maladroits, irrévérencieux ou simplement défiants, les féministes pop cessent d'être *vues* et commencent à *apparaître*. Durant ces moments, par bribes, ce n'est plus que la star qui apparaît, mais derrière l'image, derrière la façade, à travers la faille perce quelque chose de l'ordre d'un geste féministe.

Dans ce livre et plus largement avec le féminisme pop, il ne s'agit pas de chercher à savoir si nous sommes en présence d'un bon ou d'un mauvais féminisme, mais plutôt de se pencher sur cette facette des féminismes contemporains — un féminisme qui se réclame du capitalisme, un féminisme récupéré par le discours commercial, un féminisme de privilèges, un féminisme dévalué à cause de sa part de populaire — et de prendre acte de ses tensions. Une grande part de ce livre s'est cimentée autour de la persona de Lena Dunham justement parce qu'il m'est apparu clair qu'elle incarne, à sa manière, tout ce que l'on reproche au féminisme pop : opportunisme, blancheur, impunité, égocentrisme, attitude ostentatoire. Ainsi, à la manière de Dunham qui aura su, très rapidement dans sa carrière, se mettre à dos autant les féministes que les antiféministes, je me demande si la pertinence, sinon la force, du féminisme pop ne se place pas précisément dans ses complications, dans les débats passionnels qu'il soulève sur les réseaux sociaux, dans les médias, autour d'une table entre amies — une pensée ici, pour ma grande amie Fanny avec qui j'ai eu des débats des plus passionnels sur Beyoncé —, dans l'indécision qui persiste lorsque nous cherchons à déterminer quelles célébrités nuisent aux féminismes et quelles célébrités y contribuent *authentiquement*! C'est un peu comme si cette contingence permanente en regard de ce qui constituerait le critère ultime pour identifier «une bonne féministe» était la substance, le travail même du féminisme pop.

Et puis, comme les communautés de fans ou, plus largement, les personnes consommant la culture pop s'identifient majoritairement comme femmes ; et puisque la critique — universitaire, culturelle, etc. — en a souvent fait sa cible idéale en étiquetant celles qui aiment le pop et celles qui participent à ses industries comme simplistes, superficielles ou populaires (!), le fait de refuser ce discours méprisant envers elles est, je crois, un geste de résistance en soi. C'est le début d'une critique de la pop « au féminin ».

★

Mon père était loin d'envisager ce que je « faisais » avec mes Barbies dans notre sous-sol de banlieue. Et moi, je ne me serais jamais doutée que mon amour pour les femmes du pop me mènerait aussi loin que l'écriture d'un livre. Mes Barbies, grâce auxquelles je me dessinais des mondes possibles, les séries télévisées pour adolescent·e·s que j'écoutais en cachette parce qu'elles étaient trop vulgaires au goût de ma mère, les innombrables CD de chanteuses pop achetés au HMV avec mon argent de poche, puis les paroles de leurs chansons recopiées sur mes cahiers, mes cartables, dans mes agendas, sur mes murs et mes vêtements… mon intérêt pour les objets issus des industries culturelles ne s'est jamais tari et je commence tout juste à mesurer l'importance de cet amour.

CHAPITRE UN

L'ENTRÉE DU FÉMINISME SUR LE TAPIS ROUGE

> Nous pourrions tomber, et nous reposer sur les vagues. La mer bruira dans nos oreilles. [...] Je serai roulée sous une vague ; une autre vague me portera sur ses épaules. Tout croule comme une cataracte gigantesque où je me sens dissoudre.
>
> Virginia Woolf, *Les vagues*

À l'automne 2015 paraît le très publicisé *Suffragette*[1], film historique romancé racontant le combat des militantes pour le droit de vote des femmes dans le monde anglo-saxon. Le film se penche plus particulièrement sur la portion ouvrière du mouvement et campe son action en 1912 à Londres. Une protagoniste fictive du nom de Maud

---

1. Sarah Gavron, *Suffragette*, Londres, Film4 Productions, 2015.

Watts (jouée par Carey Mulligan) évolue au cœur d'une intrigue tissée de personnages historiques, tels qu'Emmeline Pankhurst, la célèbre fondatrice de la Women's Social and Political Union (WSPU), ou encore Emily Davinson, la suffragette qui a donné sa vie pour la cause en se jetant devant le cheval du roi durant le derby d'Epsom le 4 juin 1913.

Durant les mois précédant sa première, le film est porté par un battage médiatique puissant. Soucieuse de l'inscrire dans l'air d'un temps qui se scande à coups de mots-clics et de formules rassembleuses, l'équipe de promotion développe des affiches publicitaires mariant des esthétiques vintage et urbaine à partager sur les réseaux sociaux grâce au mot-clic #lecombatcontinue (#fightsnotover), créé pour l'occasion, ou encore grâce à des phrases clés en main : « Faites-en votre lutte », « Le changement commence maintenant » et « Agissez, changez les choses ». Ce n'est plus simplement le film lui-même qui est transformé en produit de vente, c'est l'ensemble du combat des suffragettes qui devient une forme d'image de marque. La promotion du film vise à rendre son propos actuel et branché, jusqu'à l'insistance mise sur ses actrices vedettes (tout particulièrement sur Meryl Streep), et ce, en dépit du rôle minime qu'elles y jouent réellement. Par sa promotion comme par sa distribution, *Suffragette* recherche un standing. Un prestige. À l'instar de Chanel et de son défilé-manifestation de 2015[2], le discours qui entoure le film martèle la même idée : le féminisme n'est pas (plus ?) ringard, mais bien vivant, avec ce qu'il faut de ludisme et d'avant-gardisme. *Suffragette*, c'est le tapis rouge qui se déroule en grande pompe devant les pieds louboutinisés du féminisme. Intriguée,

---

2. Pour le défilé de sa collection printemps-été 2015, la maison Chanel a organisé un « défilé-manifestation » au Grand Palais à Paris durant lequel les mannequins étaient invitées à déambuler sur le « Boulevard Chanel » avec des pancartes et des porte-voix en scandant des slogans féministes. Conceptualisé par Karl Lagerfeld, le directeur artistique de la maison, l'évènement présentait des top-modèles célèbres qui criaient des phrases telles que « Les dames d'abord », « Sans femmes, plus d'hommes » ou « Soyez différentes ». On trouve difficilement de meilleur exemple pour illustrer combien l'industrie culturelle s'est emparée d'une certaine couleur du féminisme contemporain pour en faire une image de marque marchandable, sans vraiment délier davantage les liens pourtant complexes entre industrie de la mode et féminismes.

je m'empresse d'aller au cinéma, accompagnée de mon amie Sabine, éternelle complice devant les mégaproductions cinématographiques.

*

Il semble parfois impossible de penser les féminismes sans leurs vagues. La littérature ne fait pas autrement. Que l'approche des ouvrages s'intéressant aux enjeux féministes soit historique, critique ou sociologique importe peu; toujours elles reviennent, déferlant sur la grève en suivant le tempo: première, deuxième, troisième... Mais il suffit de plonger à l'eau et d'abandonner son corps au roulis quelques instants pour se rendre compte que les vagues s'y enchaînent, la fin de l'une se confondant avec le début de l'autre. Pour parvenir à les distinguer clairement, il faut de la distance: se tenir debout sur la côte, par exemple. Alors, seulement, peut-on espérer discerner le creux de la vague de sa crête, la regarder rouler jusqu'à la grève où elle viendra se briser en écumes. Ainsi, il me semble qu'assigner le nom de vague à n'importe quel mouvement social est une action qui ne se fait qu'*a posteriori*. Sinon, comme une nageuse au milieu des flots, nous sommes plongées *dans* le social en mouvement, incapables d'en cerner les limites. Ce n'est que dans un deuxième temps qu'une chronologie se met en place, lorsque le mouvement prend suffisamment d'importance pour qu'on commence à parler de résurgence, de renaissance, de retour. C'est à partir de cet instant qu'on «réinterprète les lignes de force de l'histoire[3]». Ici, par rapport au féminisme pop, je me retrouve à jouer les rôles d'observatrice et de participante. Je tente d'adopter à la fois une posture de chercheuse examinant un objet avec la distance nécessaire au regard critique; et celle d'une citoyenne plongée dans les enjeux sociaux, culturels et politiques d'un féminisme en train de s'écrire. Je suis au large et sur la rive. Je flotte tout en essayant de reprendre pied.

Ceci étant dit, ce qui m'intéresse surtout quand il est question des vagues, c'est qu'au fil de la canonisation qu'ont connue les féminismes occidentaux, certaines femmes se sont mises à représenter *le* féminisme

---

3. Rolande Ballorain, *Le nouveau féminisme américain: étude historique et sociologique du* Women's Liberation Movement, Paris, Denoël, coll. «Femme», 1972, p. 20.

de leur époque, c'est-à-dire que leur nom et leur persona sont devenus l'incarnation du mouvement dans l'imaginaire collectif. Par exemple, on pense à la première vague, et le nom de Susan B. Anthony vient en tête pour les États-Unis; celui d'Emmeline Pankhurst pour la Grande-Bretagne; celui de Thérèse Casgrain au Québec. De la même façon, les discours féministes de Betty Friedan, de Gloria Steinem ou d'Angela Davis sont devenus synonymes de la deuxième mobilisation féministe en Amérique du Nord. Dès lors, bien que je n'affectionne pas particulièrement l'approche historique linéaire lorsqu'il est question des féminismes (puisqu'une telle approche a tendance à aplanir les contradictions et à consolider des canons), je tiens malgré tout à revenir, en ouverture de ce livre, sur les périodes conventionnellement comprises comme les trois vagues du féminisme nord-américain puisque la manière dont celles-ci se sont cimentées — et continuent de se cimenter — dans l'imaginaire collectif participe de mécanismes et de dispositifs semblables à ceux à l'œuvre dans le féminisme pop. Par là, j'entends que l'un et l'autre — un féminisme canonisé et un féminisme pop — gagnent à être envisagés en fonction des rapports qu'ils entretiennent avec une culture de la célébrité et avec tout ce que celle-ci entraîne: médiatisation, capital, popularité, publicité, mise en scène de soi, etc. À mon sens, une réflexion qui s'intéresse à une énonciation féministe articulée depuis l'univers du spectacle ne saurait se penser sans la part de «mise en célébrité» qui a eu lieu dans l'histoire féministe récente.

La blancheur des suffragettes, d'hier à aujourd'hui

À la sortie du cinéma, Sabine et moi étions un peu dépitées: *Suffragette* ne nous donnait que peu de matière à nous mettre sous la dent. Nous aurions espéré plus de cette relecture contemporaine d'un haut fait des féminismes historiques. En quoi, alors, est-ce que *Suffragette* me permet de penser le féminisme pop nord-américain? Au-delà de ces faiblesses cinématographiques, la machine publicitaire entourant la promotion du film me paraît caractéristique de ce courant. D'abord, elle témoigne de cette tendance qu'a le féminisme des dernières années à flirter avec l'univers du marketing, mais elle met surtout en lumière les rapports éternellement conflictuels qu'entretient un féminisme canonisé avec ses marges[4].

En plein cœur du vaste battage médiatique organisé pour la sortie du film, la tentative de redorer le blason de ce pan de l'histoire du féminisme en prend pour son grade lorsque les actrices du film participent à une séance de photographies pour la couverture du *Time Out*[5] sur laquelle chacune revêt un t-shirt blanc présentant en lettrage noir un extrait d'une tirade célèbre de Pankhurst : « Je préfère être rebelle plutôt qu'esclave[6]. » Imaginons un moment le portrait d'ensemble : de grandes actrices, belles, maquillées subtilement mais savamment, leur visage parfaitement éclairé ; ces femmes si célèbres, si riches, si blanches qui prennent la pose sur la couverture d'un magazine à grand tirage en affirmant qu'elles ne toléreront pas d'être des esclaves. Publiées dans un contexte où les tensions raciales sont à vif, ces photographies soulèvent une indignation légitime. La phrase, datant de 1913, détonne lourdement, particulièrement aux États-Unis, où la ségrégation raciale a pris fin il y a moins de 50 ans et où les femmes non blanches forment encore les trois quarts de la population incarcérée, sans parler du fait que les femmes noires ou membres des Premières Nations ont deux fois plus de chance d'être assassinées qu'une femme blanche. Et pourtant, les formulations historiques et emblématiques de Pankhurst ne manquent pas ! Pourquoi avoir choisi, en 2015, de faire la promotion du film avec celle-là, dévoilant ainsi l'angle mort du mouvement des suffragettes, traversé par des tensions raciales ? Quand la production du film a sélectionné cette phrase de Pankhurst, puis quand elle a décidé de l'imprimer sur des t-shirts blancs portés par des actrices blanches photographiées en noir

---

4. J'entends par là toutes les personnes qui se voient invisibilisées par le mouvement féministe en général, soit parce qu'elles ne sont pas issues de la « bonne » classe sociale, soit parce qu'elles ne présentent pas la « bonne » identité de genre ou la « bonne » couleur de peau ; bref toutes ces personnes s'écartant de la figure de la féministe blanche, hétérosexuelle, suffisamment éduquée, dotée de moyens financiers suffisants et apte à s'exprimer, à se déplacer, à se défendre.
5. L'édition de la semaine du 28 septembre 2015.
6. Cath Clarke, « Meryl Streep on Feminism, Family and Playing Pankhurst in *Suffragette* », *Time Out*, 28 septembre 2015.

et blanc... au moment où ces décisions se sont prises, personne n'a vu la blancheur de leur geste, parce que, pour le dire avec bell hooks,

> [d]ans une nation où règne l'impérialisme racial, comme c'est le cas dans la nôtre, c'est la race dominante qui se réserve le privilège d'être aveugle à l'identité raciale, tandis qu'on rappelle quotidiennement à la race opprimée son identité raciale spécifique. C'est la race dominante qui a le pouvoir de faire comme si son expérience était une expérience type[7].

Et le résultat est frappant. En regardant les quatre actrices, on en oublie même que l'une est brune, l'autre plus âgée, une troisième blonde. Elles se fondent les unes aux autres, chacune la version répétée de la féministe parfaite : jolie, juste assez rebelle et — surtout — blanche. Ensemble, elles me rappellent le « devenir blanche » auquel résiste Martine Delvaux dans son étude de la mise en série des filles et me semblent justement contribuer à ce « racisme qui ne veut pas porter son nom[8] » autour duquel elle travaille. Réactualiser cette phrase aujourd'hui perpétue la grande omission sur laquelle se construit le récit historique des féminismes : le privilège inaliénable qu'avaient les femmes blanches de posséder des êtres humains. Si elles n'avaient pas le droit de voter ou d'exercer la profession de leur choix, elles avaient toutefois le droit de posséder des esclaves. Comme le souligne Françoise Vergès, aussi « longtemps que l'histoire des droits des femmes sera écrite sans tenir compte de ce privilège, elle sera mensongère[9] ». Avec raison, des autrices, des activistes, des chercheuses issues des communautés noires ont donc souligné avec véhémence l'odieux de cette couverture médiatique qui participe du blanchiment (« *white washing* ») de l'histoire des féminismes. Parmi les multiples prises de parole, l'autrice Ijeoma Oluo conclura amèrement : « Savez-vous qui d'autre aurait préféré être rebelle ? Les esclaves[10]. »

---

7. bell hooks, *Ne suis-je pas une femme ? Femmes noires et féminisme,* trad. Olga Potot, Paris, Cambourakis, 2015, p. 219.
8. Martine Delvaux, *Les filles en série : des Barbies aux Pussyriot,* Montréal, Éditions du remue-ménage, 2018, p. 16, 25.
9. Françoise Vergès, *Un féminisme décolonial,* Paris, La Fabrique, 2015, p. 49.
10. Oluo (@IjeomaOluo), « Do you know who else would rather have been rebels ? Actual slaves », *Twitter,* 5 octobre 2015.

Dès les débuts de la première vague et jusqu'à nos jours, les femmes non blanches ont constamment été écartées de l'histoire canonique des féminismes, et ce, en dépit du fait que les suffragettes nord-américaines doivent leurs premières mobilisations au mouvement antiesclavagiste de la fin du 19ᵉ siècle. Bien qu'il soit aujourd'hui convenu de faire concorder le début de la première vague aux États-Unis avec la Convention de Seneca Falls de juillet 1848 et de la terminer avec la ratification du suffrage universel dans le 19ᵉ amendement en août 1920, dans les faits, de nombreuses femmes reconnues comme des figures marquantes du féminisme de la première vague s'engagent d'abord dans les rangs d'organisations abolitionnistes telles que la Boston Female Anti-Slavery Society ou la Philadelphia Female Anti-Slavery Society. Initialement mobilisées pour défendre les droits des personnes noires, ces femmes deviennent plus sensibles aux injustices rattachées au genre en constatant les préjugés causés par l'esclavagisme[11] : elles se voient systématiquement refuser l'accès aux rencontres et autres rassemblements décisionnels, sans égard pour leur implication soutenue dans les rangs militants. Cela n'empêchera toutefois pas les militantes blanches de répéter les mêmes schèmes ségrégatifs envers les femmes noires. Celles-ci sont alors doublement exclues : considérées comme plus animales qu'humaines dans les États confédérés, elles ne trouvent pas non plus asile auprès des abolitionnistes blanches, qui les écartent de leurs formations. Des militantes noires pourtant très impliquées telles que Sojourner Truth devront se battre bec et ongles pour être entendues dans les réunions suffragistes[12]. En réponse à l'hostilité qu'elles rencontrent de toutes parts, elles formeront leurs

---

11. Certaines féministes de la seconde vague feront le même constat durant le mouvement des droits civiques de la fin des années 1960 et du début des années 1970. Militantes actives dans les associations de gauche sur les campus universitaires, elles découvriront à la dure le sexisme latent de leurs compagnons d'armes.
12. C'est d'ailleurs le 29 mai 1851, à la Convention des femmes à Akron, en Ohio, que Sojourner Truth prend la parole malgré les huées de la foule pour livrer un discours emblématique qui deviendra le très puissant texte *Ain't I a Woman?* qui demeure, plus de 168 ans plus tard, profondément actuel dans sa portée intersectionnelle.

propres associations (Manhattan Abolition Society et Colored Female Anti-Slavery Society, par exemple). Malgré cela, le récit officiel ne leur fera que peu de place dans ses rangs.

Le reste est entré dans l'histoire, assure-t-on : lors de la ratification du 19e amendement en août 1920, les femmes — les Blanches — obtiennent le droit de vote dans tous les États-Unis[13], après un long combat de plus de 50 ans. Là se termine la première vague, dit le consensus historique officiel. Mais est-ce vraiment la fin du récit ? Si tel est le cas, dans quelle vague devrions-nous inclure la lutte des femmes racialisées, qui n'obtiennent le droit de vote qu'en 1965 ? Dans la première ? Dans la deuxième qui prend tout juste son envol au milieu des années 1960 — toujours selon le consensus officiel ? Dans un *no woman's land* entre les deux où viennent mourir les révoltes et les mobilisations de la marge pour lesquelles l'histoire officielle n'a pas suffisamment de mémoire ? Comme le soulignent les travaux biographiques d'historiennes comme Elsa Barkley Brown[14], Lori D. Ginzberg[15] ou Rosalyn Terborg-Penn[16], il est grand temps de problématiser les figures héroïques du mouvement suffragiste des États-Unis pour mettre en lumière l'instrumentalisation des militantes noires par les militantes blanches.

Que ce petit détour historique me serve de rappel, de mise en garde : les féministes pop jouissent d'une notoriété dont les assises se solidifient depuis des décennies. C'est pour cela que le film *Suffragette*

---

13. Par souci de mémoire, rappelons que, du côté du Québec, ce droit ne sera octroyé aux Québécoises qu'en 1940, et seulement en 1960 aux femmes membres des Premières Nations. Notons aussi qu'à ce jour, les Saoudiennes ne possèdent toujours pas les mêmes droits de suffrage que les hommes. Le combat amorcé dès le début du 19e siècle n'est pas encore terminé et, surtout, il ne saurait se limiter qu'à une seule période, à une seule vague.

14. Elsa Barkley Brown, « To Catch the Vision of Freedom : Reconstructing Southern Black Women's Political History, 1865-1880 », *African American Women and the Vote, 1837-1960*, Amherst, University of Massachusetts Press, 1997.

15. Lori D. Ginzberg, *Elizabeth Cady Stanton : An American Life*, New York, Hill and Wang, 2009.

16. Rosalyn Terborg-Penn, *African American Woman in the Struggle for the Vote, 1850-1920*, Bloomington, Indiana University Press, 1998.

m'apparaît comme la mise en abîme des dispositifs qui articulent cette part des féminismes contemporains. D'ailleurs, le soir de la première du film, à Londres, plus d'une centaine de manifestantes féministes se couchent à plat ventre sur le tapis rouge afin de rappeler que le combat pour les droits des femmes est loin d'être terminé. En périphérie, d'autres militantes scandent « Les femmes mortes ne peuvent voter » afin de souligner les ravages de la violence conjugale dans la lutte pour l'égalité homme-femme. Pendant que les gardes de sécurité traînent les militantes hors de l'enceinte privilégiée en les tirant par les chevilles ou en les empoignant sous les aisselles, les vedettes du film continuent de sourire aux photographes tout en signant des autographes. Questionnée ensuite sur les « troubles » qui ont ponctué l'évènement, l'une d'elles — Helena Bonham Carter —, dira en avoir été ravie, puisque l'action militante est, à son avis, une réponse parfaite au film et montre que la lutte des suffragettes est encore bien d'actualité[17].

Je l'aurais souhaité et je n'aurais pu trouver d'image plus satisfaisante pour illustrer les tensions constitutives du féminisme pop qui s'est mis en place ces dix dernières années. *Suffragette* consacre l'entrée sur le tapis rouge d'un féminisme de l'élite économique, en rupture avec les sphères intellectuelle et militante, un féminisme aussi éclatant que les célébrités qui s'en font les porte-parole, un féminisme qui émane des industries culturelles et dont le *branding* s'adopte aisément. Mais le pitoyable faux pas publicitaire du film rappelle que la tendance du féminisme à se concentrer uniquement sur les réalités, les récits, les discours de certaines femmes fait — elle aussi — profondément partie de l'Histoire.

La féministe *blockbuster* de la deuxième vague

A l'instar du féminisme de la première vague, celui de la deuxième ne s'est d'abord ni défini comme tel ni revendiqué des enjeux ou victoires passés. Plutôt, dans un certain parallèle avec les luttes des

---

17. Nicola Slawson, « Feminist Protesters Storm Red Carpet at London Premiere of *Suffragette* », *The Guardian*, 7 octobre 2015.

suffragettes, la mobilisation féministe des années 1960 germe en plein cœur de la lutte contre la ségrégation raciale. À l'exemple des groupes afro-américains qui expulsent les Blancs de leurs rangs pour mieux se recentrer sur une lutte à leur image et selon leurs paramètres, les militantes réalisent l'importance et le pouvoir inhérent à la création de milieux de rassemblement non mixtes. Ainsi débute la mobilisation du Mouvement des femmes. Pour une deuxième fois dans sa brève histoire, le féminisme se fait redevable des communautés racialisées. Pour une deuxième fois, il leur doit sa dialectique de résistance[18]. Pour une deuxième fois, il l'oublie tout aussi rapidement, faisant de la féminité blanche la seule féminité qui vaille.

---

18. À peu de choses près, le parallèle s'arrête heureusement là. Les féministes de la deuxième vague se montreront beaucoup plus inclusives que les militantes du début du siècle, le contexte social durant lequel elles se mobilisent étant radicalement différent. Contrairement aux groupes abolitionnistes, les groupes militant pour la défense des droits des femmes incluront dans leurs rangs des femmes racialisées dès leur commencement. Pensons à la National Organization for Women (NOW). Si le crédit de sa fondation revient plus souvent qu'autrement à sa première présidente, Betty Friedan, dans les faits, l'organisation a été fondée par 49 femmes, dont l'activiste Pauli Murray. En revanche, cela ne signifie pas que la deuxième vague soit exempte de tensions raciales, bien au contraire. Mais celles-ci se feront contrecoups plutôt que prémisses, ce qui explique que le nom de Friedan soit passé à la postérité alors que celui de Murray est resté cantonné aux études féministes, et ce, en dépit de son implication dans le mouvement. Qui plus est, certaines tranches plus radicales du mouvement pour la libération des femmes seront si acharnées à montrer la domination que subissent les femmes en tant que classe sociale qu'elles omettront de voir les oppressions naissant à même les différences — de couleur de peau, de langage, de capacités physiques ou mentales, d'éducation, d'orientation sexuelle — comprises dans la classe englobante de « sexe ». Pour de nombreuses femmes racialisées, la cause première de leur oppression n'étant pas leur statut de femmes, mais plutôt celui de « minorités », cette ligne éditoriale militante sera vécue comme une oppression supplémentaire. En guise de protestation, elles quitteront les rangs de ces organisations pour fonder les leurs. Au cœur de ces tensions, on verra le développement de l'intersectionnalité comme nouveau paradigme permettant aux féministes non blanches d'articuler plus efficacement comment les multiples systèmes d'oppression s'interrelient, convergent et s'additionnent.

D'année en année, le Mouvement des femmes, au sein duquel évoluaient en parallèle de jeunes professionnelles ou des femmes au foyer issues d'une certaine bourgeoisie blanche, des travailleuses et des étudiantes universitaires[19], se légitimise. Ce mouvement qui avait pris naissance dans la contre-culture des années 1960 s'ancre dans le quotidien des gens et se transforme petit à petit en un féminisme libéral relativement grand public. Ses enjeux sont discutés dans les médias, ses rassemblements attirent un nouveau public, des législations sont adoptées et les mentalités changent graduellement. Cette popularité grandissante du mouvement me rappelle que la rencontre des féminismes avec une culture de la célébrité ne constitue pas un phénomène qui soit propre aux féministes pop. Déjà, durant le Mouvement des femmes, certaines figures publiques sont accusées de privilégier leurs intérêts personnels plutôt que ceux, collectifs, de la cause qu'elles défendent. Cette intersection du féminisme et de la célébrité, la chercheuse Anthea Taylor la nomme « blockbuster celebrity feminism » pour évoquer une parenté avec les vedettes de superproductions hollywoodiennes, et souligne qu'une de ses caractéristiques premières consiste dans le fait que certaines femmes — et les ouvrages qu'elles ont publiés — « demeurent dans l'espace public et continuent de donner forme à certains récits sur les féminismes et leur histoire ». Dans ces cas-là, dit-elle, « ces récits deviennent indissociables des vies personnelles des personnalités publiques qui les portent, même si celles-ci ont parfois été controversées[20] ». Ainsi, avec des livres tels que *The Feminine Mystique* (1963) ou *The Female Eunuch* (1970), nous sommes déjà en présence d'une commercialisation du féminisme, c'est-à-dire que certaines militantes et leurs prises de position (dans ces cas-ci, Betty Friedan et Germaine Greer) sont favorisées par les médias; leurs livres atteignent les sommets des

---

19. Chacune à leur manière, ces deux factions militantes dénoncent l'androcentrisme et le sexisme de la société capitaliste : d'un côté, on cherche à déconstruire l'idéal du travail salarié si cher au capitalisme en militant pour la reconnaissance du travail domestique ; de l'autre, on cherche à renverser la prédominance masculine dans le rôle de travailleur en militant pour un salaire égal à travail égal.
20. Taylor, *Celebrity and the Feminist Blockbuster*, p. 26.

palmarès et sont, aujourd'hui, republiés, réédités, modernisés afin d'être rendus attirants pour les nouvelles générations, ce qui participe à la consécration de la célébrité de leur autrice comme féministe sur plusieurs décennies.

Or, ce succès n'arrive pas spontanément. Comme le rappelle Patricia Bradley, le livre de Friedan est largement diffusé, notamment à cause de ses interventions actives et habiles sur le plan du marketing dans les médias, à un moment où d'autres féministes pensent qu'il est préférable d'éviter une telle publicité. Petit à petit, en parlant aux médias, Friedan participe non seulement à mousser les ventes de son livre, mais elle devient elle-même une personnalité connue. Et alors, la frontière entre le fait d'être à la tête d'un mouvement féministe en pleine effervescence et celui de chercher à promouvoir la vente de son livre devient de moins en moins tranchée[21].

Il faut dire que les rapports entre les médias et les militantes à l'époque ne sont pas toujours harmonieux. Parfois, les mouvements féministes jouissent d'une couverture médiatique progressiste et légitimante, mais, à d'autres moments, leur image est ridiculisée, ce qui donne aujourd'hui lieu à un récit historique très contradictoire. Par ailleurs, Anthea Taylor affirme qu'il faut résister au discours voulant que les activistes de la deuxième vague aient été *couvertes par* les médias, comme si elles n'avaient aucune agentivité dans cette représentation ni aucun contrôle sur la façon dont cette couverture se construit. Au contraire, elles sont parfois de fines stratèges en communication, mais cette nuance est rarement convoquée, sans doute parce qu'elle complexifie une version de l'histoire manichéenne mais rassurante selon laquelle le corps journalistique n'aurait existé que pour mettre des bâtons dans les roues du féminisme de la deuxième vague[22]. À l'instar de Taylor, qui s'intéresse aux féministes *blockbuster* de différentes luttes en démontant l'idée reçue d'un féminisme célèbre

---

21. Patricia Bradley, *Mass Media and the Shaping of American Feminism, 1963-1975*, Jackson, University of Mississippi Press, 2003, p. 29.
22. Bernadette Barker-Plummer, « News and Feminism : A Historic Dialogue », *Journalism & Communication Monographs*, vol. 12, n° 3, 1er septembre 2010, p. 147.

et populaire qui serait passif dans la manière dont il s'engagerait dans l'espace public, je crois qu'on gagne à aborder les féministes pop des dernières années en se concentrant sur le fait que ces célébrités « ont activement participé à la construction des féminismes, et ce, principalement grâce à l'élaboration de leur propre persona[23] », la distinction étant toutefois que les femmes comme Greer, Friedan, Steinem (mais aussi Naomi Wolf, Susan Faludi ou Helen Gurley Brown) personnifient un féminisme qui est à la source de leur célébrité, alors que les femmes qui tapissent cette étude jouissent d'une célébrité qui est fondée et consacrée dans d'autres domaines que le militantisme féministe — principalement l'industrie du divertissement, de la musique ou du cinéma, par exemple.

Néanmoins, il m'apparaît évident que certaines dynamiques constitutives du féminisme pop sont déjà à l'œuvre durant le féminisme de la seconde vague. D'abord, certaines femmes se mettent à représenter le mouvement dans l'espace public et, ce faisant, publicisent la question féministe jusque dans des espaces — médiatique, social, culturel — où elle ne se serait pas naturellement immiscée, rendant ses enjeux accessibles à de nombreuses personnes. Mais, du même geste, ce discours féministe populaire, qui est bricolé à la fois dans les médias grand public, et par les militantes dans leurs publications, est considéré comme dilué ou, pis, comme contaminé, impur, ceci ayant pour conséquence que, inversement, l'idée d'un féminisme plus pur, bien que moins populaire, se cimente elle aussi. On se retrouve de nouveau coincé entre un féminisme populaire — c'est-à-dire largement consommé, mais aussi réapproprié par le grand public — et son pendant, plus valeureux et noble, un féminisme intransigeant, sérieux, comme il le faut, et impopulaire.

Le sujet néolibéral au cœur de la troisième vague

Le féminisme de la deuxième vague fournira bien involontairement un des ingrédients constitutifs du nouvel esprit néolibéral qui enveloppera la troisième vague : « [sa] critique du salaire familial masculin alimente

---

[23]. Taylor, *Celebrity and the Feminist Blockbuster*, p. 31.

en grande partie la romance qui investit [le néolibéralisme] d'un sens supérieur et d'une visée morale[24] ». Un nouvel idéal supplante alors celui du salaire masculin unique : celui de la famille à deux revenus. Peu importe la classe sociale à laquelle elles appartiennent, les femmes motivent leur engagement dans l'économie néolibérale — pourtant oppressive — par des luttes menées par les féministes de la deuxième vague. Les changements socioculturels portés à bout de bras par les militantes, durant les années 1960 et le début des années 1970, sont pervertis et semblent désormais « légitimer une transformation structurelle de la société capitaliste qui va directement à l'encontre des conceptions féministes d'une société juste[25] ». Peu importe que le néolibéralisme soit la cause de la chute des salaires, d'une faible sécurité d'emploi, de l'augmentation des heures de travail... au moins, les femmes travaillent, non ? De quoi nous plaignons-nous ? Cette mentalité qui s'installe dans les années 1980 sous-tendra l'ensemble de la troisième vague et demeure somme toute assez constitutive des féminismes contemporains.

Les féminismes de la troisième vague sont donc non seulement complexes, mais antagoniques. Situés à l'intersection d'une montée de l'individualisme, d'une société de plus en plus axée sur la consommation et d'un certain désenchantement par rapport aux luttes passées, ils rejettent ce qu'ils interprètent comme une sévérité, une colère et une tendance pour le politiquement correct chez les féministes de la deuxième vague. Ces femmes veulent un féminisme joyeux, jeune, empli d'humour, ainsi qu'en témoignent les écrits de plusieurs jeunes femmes dans une des premières anthologies parues sur la question du féminisme de la troisième vague : « J'avais le sentiment de prendre part à une nouvelle génération de féministes. Nous voulions que le jeu fasse partie intégrante de nos vies — teindre nos cheveux, raser nos jambes, nous habiller comme ça nous chante — sans sacrifier notre militantisme politique[26]. » Cette philosophie s'incarne dans l'une des tensions les plus caractéristiques de cette

---

24. Nancy Fraser, *Le féminisme en mouvements*, trad. Estelle Ferrarese, Paris, La Découverte, 2012, p. 298.
25. *Ibid.*, p. 284.
26. Rebecca Walker (dir.), *To Be Real : Telling the Truth and Changing the Face of Feminism*, New York, Anchor Books, 1995, p. 144.

époque du côté de la culture pop : le débat opposant les Riot Grrrls aux Spice Girls. Dès le début des années 1990, des musiciennes de la scène punk rock des États-Unis se réunissent pour former un mouvement underground féministe. Composées principalement d'adolescentes et de jeunes vingtenaires, les Riot Grrrls rassemblent plusieurs groupes de musique (Bikini Kill, Bratmobile, Heavens to Betsy, Huggy Bear) qui, dans leurs créations, dénoncent le sexisme et la misogynie omniprésente sur la scène musicale, particulièrement au sein de sa branche punk rock. Pour ce faire, elles se réapproprient ses esthétiques et ses postures. Les membres des Riot Grrrls embrassent donc sans compromis l'éthique « *Do It Yourself*[27] » de la culture punk pour produire de nombreux zines, encourager les filles à écrire leur musique, organiser des festivals et des ateliers de travail, etc. Or, victime de sa popularité, le mouvement est de moins en moins underground et, vers le milieu des années 1990, se voit largement récupéré dans les médias. Ces derniers en brossent un portrait parcellaire, épuré et peu subversif. Rapidement, ils se mettent à amalgamer le message des Riot Grrrls avec celui du nouveau *girlband* pop de l'heure qui fait tourner toutes les têtes : les Spice Girls. Le groupe, composé de cinq jeunes femmes renvoyant à cinq styles différents de féminité — la sportive, la fashionista, l'enfantine, la vamp et l'exotique —, reflète ces contractions de la troisième vague. D'une part, ses membres sont toujours légèrement vêtues, se dandinant sur leurs vertigineux talons plateformes et comptant sur leur charme pour vendre leur musique ; d'autre part, elles chantent à propos de l'amitié au féminin tout en posant le « girl power » sur toutes les lèvres, dans toutes les publicités, à la une de tous les magazines. Ce « girl power », qui doit sa naissance aux rassemblements créatifs des membres des Riot Grrrls, devient rapidement une marque rentable pour qui saura s'en saisir : chaque petite fille peut désormais posséder son étui à crayon « girl power », son t-shirt « girl power », son tatouage temporaire « girl power ». Ainsi,

---

27. Le « *Do It Yourself* » (DIY) se traduit parfois par les expressions « Fais-le toi-même » ou « Fait à la main ». Néanmoins, lorsqu'il est question de la scène punk, le terme DIY ne renvoie plus qu'à une simple philosophie anticonsumériste, mais représente toute une sous-culture commençant avec l'émergence du punk dans les années 1970.

un mouvement radicalement féministe dans le sens plus traditionnel du terme — communautaire, militant, sans hiérarchie — est récupéré par le discours dominant pour former une version revue et corrigée, en apparence dépolitisée.

Pour Andi Zeisler, cela a tout à voir avec l'omniprésence du néolibéralisme : le « girl power » n'est qu'une façon de plus de transformer les jeunes filles en consommatrices. Mais s'il y avait plus à en dire ? Zeisler elle-même se ravise en se rappelant combien ses amies et elle jouaient à personnaliser certaines figures de la pop. Pour elles, à cet instant précis de leur enfance, ces femmes — fictives ou réelles — étaient bien plus qu'un produit à consommer, qu'une figurine à acheter. Pour les petites filles qu'elles étaient, ces produits de la culture pop devenaient des manières d'être au monde. Elle tisse un lien entre les jeunes filles de sa génération, s'étant amusées à jouer avec leurs figurines de Wonder Woman ou de la Femme bionique, et celles de la génération suivante, chantant « Stop right now » à tue-tête, reproduisant la chorégraphie du vidéoclip dans la cour d'école : « Nous avions soif de modèles [féministes] issus de la culture pop, alors nous nous rabattions vers ceux qui étaient disponibles. Ces stars n'étaient pas parfaites, mais elles étaient là[28] ». Comme Zeisler qui le concède (en demeurant malgré tout sceptique), j'ai la profonde conviction que les objets issus de la culture pop qui ont bourgeonné avec la montée des industries culturelles néolibérales, aussi édulcorés soient-ils, sont plus politiques qu'ils n'y paraissent. Appliquée au cas précis du féminisme pop, cette posture devient mon biais de lecture, ma lunette d'approche.

À partir de là, je crois que féminisme et néolibéralisme gagnent à se penser de concert, c'est-à-dire qu'il se dessine « une articulation, voire une structure, entre les idées féministes et antiféministes. Celle-ci se construit à partir d'une grammaire de l'individualisme en parfaite cohérence avec le néolibéralisme[29] ». Le néolibéralisme prône le succès et la responsabilité individuels : nous sommes seul·e·s maîtres de notre réussite. Mais sous le couvert de cette soi-disant

---

28. Zeisler, *We Were Feminists Once*, p. 179.
29. Rosalind Gill, « Postfeminist Media Culture, Elements of a Sensibility », *European Journal of Cultural Studies*, vol. 10, n° 2, 2007, p. 162.

autonomie libératrice se cache une autre forme de gouvernance. Zeisler, s'inspirant des travaux sur la publicité de Robert Goldman, rappelle que l'individu, plutôt que de devoir rendre des comptes à une autorité étatique toute-puissante, se transforme en consommateur actif qui répond aux impératifs du marché et aux fluctuations des grandes entreprises privées. Là se situent à la fois son pouvoir et sa dépendance : « Le contrôle et l'appropriation des différents aspects de soi (visage, corps, identité) à travers les *bonnes acquisitions* peuvent permettre de maximiser sa valeur à la fois au travail et à la maison[30]. » Les champs de force ne s'exercent plus de l'extérieur vers l'intérieur, mais irradient plutôt du sujet vers son environnement. De la même manière, les féminismes replacent eux aussi le sujet au centre de leurs discours. Plutôt que d'aborder des questions de société comme celles du racisme, de l'homophobie ou de la violence conjugale depuis l'angle global, culturel ou politique, on approche ces questions du point de vue de l'individu, de l'anecdote, du personnel, ce qui a pour effet de causer ce que Lois McNay nomme une « reprivatisation des problématiques féministes[31] » : sont évacuées toutes notions d'oppressions systémiques.

Dès lors, le corps, la subjectivité et l'intime sont les nouvelles frontières à explorer[32]. Le corps n'est plus envisagé comme une simple donnée physique, une machine biologique, mais se comprend plutôt comme un discours dont la construction et les significations sont inscrites à même la culture et l'imaginaire collectif. Le corps ne se pense plus comme étant exclusivement matière. Il est contemplé comme un texte socialement et culturellement construit dans lequel s'exercent des joutes de pouvoir. « Être féminine », ce n'est plus seulement incarner parfaitement cet objet de convoitise dont l'homme doit se saisir ; c'est pouvoir se montrer à la fois objet de désir et sujet désirant. Ce faisant, le corps se fait à la fois

---

30. Robert Goldman, *Reading Ads Socially*, cité par Hilary Radner, *Neo-Feminist Cinema : Girly Films, Chick Flicks and Consumer Culture*, New York, Routledge, 2011, p. 6.
31. Lois McNay, *Foucault and Feminism : Power, Gender and the Self*, Cambridge, Polity Press, 1992.
32. Naomi Wolf, autre féministe blockbuster que mentionne Anthea Taylor, s'inscrit d'ailleurs dans cette tendance avec ses best-sellers *The Beauty Myth* (1991) et *Vagina* (2012).

source de pouvoir et lieu de gouvernance. À une époque où les femmes jouissent d'une liberté soi-disant inégalée par rapport à leur corps — elles peuvent le modifier, l'améliorer, le parader —, celui-ci n'aura pourtant jamais été aussi commenté, scruté, jugé et contrôlé.

Or, ce que nombre de recherches et d'études datant de cette période ne disent pas, c'est que ce sujet féminin néolibéral est résolument blanc : son discours, son corps et les dynamiques de pouvoir qui s'y jouent... Le corps féminin tel que les industries culturelles néolibérales le présentent est un corps qui, coûte que coûte, doit apparaître comme blanc, même quand il ne l'est pas vraiment. Pour bell hooks, même lorsque le corps noir est raconté ou représenté, trop souvent, c'est l'idée de la féminité comme blanche qui est mise de l'avant[33]. Cette « mise en blancheur », qu'elle dénonce au cinéma (et dans la critique féministe qui s'y attarde), se répercute encore aujourd'hui alors que l'on continue de chercher à pâlir la peau de célébrités non blanches sur les couvertures de magazines, que ce soit par un savant mélange de jeux de lumière, de maquillage et de retouches[34], ou que l'on opte pour la photographie en noir et blanc pour éviter d'avoir à montrer — raconter — la non-blancheur. Par exemple, en janvier 2014, le magazine *Elle* a choisi quatre femmes du show-business pour produire quatre couvertures distinctes de leur numéro portant sur des femmes influentes du petit écran : Amy Poehler, Mindy Kaling, Zooey Deschanel et Allison Williams. Parmi les quatre couvertures, celle de Kaling est la seule en noir et blanc[35]. Le lectorat du magazine et les fans de Kaling expriment leur malaise sur les réseaux sociaux :

---

33. bell hooks, « Femme Feminista », *The bell hooks Institute,* 11 mai 2016.
34. Comme Gabourey Sidibe sur la couverture du *Elle* en 2010 ou Lupita Nyong'o sur la couverture du *Vanity Fair* en 2014, par exemple.
35. On pourrait aussi ajouter que Mindy Kaling est la seule à avoir été photographiée de près, avec un cadrage serré autour du buste et du visage, alors que les autres actrices ont été photographiées dans toute leur grandeur, dans toute leur longueur. Du fait que Mindy Kaling est considérée, selon les standards hollywoodiens, comme une femme plus ronde que la norme, l'effacement de son corps par le magazine de mode souligne doublement l'inconfort de cette industrie devant des éléments qui ne rentrent pas dans le canevas habituel de minceur et de blancheur.

pourquoi l'unique actrice dont la peau n'est pas blanche est-elle la seule à avoir « perdu ses couleurs » ? D'autant plus que, au fil de sa carrière, Kaling n'a jamais hésité à souligner le fait que la couleur de sa peau et la forme de son corps détonnaient souvent dans l'univers du show-business, mais qu'elle se faisait une fierté de porter cette « différence ». Comme elle le souligne dans son livre, elle est profondément émue lorsque des femmes, qui se sentent marginalisées pour différentes raisons, la contactent pour lui confier que, grâce à elle, elles se sentent normales. Ces témoignages, dit-elle, donnent sens à sa célébrité[36]. Bien sûr, dans les faits, le magazine *Elle* n'a pas *volontairement* effacé cette différence. Et Mindy Kaling, la première, a défendu la photographie. Mais une fois de plus, une fois de trop, une présence — une femme d'origine indienne sur la couverture d'un magazine de mode — est construite sur une absence : ni son corps ni sa peau ne sont réellement présents. Ne reste que la neutralité d'un corps qui peut être vu, regardé et désiré parce qu'il est rendu « blanc », dans un système qui élève la blancheur comme norme plutôt que comme exception. C'est ce que Roxane Gay décrit comme une insoutenable blancheur (« *unbearably white* »), formulation qu'elle utilise alors qu'elle soupire d'exaspération devant une énième liste de mises en nomination aux Oscars qui ignore la diversité culturelle de l'industrie cinématographique : « Encore une fois, on a fait comprendre aux personnes non blanches, à la fois implicitement et explicitement, que leurs histoires et leurs points de vue ne sont pas de valeur égale et qu'elles devraient être satisfaites des miettes de reconnaissance reçues ces dernières années[37]. »

Le témoignage d'Anita Faye Hill devant le Sénat des États-Unis, en 1991, m'apparaît profondément représentatif de ces tensions qui parcourent la troisième vague. En octobre 1991, après que le président George Bush a annoncé la nomination de Clarence Thomas à la Cour suprême des Etats-Unis, Anita Hill, alors professeure à l'École de droit de l'University of Oklahoma, comparaît devant le Sénat américain et y dénonce les comportements inappropriés de Thomas, son ancien patron. La confirmation de Thomas était presque assurée, jusqu'à

---

36. Mindy Kaling, *Why Not Me?*, New York, Crown Archetype, 2015, p. 47.
37. Roxane Gay, « The Oscars and Hollywood's Race Problem », *The New York Times,* 22 janvier 2016.

ce qu'un rapport décrivant une entrevue privée de Hill avec le FBI soit divulgué à la presse. L'affaire fait énormément de remous. Bien avant l'onde de choc de #MeToo, il s'agit, en quelque sorte, du premier scandale de harcèlement sexuel largement médiatisé aux États-Unis. Les républicains se pressent de dénoncer une campagne de salissage pour disqualifier un juge noir. Thomas dira même être victime d'un lynchage public, puisant ainsi à une puissante iconographie raciale, rappelant à l'Amérique entière qui le regarde qu'il est en train de se faire lyncher symboliquement à la télévision plutôt qu'être pendu à un arbre. Durant des audiences télévisées qui s'échelonnent sur trois jours, Hill et Thomas alternent à la barre des témoins, chacun racontant sa version des évènements. Le pays est suspendu à leurs lèvres. Le grand public devient en quelque sorte le juge ultime de leur affaire. Hill sait parfaitement ce qui l'attend si elle ne reste pas en contrôle de son témoignage. Elle fait tout pour éviter la mise en scène spectaculaire de son récit, qui risquerait de décrédibiliser ses propos, de faire d'elle une autre « femme noire agressive[38] ». Avocate de formation, elle livre son témoignage d'un ton calme et posé. Elle se sert des caméras braquées sur elle non seulement pour dénoncer les torts qui lui ont été faits, mais aussi pour montrer l'horrible mécanique institutionnelle entourant la dénonciation de violences sexuelles. Un sénateur lui demande si elle est une femme aigrie. Un autre, le sénateur Arlen Specter, la questionne sur sa crédibilité, lui demande comment le comité peut être certain de la véracité de son témoignage puisque celui-ci concerne des événements ayant eu lieu il y a plus de dix ans; Hill répond, imperturbable, que pour cela, il faut comprendre que ce genre de comportements ne se dénoncent pas du jour au lendemain, qu'ils demandent parfois de nombreuses années avant d'être compris, assimilés. Malgré cela, quelques jours plus tard, Thomas est nommé à la Cour suprême où il siège encore à ce jour.

À l'époque, des voix soulignent déjà la violence symbolique

---

38. Je fais référence au trope de la « angry black woman », particulièrement présent dans les objets culturels en Amérique du Nord, que l'on doit à notre passé colonial et esclavagiste et qui offre une représentation très réductrice des femmes noires comme étant agressives et colériques.

inhérente au fait de livrer un témoignage de harcèlement sexuel, comme femme noire, devant un comité judiciaire entièrement masculin et blanc. L'affaire Hill contre Thomas génère une grande colère dans les rangs féministes et inspire de nombreuses femmes, militantes ou non. L'année suivante est surnommée « l'année des femmes ». Un nombre record de candidates entreront au Congrès des États-Unis et le nombre de plaintes pour harcèlement sexuel bondira en flèche. On considère aujourd'hui cet événement comme l'une des pierres angulaires du mouvement de la troisième vague en Amérique du Nord. D'ailleurs, le terme « third wave » est souvent attribué à Rebecca Walker, qui a réagi à la confirmation du juge Thomas en publiant un article dans *Ms.* intitulé « Becoming the Third Wave » :

> J'écris donc ceci comme un plaidoyer destiné à toutes les femmes, mais particulièrement à celles de ma génération : que la confirmation de Thomas vous serve de rappel — comme elle l'a été pour moi — que la lutte est loin d'être terminée. Laissez ce refus de reconnaître l'expérience d'une femme se traduire en colère. Transformez cet outrage en pouvoir politique. Ne votez pas pour eux à moins qu'ils ne travaillent pour nous. Ne couchez pas avec eux, ne mangez pas avec eux, ne vous occupez pas d'eux s'ils ne priorisent pas notre liberté de contrôler nos corps et nos vies. Je ne suis pas postféministe. Je suis la Troisième Vague[39].

Sans participer exactement des mêmes dispositifs, il me semble qu'il se tisse une parenté entre cette première médiatisation extrême d'un cas d'agression sexuelle et la frange du féminisme pop qui m'intéresse ici. Hill comme les féministes pop ne craignent pas de s'offrir en représentation pour mener leur lutte. Elles acceptent le cadre spectaculaire qui est le leur et le rôle qu'elles doivent y jouer. À la manière dont le témoignage d'Anita Hill servira de prise de conscience pour de nombreuses personnes ayant vécu des violences similaires, les vedettes performant leur féminisme dans les médias, sur le Web ou sur scène permettent à leurs fans d'afficher fièrement le leur. Mais l'une comme les autres, du fait de leur extrême publicisation, prêtent le flanc aux critiques et prennent le risque de voir discrédité ce propos

---

39. Rebecca Walker, « Becoming the Third Wave », *Ms. Magazine*, 1992.

féministe qu'elles exposent devant la lentille des caméras.

Comme si l'affaire Hill-Thomas avait créé un nouveau genre télévisuel, 27 ans plus tard, en 2018, dans la foulée de la détonation #MeToo en octobre 2017, l'histoire se répète : Christine Blasey Ford, psychologue et professeure à l'Université de Palo Alto, accuse Brett Kavanaugh d'agression sexuelle, lui qui est alors candidat à la Cour suprême des États-Unis. Comme Hill, Ford a d'abord cherché à préserver son anonymat, mais ses accusations ont fuité malgré elle dans les médias, alors que le processus de confirmation était déjà en branle. Elle aussi est appelée à témoigner devant le Sénat des États-Unis, et son témoignage est également mis à rude épreuve par les sénateurs républicains[40]. L'une et l'autre subiront un test au détecteur de mensonge qui prouvera la véracité de leur propos, mais qui ne sera pas pris en compte finalement. À nouveau, l'audition est suivie en direct par plus de 20 millions de personnes. À nouveau, le candidat sera confirmé à la Cour suprême. Or, cette fois, il y a pourtant quelque chose de changé : les deux participants à cette grande messe télévisuelle sont Blancs.

Pour Kimberlé Williams Crenshaw, la mise en parallèle de ces deux cas masque malheureusement le véritable enjeu qui a gangréné l'affaire Hill-Thomas, sans qu'on ose le nommer alors : notre incapacité à voir la tension entre les mouvements féministe et antiraciste. La conséquence directe de ce malaise sera l'effacement de la vulnérabilité propre aux femmes noires dans les violences sexuelles : l'urgence générée par cet éveil collectif aux violences sexuelles a permis de subtilement balayer la question raciale sous le tapis. Pour la chercheuse, derrière l'accusation de Clarence Thomas clamant être la victime d'un « lynchage sophistiqué pour Noirs de l'élite », se cachait l'idée « que le harcèlement sexuel, comme le féminisme qui l'a mis en lumière, était une préoccupation blanche incompatible avec l'antiracisme[41] ». Plutôt que de s'attaquer au traitement que subissait Anita Hill *parce qu'*elle

---

40. On doit la nomination du juge Kavanaugh à Donald Trump, président républicain.
41. Kimberlé Williams Crenshaw, « We Still Haven't Learned from Anita Hill's Testimony », *The New York Times*, 27 septembre 2018.

était noire, les militantes féministes — majoritairement blanches — qui se sont ralliées à elle ont choisi de brosser le portrait d'une avocate accomplie et d'une professeure respectée, évacuant entièrement la question raciale. Encore une fois, c'était la chose dont personne ne voulait parler par peur de diluer le débat. Pour Crenshaw, un tel féminisme aveugle à la dimension raciale a nui à la cause d'Anita Hill puisqu'il s'entêtait à ignorer ce que les nombreuses voix du *black feminism* s'efforçaient de dire depuis tant d'années: que les femmes noires étaient doublement dénigrées et effacées dans le combat contre le harcèlement et les abus sexuels.

En mettant l'accent sur les signes de sa réussite personnelle, on a fait d'Anita Hill l'héroïne d'un combat individuel. Voilà pourquoi ce serait une erreur d'envisager les liens unissant féminisme et néolibéralisme comme participant d'un compagnonnage «utile» ou d'une contamination mutuelle. L'idéologie néolibérale est une forme d'oppression en soi[42], rappelle Rosalind Gill, car elle isole et place les femmes devant une série de choix et de mises à l'épreuve «privés». Cette tendance à l'individualisation des questions féministes qui caractérise la troisième vague concerne aussi le féminisme pop, car la dimension personnelle, subjective des récits et des mises en scène qu'il génère pourrait être considérée comme une menace au caractère collectif des luttes. La troisième vague nous a montré que les effets du pouvoir sont plus pernicieux que jamais puisqu'ils transforment les femmes en parfaites petites soldates du néolibéralisme et leur corps en monnaie d'échange.

Pour un raz-de-marée

Les féministes de la troisième vague se sont empressées d'établir une frontière claire entre elles et les féministes de la deuxième vague. Dans sa préface au livre dirigé par Rebecca Walker, Gloria Steinem nous avertit qu'il ne sert à rien de chercher à réinventer la roue. Plusieurs outils tactiques et théoriques existent déjà et ne demandent qu'à être

---

42. Gill, «Postfeminist Media Culture, Elements of a Sensibility».

réappropriés[43]. Moi-même qui me prête au jeu du retour historique sur les vagues féministes, je suis partie prenante de cette ambivalence. Je contemple les anciennes mobilisations et elles me paraissent lointaines, un peu comme une tempête qui se serait terminée, mais dont on verrait encore, au loin, les lueurs troubler l'horizon. Et alors, j'ai le même réflexe que les féministes de la troisième vague : n'ai-je pas commencé ces pages en me dépêchant d'établir que le féminisme vivait un renouveau ? Que la quatrième vague serait en marche ? Mais alors, à combien de vagues faudra-t-il se rendre avant d'atteindre l'égalité ?

En pensant le féminisme par vagues, non seulement on en vient à occulter de nombreuses strates des féminismes qui ne cadrent pas dans la norme, mais on se prend inévitablement les pieds dans une structure générationnelle faisant appel aux tropes éculés de la mère sévère et de la jeune fille rebelle : la troisième vague accuse la deuxième d'être réactionnaire et prude ; la deuxième lui rétorque qu'elle ne devrait pas sortir habillée ainsi. Cette dynamique ridicule n'a rien à voir avec la réalité. Ni la chronologie ni le concept ne tiennent la route. Les féministes de la troisième vague ont depuis longtemps accroché leur minijupe et leur sac à dos Hello Kitty. Elles n'en sont pas moins féministes. Dans son appel vibrant pour un féminisme décolonial, Françoise Vergès le résume d'ailleurs ainsi : « Ces deux formules — vague et génération — contribuent à effacer le long travail souterrain qui permet à des traditions oubliées de renaître et occultent le fait même que ces courants aient été ensevelis ; cette métaphore confie en outre une responsabilité historique à un phénomène mécanique ("vague") ou démographique ("génération")[44] ».

La métaphore de la vague telle que s'en sert parfois l'histoire officielle ne rend pas honneur aux mouvements réels des eaux agitées et des militantes qui les constituent. Les vagues ne meurent jamais vraiment, au fond. Du rivage, on a l'impression qu'elles culminent, puis éclatent. Mais après avoir effleuré la rive, les eaux repartent vers le large, emportées par des courants de fond et se reforment, inlassablement. Sans doute prennent-elles une autre forme, une autre ampleur,

---

43. Walker, *To Be Real: Telling the Truth and Changing the Face of Feminism*.
44. Vergès, *Un féminisme décolonial*, p. 21.

une autre trajectoire, mais leur constitution ne change guère : les vagues sont formées d'une multitude de molécules d'eau si intrinsèquement réunies que même brisées, fendues, naviguées, troubles ou étales, elles demeurent plurielles et composites. Là se trouvent toute leur force et leur résilience.

En définitive, le féminisme contemporain a autant à voir avec le féminisme des suffragettes qu'avec celui du Mouvement des femmes ou encore avec celui de la « girl culture » de la fin du dernier siècle. Les combats qu'il mène le devancent et les tactiques qu'il déploie aussi. Ce qui a précédé le « retour » du féminisme dans le discours contemporain ne le précède pas réellement. Il en fait encore partie.

À l'image du film *Suffragette*, cette part du féminisme contemporain que je nomme féminisme pop se drape parfois d'un chandail bien blanc scandant une phrase tape-à-l'œil — quelque chose comme *feminist as fuck* ou *this is what a feminist looks like.* On l'accuse de recouvrir les luttes — actuelles comme passées — d'un tapis rouge ou de soieries luxueuses, étouffant les oppressions vécues par les moins fortes, les moins blanches, les moins grandes, les trop grosses, les trop foncées, les trop vieilles, les atypiques, les aliénées, les démunies, les dépourvues. Aveuglées par le strass sur leurs vêtements, on ne regarderait qu'elles, celles qui brillent plus fort que les projecteurs, la crème de la crème, défiler au nom de toutes les autres dans leurs plus belles toilettes de gala. Je suis convaincue que le féminisme pop est bel et bien tout cela. Mais je suis aussi convaincue que le féminisme pop a plus à offrir qu'il n'y paraît.

CHAPITRE DEUX

LIRE
LE FÉMINISME
POP

> Je suis désolée que les gens soient si jaloux de moi,
> mais je n'y peux rien si je suis populaire.
>
> Gretchen Wieners, *Mean Girls*

Nous sommes au mois de janvier 2017 et j'ai quitté Montréal pour célébrer la nouvelle année dans ma belle-famille. Lorsque je sonne chez mes hôtes pour la soirée, leur aînée m'ouvre grand la porte. Du haut de ses neuf ans, elle arbore un t-shirt sur lequel une série de courtes phrases sont décalquées en caractères colorés et ludiques. Parmi les « CUTE AF », « GUILTY » et autres « It Wasn't Me », un petit « feminist », imprimé en lettres cursives sur le côté droit. Je lui dis : « Il est chouette ton chandail, Maryanne, tu l'as pris où ? » Elle rétorque : « Chez Ardène[1] ! », avant de disparaître aussi vite qu'elle est venue pour retourner jouer avec sa cadette.

Septembre et la rentrée scolaire sont là. Je suis assise dans l'agora de l'Université du Québec à Montréal. Devant moi défile le flot incessant des étudiant·e·s qui arrivent directement du métro et qui transitent, pressé·e·s ou non, vers leurs premiers cours de la session. Sur leurs t-shirts, sur leur sac à bandoulière, sur leur casquette ou leur blouson, je vois apparaître ça et là des slogans, des messages, des pensées. Parfois, comme des éclats de miroirs qui brillent et attirent l'œil, de brefs « Cats against catcalls », « Je parle féministe », « My body, my choice » se glissent parmi les citations d'écrivains célèbres ou les paroles de chansons quelconques.

*

J'ai grandi durant les décennies qui ont suivi le *backlash*[2] décrit par Susan Faludi. Le mot « féminisme » ne dominait ni dans le discours médiatique ni dans l'espace public. Jusqu'à mon entrée à l'université vers la fin des années 2000, je ne crois pas l'avoir entendu, du moins pas de cette manière marquante dont nous entendons parfois de nou-

---

1. Chaîne de magasins fondée à Montréal et ayant des antennes partout au Canada qui se spécialise dans la vente d'accessoires et de vêtements pour jeunes filles. Elle se compare à la chaîne Claire's, aux États-Unis.
2. On doit ce terme à Susan Faludi, journaliste de formation, qui s'est attelée à répertorier les attaques multiples qu'essuiera le mouvement féministe dans les années 1980 dans son best-seller *Backlash : The Undeclared War Against Women* (1991). Son livre devient rapidement le porte-étendard de cette période, et le terme « backlash » traversera les décennies pour s'inscrire non seulement comme une manière de se remémorer ces années de ralentissement dans les combats féministes, mais aussi comme une façon de définir les différentes attaques qu'ils continuent d'essuyer. Le terme *backlash* se traduit officiellement par celui de « revanche », mais je préfère me servir du terme anglais, puisque celui-ci représente à la fois une période historique du féminisme, une dégradation du statut social des femmes durant cette période et l'ensemble des productions culturelles et médiatiques participant de cette dégradation. Le terme français n'offre ni la même charge émotive ni la même richesse sémantique.

veaux mots, de nouveaux concepts ou nouvelles idées qui deviennent alors partie prenante de la constitution de notre pensée. Non, il m'a fallu attendre des séminaires universitaires pour l'*entendre* vraiment, le recevoir et comprendre le rôle qu'il jouait ou ne jouait plus dans l'imaginaire collectif.

Ce n'est pas un hasard si ma venue au féminisme correspond à ces années-là. Depuis dix ou quinze ans, on l'a vu, le féminisme trouve pignon sur rue à toutes les adresses de notre quotidien: les compagnies publicitaires, les scénarios de films ou de téléséries, les marques connues de vêtements, les journaux et magazines, les chaînes de magasins à grande surface, les festivals… Il a lentement rempli notre champ de vision.

La mise en marché du féminisme

Hier comme aujourd'hui, les compagnies publicitaires ne se sont pas privées de s'adresser aux femmes comme public cible pour nombre de leurs produits, des électroménagers aux produits d'hygiène corporelle en passant par la restauration ou l'alimentation. Malgré cela, ce n'est pas avant le milieu des années 1970 que les femmes sont devenues des consommatrices à part entière aux États-Unis. Avant cette date, elles ne pouvaient posséder de cartes de crédit à leur nom. Celles qui étaient mariées devaient obtenir un cosignataire masculin — bien souvent le père ou l'époux —, et les divorcées ou les célibataires n'y avaient virtuellement pas accès. Ce n'est qu'avec le passage de l'Equal Credit Opportunity Act en 1974 que les femmes passent de consommatrices passives à consommatrices actives: si elles voient quelque chose qui leur plaît, elles n'ont plus à demander la permission, elles peuvent enfin l'acheter en toute légitimité. En ce sens, consommer devient un acte féministe; acheter, c'est se réclamer de son autonomie et de son agentivité en tant que femme. D'ailleurs, cette autonomie sur le plan économique sera d'autant plus symbolique qu'elle s'accompagnera d'un gain d'autonomie sur le plan corporel: environ à la même époque, le viol conjugal sera reconnu comme un crime par les tribunaux et l'avortement sera légalisé.

Du point de vue du marketing, ce bassin de femmes considérant l'acte d'acheter comme une reprise de pouvoir ne représente qu'un autre marché à conquérir. Le fait de se servir de la nomenclature féministe pour vendre des produits n'est pas une tendance qui apparaît avec l'arrivée du féminisme pop, au contraire : les féminismes ont été récupérés par le marché dès leur apparition[3]. La cigarette en est sans doute l'exemple le plus probant. Jusqu'au début du 20ᵉ siècle, fumer n'était pas envisagé comme une activité seyante pour les femmes, tellement qu'il leur était interdit de s'y adonner en public. Or, en 1928, le marché de la cigarette stagne après une fulgurante croissance lors de la Première Guerre mondiale durant laquelle la cigarette faisait partie des rations des soldats. Le directeur de la American Tobacco Company, George Washington Hill, comprend qu'il se prive d'un marché substantiel et se tourne vers Edward Bernays, figure controversée de la publicité, pour créer une campagne qui inciterait les femmes à fumer. Bernays s'attelle à la tâche. Il faut que la cigarette et l'acte de fumer deviennent honorables pour la gent féminine. Bien au courant des victoires que les suffragettes viennent d'obtenir à peine quelques années auparavant, Bernays orchestre en 1929 une marche pour l'égalité en plein cœur de New York pour laquelle il engage quelques femmes appelées à parader, cigarettes en main, puis à témoigner dans les médias pour y affirmer qu'elles lèvent fièrement leur Lucky Strike comme des « torches de la liberté » pour combattre ce tabou relié au genre[4]. Le stratagème est finement mené ; les ventes de Lucky Strike, chez les femmes, explosent. La American Tobacco Company gagne son pari : transformer l'action de fumer en un geste dont les femmes peuvent être fières, en un geste féministe.

La même stratégie se met en place dans une publicité de 1970 de la compagnie d'hygiène féminine Massengill. Sur celle-ci, on aperçoit un vaporisateur vaginal, surplombé du titre « Vaporisateur de liberté ». En dessous, le texte suivant : « C'est la meilleure façon d'être libre et de profiter d'être une femme. […] Achetez le vaporisateur Massengill. Vous l'aimerez. Vous aimez être libre, non[5] ? » Ici, la compagnie s'inspire sans subtilité aucune du mouvement des femmes, qui est à

---

3. Zeisler, *We Were Feminists Once*, p. 4.
4. *Ibid.*, p. 6.
5. *Ibid.*, p. 7.

son paroxysme à cette époque. Elle s'adresse aux militantes. Que ce soit pour les Lucky Strike ou pour le vaporisateur Massengill, il s'agit de trouver la bonne formule : d'une part, attirer les clientes qui défendent les droits des femmes tout en évitant de les rebuter par l'usage d'images par lesquelles les femmes seraient objectivées ; d'autre part, ne pas aliéner les consommatrices qui ne se positionneraient pas dans ce débat. Quatre décennies plus tard, il ne semble pas exister de grandes différences entre ces publicités et celle que conçoit la compagnie de maquillage CoverGirl en 2014. Pour sa campagne #GirlsCan, CoverGirl présente une série de femmes célèbres du show-business étatsunien comme porte-parole : Ellen DeGeneres, Queen Latifah, Sofia Vergara, Katy Perry, Janelle Monáe, P!nk et quelques autres. Le spot publicitaire nous les montre dans un chœur où elles témoignent de toutes ces fois où on leur aura dit que « les filles ne peuvent pas… ». Rapidement, cette affirmation cède le pas à l'affirmation « les filles peuvent », et les artistes rappellent que les jeunes filles sont souvent découragées à tort de poursuivre leurs rêves et leurs ambitions. La vidéo se clôt habilement sur Ellen DeGeneres, qui reprend le slogan de la compagnie en incitant les jeunes filles — puisque c'est bien à elles que l'on s'adresse — à « rendre le monde un tout petit peu plus simplement [elles][6] ». Ici, c'est le concept même d'*empowerment,* si cher au féminisme des 20 dernières années, qui devient la stratégie de marketing. Les filles, nous dit-on, détiennent les clés de leur succès : « Allez, Cover Girls. Rappez. Soyez drôles. Soyez déjantées. Soyez rock. Soyez fortes. Menez le bal[7] », ordonne presque DeGeneres.

La publicité de CoverGirl ne représente qu'un cas de figure parmi une série de publicités s'inscrivant dans la même veine. De la même manière que les luttes féministes ont infiltré les argumentaires de

---

[6]. En 2017, le slogan « Simplement vous, simplement belle » et l'image de la compagnie subissent une refonte complète. CoverGirl adopte alors le slogan « Je suis ce que je compose » (« I am what I make up ») qui, aux dires de la compagnie, reflètera mieux la réalité actuelle de sa clientèle qui ne met plus de maquillage pour répondre à des standards de beauté, mais plutôt pour exprimer sa personnalité et la transformer selon ses envies. On voit que CoverGirl poursuit son entreprise de séduction amorcée avec la campagne #GirlsCan.
[7]. CoverGirl, *#GirlsCan: Women Empowerment*, 0:49.

vente en 1920 ou en 1970, elles sont aujourd'hui reprises par nombre de marques qui s'en servent pour séduire un marché rétif. Toutefois, entre cette publicité de CoverGirl et celle des cigarettes Lucky Strike ou du vaporisateur Massengill, un subtil changement est à l'œuvre : l'insistance est mise sur les compagnies elles-mêmes plutôt que sur leurs multiples produits. En effet, on ne retrouve aucune mention des produits d'hygiène féminine dans la campagne #LikeAGirl d'Always (2014), aucune mention d'équipement sportif dans la campagne *Unlimited You* de Nike (2015), aucune mention de produits capillaires dans la campagne *Not Sorry* de Pantene (2015), aucune mention de téléphonie cellulaire dans la campagne *Inspire Her Mind* de Verizon (2014). Et — bien sûr — aucune mention de maquillage dans la campagne #GirlsCan de CoverGirl ! Il devient alors tentant de penser que ces campagnes sont créées non pas en considérant le féminisme comme un moyen, mais plutôt comme une fin en soi. On a envie de croire que les compagnies publicitaires — et les stars qui portent leur message — ne se servent pas du féminisme pour vendre, mais qu'elles profitent de leur tribune pour promouvoir ses enjeux. Mais en fin de compte, ne s'agit-il pas toujours de la même tactique de vente ? En célébrant ces publicités, nous ne faisons que célébrer la capacité des différentes compagnies publicitaires à absorber et à assimiler les mouvements féministes actuels pour mieux nous les revendre — et nous en féliciter ensuite. Car ce que personne ne dit aux jeunes filles, dans la publicité de CoverGirl, c'est qu'elles ont beau être « simplement [elles], simplement belles », parfois, cela ne suffira pas à devenir une vedette, à diriger une compagnie, à être une athlète de niveau olympique. Comme le rappelle non sans dérision une chroniqueuse, il ne reste plus qu'à espérer que le phénomène se propage et qu'il contamine jusqu'au célèbre slogan de Maybelline : « Elle a quelque chose en plus, c'est peut-être Maybelline — ou des centaines d'années de conditionnement socioculturel[8]. »

---

8. Amanda Duberman, « CoverGirl "Girls Can" Reminds Us Of All the Things We Can Already Do Without Buying Mascara », *The Huffington Post*, 24 février 2014.

La guérilla des consommatrices

La joute se jouant entre le féminisme et sa récupération commerciale n'est donc pas nouvelle. En même temps que la Madison Avenue, qui vit son âge d'or publicitaire au commencement du 20ᵉ siècle, tourne sa lentille grossissante vers le bassin de clientes potentielles que forment les femmes au foyer en quête d'autonomie, Virginia Woolf, de son côté de l'océan, réfléchit à l'importance de l'autonomie financière pour les femmes. Plus d'une quarantaine d'années avant que celles-ci obtiennent légalement un pouvoir d'achat, l'écrivaine arrive déjà à la conclusion que pour écrire — ou, dira-t-elle aussi, pour être libres —, les femmes doivent posséder suffisamment d'argent pour que « la nourriture, le toit et les vêtements ne [leur fassent] jamais défaut » ; « [leur] liberté intellectuelle dépend des paramètres matériels[9] ». L'autonomie financière représente donc forcément une forme d'émancipation pour les femmes. De Virginia Woolf au début du 20ᵉ siècle, il n'y a qu'un fil à tendre jusqu'à Beyoncé Knowles-Carter qui, au sommet de son art et de sa carrière, dominant entièrement les palmarès musicaux et l'univers médiatique, termine sa chanson *Formation* avec « Okay, ladies, now let's get in formation / You know you that bitch when you cause all this conversation /Always stay gracious, best revenge is your paper[10] », paroles qu'elle accompagne d'un geste de la main sans équivoque : elle fait mine de froisser des billets de banque. Deux ans plus tard, dans la chanson « APESHIT » qu'elle cosigne avec son époux, Jay-Z, elle ne chante pas différemment : « Gimme my check, put some respect on my check / Or pay me in equity, pay me in equity / Or watch me reverse out the debt[11] ». L'une des femmes les plus riches du monde occidental nous le rappelle deux fois plutôt

---

9. Woolf, *Une pièce bien à soi*, p. 74, 180.
10. La chanteuse rappelle dans ces paroles que la meilleure vengeance des femmes devant les dispositifs sexistes de la société demeure l'argent qu'elles feront, le pouvoir économique qu'elles acquerront. Beyoncé Knowles-Carter, *Lemonade*, 2016, 3 :10.
11. Par ces paroles, la chanteuse souligne qu'il n'y a pas de meilleure manière de respecter une femme que de la payer au même salaire qu'un homme. The Carters, *Everything Is Love*, 2018, 0 :38.

qu'une au fil de sa carrière : l'indépendance des femmes passe par leur indépendance économique.

Toutefois, nous l'avons vu, quand cette autonomie se transforme en pur pouvoir d'achat, c'est-à-dire quand l'*empowerment* des femmes n'est envisagé qu'en fonction de leurs choix comme consommatrices, nous sommes en droit de nous demander si nous assistons encore à un geste féministe. Pour Andi Zeisler, nous passons d'un féminisme tout court à un féminisme de marché qui n'est rien d'autre qu'une manière de promettre à des détracteurs potentiels « que le féminisme peut exister dans des espaces fondamentalement inégalitaires sans y entraîner de changements structuraux[12] ». Or, une telle vision me paraît réductrice, voire méprisante envers les consommatrices et les consommateurs, justement. Les compagnies publicitaires, les grands magasins, les studios hollywoodiens et autres industries culturelles pourront s'acharner à surfer sur cette lancée féministe, comme ils l'ont toujours fait, la vague tombera à plat si personne n'adhère à leurs produits ou à leurs productions. Zeisler dénonce un féminisme qui capitulerait face au marché, mais ce qu'elle semble oublier, c'est que le choix n'est pas seulement celui d'acheter tel ou tel produit parce qu'on a le droit ou « parce qu'on le vaut bien[13] », mais bien de choisir parmi les productions et les produits ceux qui nous permettent de jouer, de les utiliser à notre profit, voire, parfois, de les retourner contre le système dont ils sont issus.

De toute façon, il est difficile de s'intéresser aux industries culturelles où fleurit le féminisme pop sans tenir compte de celles et ceux qui le consomment avec passion. Notre rapport à la culture et à sa production s'est radicalement modifié depuis la Révolution industrielle. Avec le développement fulgurant de diverses industries automatisées, la notion de culture — particulièrement à travers le spectre des lettres — devient une façon d'assurer la conservation d'une certaine morale dans les classes sociales émergentes. On l'envisage désormais comme un instrument au potentiel unificateur, un outil de réorganisation sociale, une contre-force face aux assauts dissolvants

---

12. Zeisler, *We Were Feminists Once*, p. 254.
13. Slogan publicitaire de l'Oréal.

et aliénants de la production et du capitalisme. Conséquemment, les objets culturels qui naissent des industries florissant un peu partout sont reçus avec méfiance. Cette culture dite « de masse » est considérée comme inférieure et impure. Celles et ceux qui se l'approprient et la consomment sont, par contamination, également considéré·e·s comme béotien·ne·s de s'y intéresser.

Or, les études culturelles, qui naissent en Grande-Bretagne dans la foulée de ces bouleversements sociaux, autrement connues sous leur appellation anglaise de *cultural studies,* tentent de comprendre comment la culture d'un groupe précis — et sans exclure celle des classes populaires ! — peut fonctionner comme un mode de contestation de l'ordre social ou, à l'inverse, comme un facteur d'adhésion aux normes dominantes. Ces recherches donneront naissance à un foisonnement d'idées et d'approches théoriques se tournant vers des objets jugés jusque-là indignes du travail universitaire : la publicité, la musique rock, le *soap*, les magazines pour adolescentes, etc. Parmi elles, les recherches de Stuart Hall se sont consacrées à montrer que tout objet ou discours émis du côté des industries culturelles peut s'envisager comme un texte portant en lui une série d'interprétations possibles, activées différemment en fonction de la personne qui l'interprète. Cette perspective communicationnelle a contribué à élaborer l'idée d'un·e consommateur·trice qui ne soit pas aliéné·e par l'objet qui lui est proposé[14].

Dès lors, aux craintes d'Andi Zeisler voulant que la récupération des féminismes par le discours publicitaire entraîne l'édulcoration inévitable et ininterrompue de leur lutte et de leurs enjeux, une approche comme celle des études culturelles anglaises — et tout particulièrement les travaux de Stuart Hall et d'autres « poptimistes[15] » — offre plutôt de déplacer la lunette d'approche du côté de la consommation, c'est-à-dire

---

14. Stuart Hall, « Codage/décodage », *Réseaux*, vol. 12, n° 68, 1994, p. 31.
15. Néologisme qui circule depuis peu au sein de la culture geek pour définir une personne ayant la propension à voir les objets culturels issus de la culture pop d'un œil positif, ce mot décrit aussi à l'occasion la posture des chercheuses et chercheurs soutenant que la culture pop a le potentiel de présenter un langage aussi significatif que n'importe quel autre objet d'étude.

de « se situer là où se trouvent les gens[16] ». Malgré tout le soin mis dans un message publicitaire, et bien que les personnes à qui il soit destiné le comprennent parfaitement, il est possible que celles-ci décident de le décoder autrement, voire « de manière globalement contraire[17] », et d'ainsi produire un tout nouveau contenu, un sens inédit.

Quelques années plus tard, Michel de Certeau, intellectuel à la fois théologien, philosophe, anthropologue et historien, reprend lui aussi cette idée de lecture active et créatrice de contenus. Développée dans son ouvrage *L'invention du quotidien. Arts de faire*, cette approche a d'ailleurs connu une très grande popularité du côté des études culturelles. S'intéressant aux pratiques créatives mineures du quotidien, de Certeau examine les multiples façons que nous avons toutes et tous, chaque jour, chaque instant, de « faire avec » les produits ou les messages imposés par la culture dominante. Chez Michel de Certeau, la personne assise devant un écran de télévision ou celle faisant ses courses au supermarché ne sont pas aussi passives qu'on pourrait le croire. Au contraire, à tout moment, nous pouvons « fabriquer » ou générer une réponse à la production « centralisée, bruyante et spectaculaire » des produits culturels qui nous entourent. Cette consommation est rusée, « elle est dispersée, mais elle s'insinue partout, silencieuse et quasi invisible, puisqu'elle ne se signale pas avec des produits propres mais en manières d'employer les produits imposés par un ordre économique dominant[18] ». Avec Michel de Certeau, la consommation devient un acte de braconnage culturel grâce auquel les consommatrices et les consommateurs mènent une guérilla où se développent différentes tactiques et actes de résistance. Appliquées à la culture populaire, ces tactiques sont diverses : changer de poste à la télévision ou refuser l'algorithme YouTube en choisissant une autre vidéo que celle proposée, marcher dans une ville sans suivre les habituelles attractions touristiques recommandées, se faire tatouer, porter des perruques, et

---

16. Lawrence Grossberg, « Le cœur des *Cultural Studies* », *L'Homme & la Société*, vol. 3, n° 149, 2003, p. 47.
17. Hall, « Codage/décodage », p. 38.
18. Michel de Certeau, *L'invention du quotidien*, tome 1, Paris, Gallimard, 1990, p. XXXVIII.

même, lire. Pour de Certeau, ces actes de résistance que nous posons dans de fugitifs moments de notre quotidien sont des microlibertés face au pouvoir dominant des industries culturelles et médiatiques.

L'acte de consommation, chez de Certeau, est donc un acte de «l'entre-deux». Devant le féminisme pop et sa mise en marché, j'accepte, moi, comme consommatrice, de parler — de comprendre — le langage de la production; je vois bien ce qui est à l'œuvre. Mais, constamment, je m'amuse aussi à y générer un sens ou un contenu différent, indépendamment de ce que la production avait initialement prévu. Pensons à ces films dont la promotion nous promet un *blockbuster* assuré, mais qui s'écrasent lamentablement au box-office, ou à ces livres qui auraient dû être des succès instantanés en librairie, mais qui pourtant ne se vendent pas. Considérer que nous sommes entièrement modelé·e·s par les produits dont on nous bombarde, c'est se méprendre sur la consommation: «On suppose qu'"assimiler" signifie nécessairement "devenir semblable à" ce qu'on absorbe, et non le "rendre semblable" à ce qu'on est, à le faire sien, se l'approprier ou réapproprier[19].» En ce sens, pour qu'un objet culturel intègre la culture pop, il faut qu'il offre une possibilité de jeu, de modifications, de réappropriation, qui nous permette de le faire nôtre, et c'est précisément cette facette qui ne peut être prévue par ses producteurs.

Pour Michel de Certeau, l'acte de lecture est le braconnage culturel par excellence puisqu'il l'envisage comme une pérégrination active dans un système imposé qui devient un terrain de jeux potentiel pour celle ou celui s'y promenant. Au creux du système de signes verbaux et iconiques proposés par le texte se meut ainsi «une réserve de formes qui attendent du lecteur leur sens[20]». Au fond, c'est dire que le texte ne devient texte qu'avec son lectorat. De Certeau utilise une image que j'affectionne particulièrement pour illustrer son propos: une téléspectatrice écoute le téléjournal de fin de soirée quand, soudain, au détour d'un reportage, les images présentées lui rappellent le paysage de son enfance. Incapable de voir autre chose, à présent, son lieu «n'est pas *ici* ou *là*, l'un ou l'autre, mais ni l'un ni l'autre, à la fois dedans et dehors, pendant l'un et l'autre

---

19. *Ibid.*, p. 241.
20. *Ibid.*, p. 245.

en les mêlant, associant des textes gisants dont [elle] est éveilleu[se] et hôte, mais jamais [la] propriétaire[21] ». Lectrice de Michel de Certeau à mon tour, j'aime cette image parce qu'elle en évoque une autre chez moi : en lisant ce qu'il dit de cette téléspectatrice fabriquant le paysage de son enfance au creux des images du reportage, je me revois contemplant les photographies d'enfance de ma mère. À force de regarder les albums de photographies appartenant à ma mère, j'en suis parfois venue à fondre son histoire à la mienne. À un certain âge, à cause de la ressemblance que nous avions, je parvenais à croire que ses albums étaient les miens. Sur chacune des pages, je me retrouvais. Ses voyages, je les faisais ; ses bals, je les dansais ; ses deuils, je les portais. Les albums de ma mère me parlent davantage de moi que mes propres photos d'enfance. Et chaque fois que je relis ce passage du livre de Michel de Certeau, je me retrouve devant ces albums, à les lire comme bon me semble.

De la même façon, je crois que nous gagnons à lire les féministes pop, à les envisager comme des textes qui ont été produits — c'est vrai — à même des industries culturelles dominantes et hégémoniques, mais qui peuvent potentiellement s'ouvrir, se déplier et signifier autrement en fonction des personnes qui s'en saisiront pour y activer leurs diverses lectures. C'est aussi ce que suggère John Fiske, chercheur étatsunien et ardent défenseur de la culture populaire, lorsqu'il affirme que tous objets générés par notre économie culturelle, que ceux-ci prennent la forme d'une série télévisée, d'une paire de jean ou de l'image [de marque] d'une star, gagnent à être abordés comme des textes, c'est-à-dire « une structure discursive de significations et de plaisirs potentiels qui constitue une ressource considérable pour la culture populaire[22] ». Fiske, qui inscrit ouvertement ses recherches dans la lignée des études culturelles et des pratiques de la vie quotidienne de Michel de Certeau, a souvent dû justifier son optimisme — qu'on a décrété candide — par rapport aux objets culturels issus de la culture de masse. Pourtant, sa compréhension de la culture populaire n'est ni naïve ni jovialiste. Elle s'insère dans une

---

21. *Ibid.*, p. 252.
22. John Fiske, *Understanding Popular Culture,* 2ᵉ édition, Londres, Routledge, 2010, p. 22.

tradition bourdieusienne articulant la culture populaire comme un espace de luttes («*site of struggles*[23]») dans lequel sont à l'œuvre des forces dominantes — oui —, mais aussi des résistances. Pour Fiske, la culture populaire et son potentiel politique dépendent entièrement et totalement des consommatrices et des consommateurs. Dès lors, quand nous consommons, nous sommes en position active: «Chaque acte de consommation est un acte de production culturelle, parce que toute consommation est productrice de sens[24].» Dans les industries culturelles, le produit se détache de son lieu de production pour devenir le jeu, le possible des gens le consommant.

Pour illustrer son propos, Fiske parle d'une «mise en jean de l'Amérique» («*jeaning of America*[25]»). Filant les différentes significations qu'a prises le pantalon emblématique depuis sa création[26], Fiske se sert du jean comme d'une métaphore de la culture populaire. À l'instar du pantalon, dit-il, la culture pop se contredit constamment elle-même, mais ces contradictions font sa force plutôt que sa défaillance, puisqu'au sein de ces apparentes incompatibilités de sens se place justement une très grande richesse sémiotique. Si le jean peut à la fois signifier la communauté (les travailleurs pour qui il a été originalement créé) et l'individualisme (le jean de marque qu'une personne achète pour se distinguer sur le plan vestimentaire); s'il peut à la fois incarner une masculinité brute, une féminité provocante ou une absence de genre; alors, de la même façon, la culture pop et ses objets «peuvent impliquer l'expression simultanée de la domination et de la subordination, et du pouvoir et de la résistance[27]». Pour Fiske, cela veut donc dire que la

---

23. *Ibid.*, p. 17.
24. *Ibid.*, p. 28.
25. *Ibid.*, p. 1.
26. Fiske énumère les différentes connotations qu'endosse le fameux *blue jean*: vêtement rassembleur et démocratique qui aplanit les différences sociales ou raciales; vêtement représentant le travail manuel et physique, la physicalité brute et naturelle; vêtement porteur de liberté, représentant de la mythologie de la conquête de l'Ouest et des dernières frontières à explorer; vêtement par moments symbole d'une masculinité ou d'une féminité exacerbées; vêtement appartenant aussi au monde de la mode et de la haute couture.
27. Fiske, *Understanding Popular Culture*, p. 4.

conception d'une culture de masse hégémonique aliénant et asservissant celles et ceux qui la consomment ne tient pas la route. Un peu à la manière de Michel de Certeau qui écrit qu'il « est toujours bon de se rappeler qu'il ne faut pas prendre les gens pour des idiots[28] », Fiske déconstruit l'idée d'une masse de gens (« *the people* »), monolithique et stable.

Ainsi, non seulement nous ne sommes pas unilatéralement passives, mais nous produisons et nous participons à ce que Fiske nomme l'économie culturelle. En effet, toute forme de marchandises exerce un rôle fonctionnel, mais aussi un rôle culturel. Celui-ci génère dans son sillage son propre système économique qui — cette fois — n'est pas régi par la circulation de biens ou d'argent, mais par celle de significations et de plaisir. Dès lors, dans une telle économie, tout produit de la culture pop est porteur de ce réseau de sens qui n'est plus appelé à être uniquement consommé, mais aussi intégré, reproduit et remis en circulation : « Le consommateur peut utiliser toutes les marchandises pour construire son soi, son identité sociale et ses relations[29]. » Consommer devient l'art de « fréquenter un lieu, c'est-à-dire d'y ouvrir une possibilité de [le] vivre en y réintroduisant la mobilité plurielle d'intérêts et de plaisirs, [l']art de manipuler et de jouir[30] ». Mais alors, comment lire le féminisme pop ? Quels en sont les textes significatifs qui tissent les espaces discursifs nécessaires à la création de cette économie culturelle qu'espère Fiske ?

Prenant en exemple Madonna, Fiske explique que, pour que la lecture soit efficace, il s'agit, justement, de considérer tous les espaces discursifs potentiels qu'ouvre un texte. Il montre que pour *lire* Madonna, il nous faut appréhender le texte primaire — Madonna elle-même —, le texte secondaire — ce qui réfère à Madonna (publicité, interview, critique) — et le texte tertiaire — les conversations de deux amies sur Madonna, cette jeune fille qui porte des vêtements emblématiques de son idole, ou cette autre qui reproduit ses chorégraphies dans la cour d'école. L'objet culturel Madonna reste incomplet tant qu'il n'est pas examiné en fonction de l'intertextualité que tisse l'ensemble des textes

---

28. De Certeau, *L'invention du quotidien,* tome 1, p. 255.
29. Fiske, *Understanding Popular Culture*, p. 22.
30. De Certeau, *L'invention du quotidien*, tome 1, p. LI.

qui le constituent. Il en va de même pour les stars qui embrassent le féminisme pop. Oui, lorsque Ellen DeGeneres endosse la publicité de CoverGirl, elle endosse une compagnie qui fait bien peu pour les jeunes filles, voire qui les encourage à s'inscrire dans un canon de beauté précis et restrictif. Mais le texte entier d'Ellen DeGeneres, c'est aussi son «*coming out*» en plein cœur de la série télévisée *Ellen* en 1997 alors que l'homosexualité est une chose que l'on avoue encore à mots couverts, dans le secret, et souvent dans la peur ou la honte; son texte, c'est l'étalement des photos de son mariage avec Portia Rossi dans les magazines du pays dix ans plus tard alors que les débats entourant le mariage homosexuel aux États-Unis font rage; c'est la vidéo d'elle, en pleurs, recevant la médaille de la Liberté des mains du président Barack Obama en 2016; ce sont ses livres ou ses prises de positions politiques durant son talk-show. Ce sont par ailleurs les nombreuses controverses qui ont éclaté en 2020, autour du climat de travail toxique qu'elle entretenait sur son plateau de télévision. Le texte d'Ellen DeGeneres, ce sont aussi ces nombreux jeunes de la communauté LBGTQIA+ des États-Unis qui lui écrivent pour lui confier combien sa propre prise de parole par rapport à son homosexualité leur a permis de s'affirmer, de sortir de la solitude ou de la peur.

C'est ainsi qu'il me faut lire le féminisme pop: dans sa prolifération, avec ce que cela entraîne de contradictions, de manquements et de bons coups.

Trois nuances de pop

Mais de quel populaire parle-t-on, quand on parle de féminisme pop ? Il me paraît primordial de définir ce terme qui sert de qualificatif au féminisme qui m'est contemporain. Or, malgré les nombreux termes que les études culturelles se sont affairées à définir — multiculturel, postmoderne, politique, culturel, etc. —, celui de populaire est étrangement peu présent dans les ouvrages contemporains portant sur l'histoire et les théories des *cultural studies*[31]. Comme le remarque

---

31. Il est, par exemple, absent de l'index du très vaste *Cultural Studies: The Basics* (2002) de Jeff Lewis ainsi que de celui de *The Cultural Studies Reader*,

Jan Baetens, ce silence s'explique par le fait que « le sens (globalement positif) de "populaire" n'a pas radicalement changé, ni au fond l'attitude (également positive) des études culturelles à l'égard de la *culture populaire*[32] », syntagme parapluie sous lequel se trouvent d'ailleurs souvent regroupées à la fois l'idée de peuple et celle de populaire. Pourtant, de la même façon que le concept de culture pop se confond parfois aujourd'hui avec celui de culture de masse dans l'imaginaire collectif, j'ai le sentiment que le populaire n'est pas aussi univoque que ce que semble suggérer l'index de ces ouvrages, surtout en regard d'un phénomène tel que le féminisme pop, qui s'énonce déjà du côté des dominantes — et donc qui n'aurait, à première vue, rien à voir avec le « peuple ». Afin de comprendre de quel populaire on parle quand il est question de féministe « pop », je cherche moins à en décliner les usages ou les acceptions qu'à montrer les tensions se nichant au creux des trois petites lettres de ce mot et, *ipso facto*, du féminisme qu'il qualifie. Le féminisme pop m'apparaît d'abord simplement pop au sens où le comprennent les chercheur·e·s en études culturelles, nonobstant leurs allégeances conceptuelles, théoriques ou idéologiques. Par là, j'entends qu'il participe de la culture populaire et qu'il est issu des industries culturelles.

Mais les féministes pop sont aussi populaires dans l'une des acceptions les plus communes de l'adjectif, celle-là même qui me servait à décrire ce groupe de filles dans la cour d'école qui se maquillaient, connaissaient les bonnes marques de vêtements et savaient comment parler aux garçons: les Populaires. Elles sont les *Pink Ladies* avec leurs vestes assorties, les *Heathers* qui se confondent par leur prénom, les filles à papa de *Clueless*, les meneuses de claque de *Bring It On*, les « plastiques » *Mean Girls*; elles sont celles qu'on aime détester et qu'on se déteste d'aimer. Celles pour qui on abandonnerait sa meilleure amie si on nous offrait la chance de faire partie du groupe. Celles qu'on se résout à mépriser alors qu'on rêve de leur ressembler. Les féministes

---

édité par Simon During en 1993.
32. Jan Baetens, « La culture populaire n'existe pas, ou les ambiguïtés des *Cultural Studies* », *Hermès: Peuple, populaire, populisme*, vol. 2, n° 42, 2005, p. 70. Je souligne.

pop sont ces Populaires qui s'extirpent des mondes fictionnels pour rejoindre le quotidien. Elles rencontrent un succès — commercial ou critique ; elles sont en vogue. On se les arrache, elles trônent au sommet des ventes et des palmarès en tout genre. À l'image des Populaires qui peuplent notre imaginaire cinématographique, elles se regroupent pour mieux régner. Amy Poehler joue dans *Mean Girls*, écrit par Tina Fey[33], Tina Fey apparaît dans les sketches d'Amy Schumer, Amy Schumer fait une apparition éclair dans *Girls*, Lena Dunham joue dans le vidéoclip de Taylor Swift et donne une plateforme d'écriture à Jennifer Lawrence, Sarah Silverman et Roxane Gay ; elles se retrouvent à répétition sur les plateaux de télévision, dans les crédits de scénarisation des séries télévisées du moment, sur les réseaux sociaux. Et bien sûr, Oprah Winfrey est leur mère spirituelle à toutes.

Comme Karen Smith, dans *Mean Girls*, qui avertit la nouvelle recrue du groupe que « le mercredi, on porte du rose », elles se conforment parfois à un code — vestimentaire, langagier ou autre — pour

---

33. Je me permets une brève digression autour du film *Mean Girls* (2004), considérant que Fey, qui en est la scénariste, fait partie du corpus d'analyse de cette étude. À mon sens, la raison pour laquelle *Mean Girls* s'est distingué dans le vaste paysage de films de la culture pop abordant la thématique des dynamiques propres à l'école secondaire (*Grease, Breakfast Club, Pretty in Pink, Heathers, Dazed and Confused, Dead Poets Society, Clueless, She's All That, Never Been Kissed, 10 Things I Hate About You, Easy A*, la série des *High School Musical, Bring It On, Pitch Perfect*, etc.) se situe au-delà de son humour mordant et de ses nombreuses phrases accrocheuses. En effet, les critiques soulignent souvent que si le film a connu un tel succès, c'est parce qu'il a su résonner de façon « vraie » pour nombre d'anciennes adolescentes et d'anciens adolescents, contrairement aux autres films décrits comme plus caricaturaux. Or, pour cela, il faut donner le crédit à Tina Fey, qui a suivi pendant de nombreux mois l'autrice Rosalind Wiseman dans sa tournée des écoles secondaires du pays. Celle-ci, dont l'essai *Queen Bees & Wannabes* (2002) explore les cliques et les comportements des jeunes filles au secondaire, allait à la rencontre d'adolescentes pour discuter de ces problématiques. Ces rencontres ainsi que les discussions entre Fey et Wiseman ont permis au film de dresser un portrait fidèle de la jeune fille adolescente au secondaire malgré la caricature comique qui en est faite dans le film.

décupler leurs forces. Pensons simplement aux petites broches en faveur de Planned Parenthood qui ont été épinglées discrètement sur les robes, pochettes et autres accessoires des stars durant la soirée des Oscars 2017 (en réponse à l'élection de Donald Trump qui a entraîné une perte considérable de subventions pour l'organisme à but non lucratif ouvertement pro-choix); ou encore au slogan électoral «I'm With Her» («Je suis avec elle») d'Hillary Rodham Clinton qui s'est retrouvé parsemé sur les pages Instagram de stars comme Amy Poehler, Amy Schumer, Abbi Jacobson, Lena Dunham, Beyoncé Knowles-Carter, Kate McKinnon et de bien d'autres encore, les réunissant autour d'un parti politique d'abord, mais aussi autour de ce que ce slogan sous-entendait: élire, enfin, une femme à la présidence des États-Unis. Elles mettent en place une forme d'alliance, une amitié d'épinglettes, pourrait-on dire. Mais le moment qui m'apparaît le plus dialectique parmi ces différentes manifestations est sans doute l'homogénéisation des tenues qui a eu lieu aux Golden Globes 2018, où presque l'entièreté des actrices ont revêtu du noir en appui au mouvement #MeToo et à son prolongement #TimesUp[34].

Ce soir-là, l'uniformité des parures renforce l'idée que les femmes d'Hollywood, dans leurs robes noires griffées, font partie «des Populaires», de ce groupe d'élues qui ne reçoit l'autre à sa table que s'il endosse le «code»: du rose les mercredis pour les *mean girls*; une robe noire un soir de gala pour les féministes pop. Déambulant avec aisance et élégance dans la salle, elles posent l'évidence: elles sont Populaires. Elles sont celles que je regarde, envieuse, admirative ou critique. Mais ce soir-là, il me semble que quelque chose me regarde en retour. Que se passe-t-il dans cette robe noire? Qu'est-ce qui surgit, derrière l'uniformité de la couleur, qui «renaît à côté, venue d'au-delà des frontières[35]»? Je veux croire que la réponse se trouve justement dans

---

34. Dans la foulée du mouvement #MeToo, *Time's Up* (accompagné de son mot-clic #TimesUp) est un mouvement qui a été fondé en janvier 2018 et qui a pour but d'amasser des fonds pour toutes les personnes moins favorisées de la société ayant vécu des abus sexuels, mais n'ayant pas le pouvoir — financier ou symbolique — de s'engager dans des dénonciations ou des poursuites légales.
35. De Certeau, *L'invention du quotidien*, tome 1, p. 230.

le jeu de disparition que suggère cette noirceur, surtout si l'on reconnaît combien ce genre de soirées hollywoodiennes illustre d'ordinaire

> comment l'inégalité entre les sexes repose, entre autres, sur des effets d'apparition et de disparition. Enrobées d'étoffes et de couleurs voyantes, les femmes apparaissent, mais sont néanmoins exclues, minorisées. Les hommes, arborant la même tenue, n'apparaissent pas, mais sont parfaitement inclus[36].

Dans cette lecture, l'écrivaine féministe Martine Delvaux montre combien cette « mise en uniforme » des hommes les soirs de gala supporte l'allégorie de leur domination. On le sait : le féminisme s'affaire — avec raison — à nommer toutes celles et tous ceux que la classe dominante — blanche, hétérosexuelle, suffisamment fortunée — invisibilise en leur refusant toute représentativité. Mais alors que cette marge est invisible parce qu'on ne la voit pas, en ce sens qu'elle est absente — du discours, des représentations, de l'imaginaire —, le centre, lui, est invisible parce qu'*on ne le voit plus*, nous dit Delvaux, parce que son uniforme lui permet de se fondre à la tapisserie. En d'autres mots, il est toujours là, mais on ne le remarque plus. Et à cause de cela, le féminisme doit également exercer une contre-force à cette forme d'invisibilisation, c'est-à-dire « une résistance contre ce qui ne se voit pas parfaitement, mais qui se sent, qui se sait, et dont on subit les effets[37] ». Le soir des Golden Globes 2018, les femmes participent de cette résistance contre « ce qui ne se voit pas ». À l'instar de leur collègue, de leur patron ou de leur réalisateur, tous invisibles dans leurs 50 nuances de smoking, elles atténuent — éteignent, même — le scintillement que leur tenue répand d'ordinaire sur le tapis rouge pour disparaître, elles aussi, juste un peu. Elles se tapissent dans l'ombre, prêtes à braconner. Elles nous forcent à regarder au-delà, à penser à ce qui naît *entre* notre regard et ce qui émane de leur disparition : les violences et le mutisme qu'on impose aux victimes d'agressions sexuelles. En disparaissant, elles se mettent à apparaître autrement : comme des féministes pop. Populaires, parce qu'elles sont « aimé[es],

---

36. Martine Delvaux, « Des hommes et de l'invisibilité », *La Gazette des femmes*, 11 juillet 2016.
37. *Ibid.*

apprécié[es] du plus grand nombre », mais également féministes, grâce à la « lecture du monde comme lieu de multiples formes d'effacement » qu'elles suggèrent[38]. Aussi visibles soient-elles, c'est lorsqu'elles savent se rendre invisibles que les femmes d'Hollywood parviennent à briller le plus fort. Sans se couper du monde qui est le leur, elles l'investissent autrement.

Il me semble qu'il reste encore un angle mort au populaire du féminisme pop. Un examen rapide de différents dictionnaires et encyclopédies montre que la première acception du terme « populaire » nous ramène plutôt à l'idée de peuple. En ce sens, populaire (puisqu'il s'agit de *ce qui appartient au peuple*) suggère l'idée d'un « milieu » duquel découlerait une « identité », et, ainsi examiné, il ne s'opposerait donc pas au folklore, mais en serait presque synonyme. Bien sûr, observées sous cette loupe, les féministes pop n'auraient, à première vue, rien de populaire. Il suffit de les regarder un soir de gala, justement, pour le constater. Elles foulent le tapis rouge et signent des autographes, elles saluent gracieusement la caméra lorsque celle-ci s'arrête sur leur visage durant la soirée et acceptent des prix. Dans cet espace-temps symbolisant la réussite, le glamour et le paraître, rien qui « n'émane du peuple ». Ce n'est plus « *who are you* » (qui es-tu?), mais « *who are you wearing* » (qui portes-tu?). Loin du peuple, les *people* flottent au firmament, des stars parmi les étoiles. C'est un lien qu'établit d'ailleurs Martine Delvaux dans son ouvrage filant la figure de la fille sérielle dans la culture pop. Dépliant l'image de la top-modèle plus belle que nature qui défile sur les plus réputés podiums à travers le monde, elle rappelle combien sous le vernis du *people* se dissimule souvent la brutalité du peuple : « Sous les top-modèles, les mannequins de couture, les cintres [...] ; sous les vêtements, un corps scruté, mesuré, classé, critiqué, affamé, un corps vendu et acheté, harcelé, rejeté, abandonné, violé[39]. »

Or, s'arrêter au substantif « people » permet justement de comprendre comment s'articule la toute dernière tension dans le « pop » des féministes pop. Déjà, dans son usage anglophone, le mot

---

38. Deux définitions tirées du *Trésor de la langue française informatisé.*
39. Delvaux, *Les filles en série*, p. 128.

people demeure moins marqué sociologiquement et politiquement que sa traduction française de « peuple » puisqu'il est encore utilisé comme un nom collectif désignant les êtres humains en général (« *the people* ») ou comme un substantif renvoyant à des personnes qui appartiennent à un même groupe (« *the people of...* »). Son apparition comme anglicisme dans l'usage francophone coïncide avec le développement de la presse du même nom : la presse *people*, qui se consacre à dévoiler les faits et gestes des personnalités en vue du moment. En ce sens, donc, les féministes pop sont résolument *people*. Elles sont des personnalités en vue d'abord parce qu'elles se rendent visibles sur tous les fronts : des réseaux sociaux aux entrevues en passant par leurs productions télévisuelles ou cinématographiques, elles s'exposent et, parfois même, se surexposent. Mais elles sont également *en vue* parce qu'elles sont « mises à la vue de » par les paparazzis qui traquent leur moindre mouvement. Cette double visibilité corrobore l'improbabilité d'une lecture des féministes pop en fonction d'un populaire qui se rattacherait à l'idée de peuple. Comme ces étoiles que nous voyons la nuit, elles sont bien visibles, mais restent tout aussi inaccessibles.

Philippe Marion, en s'intéressant aux rapports entre la presse *people* et son lectorat, explore la polarisation au cœur du mot « people » (l'élite contre les gens dits « ordinaires ») et suggère qu'elle permet de repenser la part de ce qui, chez les stars — les *people* —, appartient au peuple — *the people*. La clé, dit-il, se trouve du côté du lectorat de la presse *people*. Car, au final, à qui s'adresse-t-elle ? Aux gens du public, à vous et à moi, c'est-à-dire « au peuple », « *to the people* ». Dès lors, dans le jeu se mettant en place entre le lectorat et les *people* qu'il consomme,

> tout se passe comme si le [lectorat] populaire de la presse *people* était appelé à se téléporter dans un univers qui lui est étranger, mais qu'il a l'occasion de domestiquer par cette téléportation elle-même. Vu de l'autre bout du spectre des oppositions, cependant, tout se passe comme si les célébrités *populaires* de ce monde se prêtaient au jeu et se rapprochaient à leur tour de ce *populaire* que constitue, pour elles, le public *people*[40].

---

40. Philippe Marion, « De la presse *people* au populaire médiatique », *Hermès : Peuple, populaire, populisme*, vol. 2, n° 42, 2005, p. 121-122.

Voilà pour Marion ce que la presse *people* suggère : rapprocher l'univers des vedettes de celui du commun des mortels. À l'inverse de la starification des débuts du cinéma, la visibilité des vedettes d'aujourd'hui tendrait à réduire l'aura des célébrités, à les ramener à l'état de simples personnes, familières et proches, créant un imaginaire du vedettariat démocratisé permettant — en quelque sorte — à tout un chacun de rêver à sa propre « peopolisation ». Serait-ce ainsi que se joue le populaire des féministes pop ? Dans le dialogue qu'elles établissent avec ceux et celles qui les *lisent* ? Il y a définitivement une part de cela chez elles simplement par le fait qu'elles jouent elles aussi le jeu du dévoilement calculé de l'intimité et de la proximité, mais je crois que ce qui est réellement porteur dans la part de populaire de leur féminisme se situe au-delà de ce jeu qui, au bout du compte, ne les distingue en rien des autres personnalités en vue du moment. À mon sens, c'est l'évidence qu'il faut dépasser lorsqu'on cherche à comprendre ce que *peut* le féminisme qu'elles mettent de l'avant. La polarisation qui sous-tend le « people » caractérisant les féministes pop se retrouve ailleurs que dans l'image que les médias nous rendent d'elles ; leur caractère populaire se niche au sein même de celles qu'il qualifie. En elles, peuple et *people* se côtoient et s'entrechoquent à l'occasion, participant dès lors à faire d'elles des *people* pas suffisamment glamour, des stars trop *peuple*.

Au fil de l'évolution du mot dans la langue, on a vu, dans divers dictionnaires, l'apparition, dès les 16e et 17e siècles, d'un emploi adjectival de « peuple » qui signifiait à l'époque « vulgaire », « commun » ou « s'opposant à la noblesse[41] ». Il me semble que c'est ce qui est à l'œuvre dans ces instants où les féministes pop se mettent à sortir du rang. Elles se situent alors sur le seuil, à la fois peuple et *people*. Lorsqu'elle a formulé la question « Qui portes-tu ? » pour la première fois en 1994[42], Joan Rivers,

---

41. Nele Leroy, *Peuple versus people. Morpho-syntaxe et sémantique d'un couple de paronymes à cheval sur deux langues*, mémoire de maîtrise, Gand, Université de Gand, 2010, f. 20.
42. Cette question sexiste, devenue un classique des tapis rouges, que l'on pose aux femmes du show-business au lieu de les questionner sur leurs accomplissements professionnels n'est pas aussi ancienne qu'on pourrait le croire. Il faut dire que, initialement, le tapis rouge était déroulé simplement

figure culte de la scène humoristique étatsunienne, qui couvrait le tapis rouge des Golden Globes pour la chaîne E!, a été décriée, qualifiée de vulgaire. On considérait alors qu'il était superficiel de s'intéresser à la mode, et le *New York Times* décrètera même que la phrase relèverait d'«une grammaire impropre[43]». Comment Rivers osait-elle salir l'image léchée d'Hollywood? Ses paroles ont choqué, justement, parce qu'elles étaient trop «peuple», et pas assez «people». Dans le même ordre d'idées, on pourrait penser à un autre geste controversé posé par une autre grande reine de la comédie américaine: Roseanne Barr. En plein apogée du succès de sa série *Roseanne*, elle est invitée à chanter l'hymne national étatsunien avant un match de baseball entre les Padres

---

le long du corridor se formant entre les voitures des stars et l'entrée du théâtre ou du cinéma où avait lieu l'évènement, un peu à la manière du tapis rouge sur les marches du Palais des festivals à Cannes encore aujourd'hui. Sa fonction était purement pratique: créer un corridor sécuritaire et dénué d'obstacles pour les stars. Graduellement, son rôle et sa surface se sont élargis. S'étalant sur plusieurs mètres autour des salles de spectacles, il est devenu le lieu où Hollywood pouvait exposer ses gemmes les plus brillantes, ses étoiles les plus en vues. Lorsque les quatre petits mots qui cloisonneront les actrices pour des années y ont été prononcés pour la première fois en 1994 par Joan Rivers, la fameuse question se voulait irrévérencieuse. Avec les années, sa part d'irrévérence sera perdue jusqu'à devenir la nouvelle norme en matière de phrases creuses à poser aux femmes d'Hollywood. En 2013, la comédienne Amy Poehler, épuisée d'entendre ces quatre mots, s'associe avec The Representation Project, un mouvement se servant de la vidéo pour exposer les injustices liées au genre, pour promouvoir la campagne #AskHerMore (demandez-lui en plus), qui vise à encourager les journalistes à poser des questions plus pertinentes aux actrices. Ainsi, à près de 20 années d'écart, le flambeau sera passé d'une reine de la comédie à une autre pour qu'enfin on reporte notre attention vers le talent des stars plutôt que sur leur apparence. D'ailleurs, cette année-là, la réponse que donnera l'actrice Jennifer Lawrence à une journaliste lui ayant posé ladite question en illustrera bien toute l'absurdité: «Que voulez-vous dire, "Qui je porte?" Ben, ceci est un haut et cela est un pantalon.» Catherine Shoard, «Jennifer Lawrence: How Hollywood Fell in Love with This Perfectly Imperfect Star», *The Guardian*, 25 février 2013.
43. Leslie Bennetts, *Last Girl Before Freeway: The Life, Loves, Losses, and Liberation of Joan Rivers*, New York, Brown and Company, 2016.

de San Diego et les Reds de Cincinnati. S'ensuit une performance catastrophique où la comédienne et humoriste entonne le *Star-Spangled Banner* sans aucune note juste, d'une voix criarde, en charcutant les paroles. Elle termine l'hymne sous les huées de la foule, avant de quitter le stade en reproduisant la gestuelle classique d'un joueur de baseball qui agrippe sa coquille protectrice avant de cracher au sol. Le président de l'époque, George H. W. Bush, décrit sa performance comme « disgracieuse ». Encore une fois, le *people* a déserté le populaire pour n'y laisser que la trace du peuple dans tout ce qu'il connote, comme épithète, de commun ou de vulgaire. Pour la chercheuse Kathleen Rowe, si le geste choque autant à l'époque, c'est précisément parce qu'il profane l'espace rituel sacré de la féminité telle que les stars se doivent de la performer : « C'est le laxisme — ou l'absence de retenue — de Barr qui saute aux yeux et qui témoigne de son opposition aux [...] standards féminins de décorum et de beauté[44]. » Roseanne Barr et Joan Rivers ne sont plus *people*, elles font *peuple* : elles ont « des manières populaires, qui manquent de distinction[45] ». Ainsi, c'est bien en les considérant dans l'ensemble du spectre qu'elles composent qu'on peut commencer à articuler le féminisme des féministes *people* : à la fois féministe et à la fois pop.

Pour Pierre Bourdieu, les locutions se formant à la manière du « langage populaire » en linguistique (« culture populaire », « art populaire », « religion populaire », etc.) ont ceci de particulier qu'elles ne se définissent « que *relationnellement*, comme l'ensemble de ce qui est exclu de la langue légitime, entre autres choses par l'action durable d'inculcation et d'imposition assortie de sanctions qu'exerce le système[46] ». Être populaire, c'est donc être définie en rapport avec le discours légitime ; c'est la posture du dominé en rapport au dominant ; c'est la marge par rapport au centre ; c'est l'irrévérence par rapport à la bienséance. C'est le peuple par rapport à l'État, c'est l'ingouvernée par

---

44. Kathleen Rowe, *The Unruly Woman : Gender and Genres of Laughter*, Austin, University of Texas Press, 1995, p. 53, 60.
45. Nele Leroy, *Peuple versus people*, f. 23-24.
46. Alain Badiou *et al.*, *Qu'est-ce qu'un peuple ?*, Paris, La Fabrique, 2013, p. 24. Je souligne.

rapport au gouvernement, pourrait-on dire. Et alors, qu'en est-il des « féministes pop » ? Devient-il également possible d'envisager quelque chose, chez elles, qui participe de ce décalage ? De ce relationnel ? Qui fait d'elles non seulement l'élite de la société, mais aussi — par moment — ses citoyennes des plus ordinaires ; à la fois Queen Bees et Wannabes, pour reprendre la nomenclature développée par Rosalind Wiseman[47] ? Il y aurait chez les féministes pop quelque chose qui se joue des deux univers et qui, grâce à cela, se dérobe, c'est-à-dire des instants où elles nous forcent à nous frotter les yeux, à nous questionner sur ce qu'on vient de voir, qui génèrent des déséquilibres dans leur persona *people*.

Je crois qu'il est possible de lire chez les féministes pop un populaire qui se décline sous toutes ses formes. Elles seraient à la fois pop (issues des industries culturelles), Populaires (aimées) et populaires (« du peuple » ou « à la manière du peuple »). J'ai envie de m'amuser à penser le populaire des féministes pop dans ses moments de fracture, c'est-à-dire lorsqu'elles redeviennent populaires, tout en demeurant les Populaires du pop. Or, une tendance se dessine : ces moments ont quelque chose à voir avec le corps et le langage qui ne font pas ce qu'on attend d'eux. Des corps et des voix qui ne correspondent pas entièrement à leur statut de stars, qui perdent leur aura. Quelque chose chez elles achoppe, avorte, manque son coup. Comme la voix de Barr qui est trop forte, trop criarde, ou sa gestuelle trop vulgaire ; comme la question de Rivers qui n'est pas grammaticale ; comme les robes des actrices qui sont trop noires ; comme Beyoncé qui est tantôt trop riche, tantôt trop Noire. Ou même, aurais-je envie de dire, comme les féministes pop qui sont trop pop (dans toutes ses démultiplications) et pas suffisamment féministes.

---

47. Rosalind Wiseman, *Queen Bees & Wannabes: Helping Your Daughter Survive Cliques, Gossip, Boyfriends, and Other Realities of Adolescence*, New York, Three Rivers Press, 2002.

CHAPITRE TROIS

LE PRÉLUDE
DE BEYONCÉ

> Depuis que je suis toute petite, j'ai le même objectif :
> je veux régner sur le monde.
>
> Madonna

A u mois d'août 2014, je suis assise dans mon salon. Je travaille, concentrée, sur mon ordinateur. En bruit de fond, la cérémonie des 31e MTV Video Music Awards passe à la télévision. Je lève la tête à l'occasion ; j'écoute une performance par ici et une remise de prix par là. Vers la fin de la soirée, la mégastar Beyoncé prend la scène d'assaut et offre un mélange savamment tissé de ses récents succès tirés de son album éponyme. J'apprécie les chorégraphies et la voix brute de la chanteuse, mais je retourne rapidement vers mon ordinateur. Soudain, une autre voix que celle de la Queen Bey se fait entendre. Je lève les yeux à nouveau parce que j'ai reconnu deux choses de façon simultanée : la chanson *Flawless* de Beyoncé et la voix de l'écrivaine Chimamanda Ngozi Adichie. Depuis la sortie de la chanson en décembre 2013, dans laquelle une partie des mots d'Adichie sont échantillonnés, on dirait que l'une ne va plus sans l'autre : Beyoncé m'a fait connaître la parole d'Adichie, et Adichie m'a fait aimer Beyoncé de manière encore plus féroce.

Pour cette performance, le corps de Beyoncé et celui de ses danseuses sont plongés dans la pénombre, découpés en négatif par le contre-éclairage d'un écran géant sur lequel les mots d'Adichie s'affichent :

> Nous apprenons à nos filles que leur sexualité n'est pas comparable à celle des garçons. Nous apprenons aux filles à se diminuer, à se sous-estimer. Nous leur disons : tu peux être ambitieuse, mais pas trop. Tu dois viser la réussite sans qu'elle soit trop spectaculaire, sinon tu seras une menace pour les hommes[1].

Le texte ne défile pas doucement. Les mots sont bombardés sur l'écran, un à un, en suivant le rythme de la voix d'Adichie. Puis, les derniers mots de l'extrait se font entendre : « Féministe : une personne qui croit à l'égalité sociale, politique et économique des sexes. » Mais un seul s'affiche d'un bord à l'autre de l'écran : « FEMINIST ». Les danseuses ont déserté la scène. Ne reste que le corps de Beyoncé, solidement campé, ses deux jambes musclées et sa chevelure abondante découpées par la lumière de l'écran.

Fondu au noir. Le spectacle continue. Beyoncé entame les strophes suivantes de *Flawless* : « You wake up, flawless / Post up, flawless / Ride round in it, flawless / Flossin on that, flawless / [...] I woke up like this / We flawless, ladies tell'em[2] ».

Mais moi, je reste là-bas, suspendue au moment précédent, électrisée par ce dont je viens d'être témoin. Rapidement, les messages que je vois passer sur les réseaux sociaux et ceux que je reçois par messagerie privée me font comprendre que je ne suis pas seule. Ce soir-là, quelque chose bascule. Ou plutôt, quelque chose se cimente.

---

1. Ces phrases sont tirées de la conférence TEDx donnée par Chimamanda Ngozi Adichie en 2013. Son allocution sera ensuite publiée chez Fourth Estate en 2014 sous le titre *We Should All Be Feminists*, puis en français sous le titre *Nous sommes toutes des féministes*. L'essai devient rapidement un best-seller de la littérature féministe contemporaine.
2. Dans cette chanson, Beyoncé célèbre le fait de se trouver parfaites telles que l'on est. Knowles-Carter, *Beyoncé*, 2014, 2:20.

Ce soir-là, Beyoncé affiche en grosses lettres sur un écran lumineux vu par des millions de téléspectatrices et de téléspectateurs (puis par des milliers d'internautes) une étiquette autrefois honteuse ou dissimulée. Cet enthousiasme qui grondait sous la surface de la culture pop se voit soudainement assumé publiquement par l'une des plus grandes pop stars de la décennie, le consacrant d'un même coup comme valable, enviable. Ce que fait Beyoncé, le soir du 24 août 2014, c'est projeter le féminisme sur la scène *mainstream*. Et de m'entraîner avec elle dans le féminisme pop.

Ça, c'est pour la petite histoire — la mienne. Pour la « grande », ce soir-là, Beyoncé plante une borne aussi scintillante que son léotard à l'un des carrefours où se rejoignent si souvent culture pop et féminismes. D'ailleurs, les monographies, chroniques, articles ou commentaires qui paraîtront après ce soir d'août 2014 référeront ensuite de façon assez consensuelle à cet évènement de télévision comme pivot quant à la place du féminisme dans la culture pop contemporaine. L'autrice Janet Mock en dit : « C'est devenu le refrain de ma propre *soundtrack* féministe[3]. » À sa suite, la chroniqueuse et observatrice de la culture pop Anne Helen Petersen n'hésitera pas à placer Beyoncé parmi les figures de proue du féminisme contemporain[4] et la rédactrice en chef de *Bitch* nommera — non sans une certaine autodérision — cette domination de Beyoncé sur le monde de la musique pop la « Loi de Beyoncé » (« *Yonce Law* ») : réunissez un groupe de femmes majoritairement blanches pour un panel ou une table ronde portant sur le thème des féminismes et de la culture américaine et, en moins d'une heure, peu importe le sujet initial de la discussion, vous vous trouverez plongé au cœur d'un débat animé sur Beyoncé[5]. Ainsi, aussi rapidement qu'elle sera encensée, elle sera critiquée. Bien sûr, elle n'est pas la seule à essuyer ce revers. Toutes les autres célébrités qui se positionneront comme féministes et qui feront des droits des femmes un sujet central de leurs multiples créations feront face à la même

---

3. Janet Mock, « My Feminist Awakening & the Influence of Beyoncé's Pop Culture Declaration », *JanetMock.com*, 9 mars 2014.
4. Anne Helen Petersen, *Too Fat, Too Slutty, Too Loud*, New York, Plume, 2017, p. 152.
5. Zeisler, *We Were Once Feminists*, p. 111.

opposition. On dénonce un féminisme qui capitule, un féminisme qui jette de la poudre aux yeux, un féminisme qui participe de la société du spectacle, c'est-à-dire un monde où l'image finit par dicter le réel, un monde qui est « *l'affirmation* de l'apparence et l'affirmation de toute vie humaine, c'est-à-dire sociale, comme simple apparence[6] ». Sous un tel éclairage, le féminisme n'a plus aucune profondeur et ne représente guère plus que « le discours ininterrompu que l'ordre présent tient sur lui-même, son monologue élogieux[7] ». Dans cet univers scandé par l'apparence, les stars comme Beyoncé symbolisent inévitablement, pour le philosophe Guy Debord, le spectaculaire. Elles en sont l'émule la plus fidèle, paraissant plus réelles dans leur représentation que dans leur réalité tangible, physique, comme si leur existence ne prenait sens que dans le discours social qui les façonne. Au cœur de cette « économie se développant pour elle-même[8] », les stars ne sont qu'un canevas vide. Pures interfaces, en elles d'autres choses se superposent et se personnifient : des produits, des compagnies, des systèmes, un *branding* (le leur comme celui d'autrui). Un féminisme spectaculaire voudrait donc dire un féminisme qui *n'est* rien, qui ne *fait* rien. Il s'agirait d'un féminisme-image, un féminisme de paille pouvant représenter tout et rien à la fois. Pour Debord, l'équation est simple : « Le spectacle est le capital à un tel degré d'accumulation qu'il devient image[9]. » Et alors, élevées jusqu'aux nues pour leur image, les stars seraient les porte-étendards de l'économie capitaliste ; et le féminisme dont elles se réclament, qu'un ensemble vide, un panneau publicitaire à orner du meilleur slogan pour être vendu au plus offrant.

Pour Guy Debord, ces stars qu'on essaie tant bien que mal de hisser au rang de modèle ou d'inspiration ne valent rien. En elles, toute forme de subjectivité aurait disparu. Elles ne posséderaient plus aucune vie individuelle, ne seraient que « des choses qui règnent et qui sont jeunes ; qui se chassent et se remplacent elles-mêmes[10] ». C'est ce que

---

6. Guy Debord, *La société du spectacle*, Paris, Gallimard, 1992, p. 19.
7. *Ibid.*, p. 26.
8. *Ibid.*, p. 22.
9. *Ibid.*, p. 34.
10. *Ibid.*, p. 58.

redoute aussi bell hooks, militante féministe et théoricienne intersectionnelle américaine, lorsque, dans un panel intitulé « Êtes-vous encore des esclaves ? », qui s'est tenu à la New School à New York en 2014, elle dit qu'« une part de Beyoncé serait, en fait, antiféministe », voire « violente, terroriste[11] », particulièrement en ce qui a trait à l'influence qu'elle a sur les jeunes filles[12].

Là où Debord leur refuse toute subjectivité, bell hooks conteste l'agentivité qu'on est si promptes à concéder aux stars. Durant cette conversation où sa voix se joint à celles de Marci Blackman, Shola Lynch et Janet Mock, bell hooks réfléchit aux représentations des femmes racialisées dans les médias en prenant en exemple Beyoncé. Pour la militante, cette dernière ne peut symboliser une forme de prise de pouvoir pour les femmes noires ; elle n'est plutôt qu'une autre itération de la culture pop où le corps féminin noir est représenté — et consommé — en fonction de sa sexualité provocante. bell hooks, qui consacre sa carrière de chercheuse et de professeure à explorer l'impact du sexisme et du racisme sur les femmes noires, et la dévalorisation de la féminité noire qui en découle, rappelle que la culture pop est foncièrement blanche, surtout dans ses retranchements visuels que sont la télévision et le cinéma. Elle explique que, lorsque les Noir·e·s ont eu l'opportunité de regarder la télévision ou d'aller au cinéma pour la première fois, ce fut en toute conscience que les médias derrière les productions qui leur étaient montrées reproduisaient et maintenaient une suprématie blanche : « Regarder la télévision ou n'importe quel film grand public voulait dire faire face à la négation de toute représentation noire[13]. »

---

11. Il va sans dire que les journaux et autres médias ont fait leurs choux gras de cette tournure de phrase, la détournant pour sous-entendre que bell hooks aurait traité Beyoncé de terroriste, alors que, dans les faits, bell hooks, qui continuera de se prononcer et de réfléchir *autour* de Beyoncé, propose ici une réflexion beaucoup plus nuancée. Tout ceci nous rappelle encore combien on aime opposer les femmes comme si elles étaient constamment en désaccord, comme si elles ne pouvaient être que des ennemies irréconciliables.
12. The New School, « Are You Still a Slave ? », New York, 6 mai 2014, 47:49.
13. bell hooks, « The Oppositional Gaze », *Black Looks: Race and Representation*, Boston, South End Press, 1992, p. 117.

Les femmes noires, dernier bastion de cette absence, se sont habituées à ne pas se voir dans les images qu'elles consomment. Elles connaissent mieux que quiconque le racisme cinématographique, et « sa violente invisibilisation de la féminité noire[14] ». Ainsi, quand — enfin — une femme noire entre au panthéon des stars de la chanson pop et que, en plus, elle ne se satisfait pas simplement d'y siéger, mais qu'elle y trône en reine mère de la ruche, bell hooks déplore qu'elle le fasse sans déconstruire les imaginaires entourant la féminité noire. Si elle ne les conteste pas, c'est qu'elle fait partie du problème : « Beyoncé est l'incarnation d'un fantastique pouvoir féminin qui n'est que cela, justement : un pur fantasme[15]. »

bell hooks insiste en rappelant qu'il est dangereux de prétendre que la culture pop permet une réappropriation, un *empowerment* puisque, la plupart du temps, ses images et ses figures se contentent d'inverser le discours dominant. Voilà un endossement pacifique qui ne *fait* rien : « Je crois que ce qui me préoccupe constamment dans mon imaginaire critique, c'est de comprendre pourquoi nous n'avons pas d'images libératrices qui aillent *au-delà de*, plutôt que d'être de simples *inversions* de ce que la société nous montre, c'est-à-dire des images qui questionnent : À quoi je ressemble quand je suis libre[16] ? » Pour bell hooks, que Beyoncé fasse la couverture de magazines en petite tenue ne constitue en rien la réappropriation ou le détournement d'une figure sexualisée et objectivée de la femme — surtout pas de la femme noire. Au contraire, il s'agit d'un esclavage, d'une recolonisation plutôt que la décolonisation qu'elle espérerait de la part d'une artiste noire : « On ne va pas détruire un patriarcat impérialiste, suprémaciste blanc et capitaliste en recréant notre propre version de cette oppression. Même si cela permet de faire beaucoup d'argent au passage[17]. » Car là se situe le nerf de la guerre, pour la chercheuse : Beyoncé et le féminisme qu'elle promeut ne seront jamais radicaux, et ce, à cause de leur adhésion sans retenue au capitalisme. Si elle nuancera ensuite ses propos par

---

14. *Ibid.*, p. 119.
15. bell hooks, « Moving Beyond Pain », *The bell hooks Institute,* 9 mai 2016.
16. The New School, « Are You Still a Slave ? », 49 :13. Je souligne.
17. *Ibid.*, 39 :07.

rapport à la superstar, elle continuera de dénoncer ce compagnonnage. Peu importe que la chanteuse déconstruise durant tout un album la figure de la femme noire hypersexualisée (*Beyoncé*) ou qu'elle s'attaque aux préjugés vécus par la population noire depuis des décennies (*Lemonade*), Beyoncé reste à l'image de l'argent qui l'entoure — sans couleur. Blanche.

Les mots de bell hooks me ramènent vers la pensée de John Fiske qui avance que la culture populaire ne sera jamais radicale. C'est tout simplement impossible puisque, pour être radicale, il lui faudrait se saboter, c'est-à-dire qu'elle renverse le système capitaliste qui la fonde puisque ce système se reconstitue dans les objets culturels qu'il produit. Pour Fiske, « une marchandise est une idéologie matérialisée[18] ». Beyoncé n'est donc pas radicale ; là-dessus, bell hooks et John Fiske se rejoignent. Par contre, ils se distinguent en cela que l'une attend de Beyoncé précisément ce que l'autre ne considère même pas comme une potentialité. Pour le chercheur, « on se trompe en espérant que la culture populaire soit radicale (et en la critiquant parce qu'elle ne l'est pas). Tout ce que nous pouvons espérer d'elle, c'est qu'elle soit progressiste[19] ».

Ne pas être radical·e ne signifie pas qu'aucune forme de résistance ne soit envisageable. Faudrait-il dépouiller le féminisme pop de toute capacité à résister simplement parce qu'il n'est pas radical ? Parce qu'il s'oppose à quelque chose de l'ordre d'un « bon » féminisme, c'est-à-dire un féminisme qui ne travaille pas pour son propre bénéfice, qui ne contribue pas à la machine capitaliste, qui se construit ailleurs que dans les strates privilégiées de la société ? En faisant cela, n'enfermons-nous pas une fois de plus le féminisme dans une définition restrictive, geste qui ne semble pas l'avoir servi durant les précédentes décennies ? Comme l'écrit Martine Delvaux en songeant au rôle qu'aura joué le pop dans l'articulation de sa posture féministe,

> si la « féministe de paille », cet épouvantail brandi par les antiféministes, est une femme qui hait les hommes […], cette féministe de paille se double d'une autre femme qui est une femme qui hait les femmes, et en

---

18. Fiske, *Understanding Popular Culture*, p. 10.
19. *Ibid.*, p. 148.

particulier les femmes qui ne pensent pas comme elle. La féministe de paille des féministes, c'est la «bonne» féministe, une figure qui elle aussi est tributaire de la domination masculine et qui s'oppose à la mauvaise féministe pop [...]. Cette mauvaise féministe-là, c'est la féministe dont les féministes doivent avoir peur comme de la peste. C'est un des visages de l'antiféminisme féministe[20].

En consommant de la culture, que ce soit la nouvelle série à la mode, les chansons de Beyoncé ou la dernière superproduction faisant la promotion d'un «*strong female lead*[21]», nous nous approprierions ces produits culturels. Nous les ferions passer de simples marchandises à quelque chose qui participe de cet espace de luttes qu'espère Fiske.

C'est précisément ce que formule Delvaux lorsqu'elle demande : « Qui sait exactement ce que Beyoncé fait aux filles ? Et surtout, qui sait ce qu'elles *font* avec Beyoncé[22] ? » Après la performance de Beyoncé aux MTV Video Music Awards, Janet Mock témoigne de la même ouverture :

> Peut-être — et je dis bien peut-être — que Beyoncé permettra de construire un pont entre la culture pop et des féministes comme bell [hooks], Barbara [Smith] et Audre [Lorde]. Et alors, peut-être qu'une jeune femme hochant la tête à l'écoute des chansons «Blow», «Partition» ou «Flawless» fera de même en lisant *Ne suis-je pas femme ?* ou *Homegirls* ou *Sister Outsider*[23].

L'expérience de Mock n'est pas celle qu'anticipe bell hooks quand elle pense à ces jeunes filles étatsuniennes qui construiront leur féminisme dans le sillage de leur Queen Bey. Bien que Mock soit consciente de tout ce qu'on peut reprocher au féminisme de Beyoncé

---

20. Martine Delvaux, «Celles qui aiment aussi la culture pop», *À bâbord !*, n° 65, été 2016.
21. Cette expression utilisée surtout en anglais que l'on pourrait traduire par «femme forte» fait référence à un type de personnage féminin. La «*strong female character*» peut être forte physiquement comme psychologiquement et s'oppose directement au trope de la «*damsel in distress*» (demoiselle en détresse). Le personnage de Ellen Ripley dans *Aliens*, celui de Lara Croft dans la franchise éponyme ou encore celui de Katniss Everdeen dans les *Hunger Games* en sont de bons exemples.
22. Delvaux, «Celles qui aiment aussi la culture pop».
23. Mock, «My Feminist Awakening & the Influence of Beyoncé's Pop Culture Declaration».

— qu'on le dise commercial, spectaculaire, opportuniste —, elle insiste sur le fait que l'influence de la culture pop se situe ailleurs : c'est la culture avec laquelle on grandit. Je ne peux m'empêcher de penser qu'à l'autre bout du continent, dans une autre ville, dans une autre demeure, en chœur avec Janet Mock, je suis rivée à mon téléviseur, incapable de me remettre au travail. Moi non plus, sur le coup, je n'en ai rien à faire, des questions de capital, du spectacle ou de la soi-disant capitulation du féminisme. Pas plus que toutes ces jeunes femmes noires qui, comme Janet Mock, écoutent Beyoncé leur rappeler qu'elles sont « sans failles » (« *flawless* ») :

> Adolescente, je convoitais ce que je ne n'avais pas, rêvant de m'intégrer. J'ai dompté mes cheveux. Mon idole de jeunesse, Beyoncé, m'a appris que mes cheveux pouvaient prendre toutes les formes que je voulais. Elle m'a ouvert les yeux sur la polyvalence des cheveux des filles noires. [...] Elle m'a appris que nos cheveux étaient synonymes de liberté — la liberté de faire ce que l'on voulait[24].

C'est le même sentiment qui est à l'œuvre quand je vois pour la première fois sur grand écran la bataille sur la plage de l'île Themyscira qui ouvre le *Wonder Woman* (2017) de Patty Jenkins. En regardant les amazones de l'univers de DC se battre contre une armée d'hommes allemands, je n'en ai rien à faire qu'elles portent des vêtements peu adaptés au combat et conçus pour plaire au regard masculin : armure minimaliste qui moule le corps ; bottes à semelles compensées qui allongent et galbent les jambes ; chevelures libres et abondantes qui rappellent la tête ébouriffée sur l'oreiller. Non. Je ne vois que leurs muscles saillant sous l'effort, leurs corps qui se lancent — puissants et sans retenue — du haut des falaises ; leur fureur, brute et indomptable[25]. Je ne vois que le sourire insolent d'Antiope (jouée par Robin Wright), la cheffe des amazones, lorsqu'elle charge au combat, ingouvernable. Et devant ce sourire, les larmes qui coulent spontanément sur mon

---

24. Janet Mock, *Surpassing Certainty,* New York, Atria Books, 2017, p. 50.
25. D'ailleurs, bon nombre de ces amazones sont jouées par de réelles athlètes de réputation mondiale, comme Madeleine Vall Beijner, championne mondiale de kickboxing ; Jenny Pacey, championne d'heptathlon ; la boxeuse Ann Wolfe, ou encore Brooke Ence, grand nom du Crossfit.

visage ne sont pas des larmes de tristesse ou de colère qu'un procédé cathartique du film m'aurait soutirées. Ces larmes naissent d'une émotion *en deçà* du film, laquelle se forme quelque part à la rencontre de la fierté, de l'exaltation et du soulagement, parce que, comme le résume Meredith Woerner, qui témoigne d'une réaction similaire[26], j'ai alors le sentiment « de trouver quelque chose que je ne savais même pas que je cherchais[27] ». Je pleure de voir, enfin, une femme — *plusieurs* femmes — puissante, brave, guerrière et invincible, tout à la fois. Je pleure parce que, enfin, *une* réalisatrice me présente une sororité de femmes guerrières à la peau abîmée par le combat et le passage du temps, mais dont la victoire est assurée parce que ce sont ensemble qu'elles vont au combat. À cet instant, il importe peu que le film provienne de la machine hollywoodienne ou que son actrice principale soit critiquée parce qu'elle aurait tenu des propos anti-Palestiniens. Comme le dit Janet Mock de certaines paroles de chanson de Beyoncé : « J'aurais voulu que *cela* ne s'y retrouve pas[28]. » Mais une fois cet inconfort avoué, les larmes coulent néanmoins.

Je crois que c'est là, précisément, que se situe la part féministe du pop. Le studio derrière *Wonder Woman* avait sans doute prévu que les femmes iraient voir le film, que ce soit pour les beaux yeux de Chris Pine, qui incarne l'aviateur, ou parce que les films présentant des personnages principaux féminins sont encore trop rares et que — justement — le féminisme a la cote. Je ne crois toutefois pas qu'il avait prévu ces larmes, les miennes et celles d'un tas d'autres femmes autour du globe. Des larmes comme une tactique, véritables « trou-

---

26. Dès la sortie du film, les témoignages affluent sur les réseaux sociaux, sur différents blogues et autres périodiques en ligne : nombreuses sont les femmes qui, à leur grande surprise, pleurent durant les scènes de combat du film. Voir Jessica Robinson, « This Viral Tumblr Post Nails Why *Wonder Woman* Made Me Cry », *Flare*, 14 juin 2017 ; Kelsea Stahler, « Why Women Are Crying During *Wonder Woman* Fight Scenes », *Bustle*, 5 juin 2017 ; Jessica Valenti, « Did You Weep Watching *Wonder Woman*? You Weren't Alone », *The Guardian*, 8 juin 2017.
27. Meredith Woerner, « Why I Cried Through the Fight Scenes in *Wonder Woman* », *The Los Angeles Times*, 5 juin 2017.
28. The New School, « Are You Still a Slave ? », 38:04. Je souligne.

vailles jubilatoires, poétiques autant que guerrières[29] ». Des larmes qui sont comme un appel à la reconnaissance entre femmes, un cri de ralliement entre « femmes qui aiment les femmes[30] », formulation que Martine Delvaux emprunte à Eve Sedgwick dans *L'épistémologie du placard* pour décrire la rencontre des femmes entre elles, un « partage qui n'est ni familial, ni sororal, ni conjugal, et qui est cette autre chose que peut être l'amitié entre femmes[31] ».

Dans son documentaire *Homecoming*[32], comme elle l'avait fait avec Chimamanda Ngozi Adichie dans son album *Beyoncé*, puis avec la poésie de Warsan Shire dans *Lemonade*, Beyoncé place au centre du film une multitude de voix de femmes noires inspirant sa création, telles Audre Lorde, Maya Angelou ou Nina Simone. Elle se pose en formation chorale avec elles, rehaussant leurs voix grâce à sa célébrité. Là aussi, c'est une histoire d'amour : « "Si m'aimez, vous les aimerez aussi", semble-t-elle nous dire, puisque c'est grâce à elles que Beyoncé est devenue qui elle est[33]. » Dans sa thèse sur l'amour, Hegel rappelle que la liberté et l'amour ne s'opposent pas, contrairement à l'idée répandue. Plutôt, ils se conjuguent parce qu'ils « partagent la même définition. Être libre, comme aimer, c'est en effet, être "auprès de soi dans l'autre" parce que l'on y accorde à un autre le droit de tenir un discours vrai sur ce que nous sommes[34] ». On l'a dit, Woolf rêvait d'une liberté pour les femmes qui passerait par leur autonomie financière. À l'image de Beyoncé qui donne toute sa raison d'être à sa carrière en l'unissant à l'héritage des femmes l'ayant précédée, j'aimerais penser que cette liberté passe aussi par l'amour des femmes les unes pour les autres. Comme Janet Mock, qui a envisagé sa propre liberté grâce à

---

29. De Certeau, *L'invention du quotidien*, tome 1, p. XLVII.
30. Martine Delvaux, « À nos amies », *À bâbord !*, n° 66, octobre-novembre 2016.
31. *Ibid.*
32. Beyoncé Knowles-Carter, *Homecoming: A Film by Beyoncé*, New York, Parkwood Entertainment, 2019.
33. Cate Young, « Beyoncé's *Homecoming* Makes the Past Present », *Jezebel*, 19 avril 2019.
34. Cité par Michaël Fœssel, *La privation de l'intime : mises en scène politiques des sentiments*, Paris, Seuil, 2008, p. 86, 89.

son amour pour Beyoncé, laquelle lui a redonné le droit de s'élaborer comme femme et comme femme noire dans une société où elle ne se *voyait* pas, je veux raconter l'histoire d'un féminisme pop *d'amour*, c'est-à-dire d'un amour qui « échappe au narcissisme [parce qu'il] permet à deux sujets (ou plus) d'oublier leurs particularités respectives (leur "être pour soi"), pour constituer une réalité nouvelle [...] dans laquelle ils trouveront le moyen d'élaborer une expérience inédite[35] ».

Voilà ce que Beyoncé peut faire aux filles et ce que les filles peuvent faire avec Beyoncé; voici ce que le pop peut faire aux filles et ce que les filles peuvent faire avec le pop. Par ses performances, Beyoncé braque les projecteurs sur ces tensions que soulève inévitablement dans son sillage le féminisme pop. Nous sommes confrontés à une posture féministe qui s'énonce depuis les strates privilégiées de la société, qui se place du côté du pouvoir et qui, inversement, se réclame de la culture pop et donc de l'attendu, de l'ordinaire, du collectif. Beyoncé, par sa performance, joue avec tout cela. Les mots d'Adichie, projetés sur grand écran, rappellent à la fois l'esthétique d'un appel à la lutte, avec la taille des caractères, le martèlement des mots, le noir et blanc; et celle d'un langage publicitaire, un langage spectaculaire, où « le monde réel se change en simples images, les simples images deviennent [...] les motivations efficientes d'un comportement hypnotique[36] ». Sommes-nous devant une manifestation hypnotisante et endoctrinante du spectacle, comme le redoute Debord, ou sommes-nous plutôt devant l'élaboration d'une posture féministe franche qui dénonce d'un même geste l'industrie et l'économie qui la fait naître? Faut-il nécessairement se retrouver d'un côté ou de l'autre, ou s'agit-il à la fois de l'un et de l'autre, et de cette dualité naîtrait la possibilité même de sa force, de sa cohérence?

bell hooks n'est pas si optimiste. En critiquant une photographie de Beyoncé qui fait la une du *Time* en mai 2014 et sur laquelle la chanteuse pose sobrement habillée de sous-vêtements de coton blanc, elle souligne combien Beyoncé — qu'elle décrit comme « un chevreuil effrayé par

---

35. *Ibid.*, p. 86.
36. Debord, *La société du spectacle*, p. 23.

les phares d'une voiture[37] » — symbolise une capitulation. Son corps devient l'espace où s'actualise la collusion entre le pouvoir en place et sa personne. D'ailleurs, l'image que hooks mobilise n'est pas sans rappeler le consommateur aveuglé par les projecteurs du spectacle chez Debord. Pour hooks, cette représentation du corps de la femme noire est dangereuse parce qu'elle le transforme en une proie à conquérir, à dominer. En prenant à partie l'aspect enfantin de la petite culotte et du soutien-gorge choisis pour la couverture, elle affirme que Beyoncé ne connote rien de puissant. Au contraire, elle redevient une petite fille effrayée devant les phares de ses agresseurs. Envisagé ainsi, le corps de Beyoncé ne serait porteur d'aucun pouvoir, d'aucune agentivité. Là où bell hooks voit l'image d'une proie devant son prédateur, Janet Mock voit plutôt celle d'une femme d'affaires dirigeant ses représentations : « Elle a choisi cette image. Je refuse de priver Beyoncé de l'agentivité que traduit le choix de cette image[38]. » Pour ma part, je vois une femme me défiant des yeux, son corps affirmé. Je lis dans son regard un calme, une assurance et peut-être même l'indifférence de celle qui a vu pleuvoir. Les sous-vêtements ne m'apparaissent pas enfantins, mais simplement dénués de l'érotisme si souvent rattaché aux dessous féminins : pas de dentelles ni d'échancrure ou de tons de rouge et de noir. Le corps mature n'est pas gommé ; au contraire, Beyoncé pose son poids vers la droite, laissant son bassin et ses hanches se dessiner clairement. Les cuisses sont musclées ; la mâchoire, découpée. Mais alors, que faire ? Quoi penser ?

Se cantonner dans une seule lecture ne ferait qu'essentialiser Beyoncé[39], le féminisme qu'elle porte en étendard derrière elle et celles

---

37. The New School, « Are You Still a Slave ? », 31:36.
38. *Ibid.*, 38:00.
39. D'ailleurs, si on y regarde de plus près, on remarque combien les critiques qui condamnent le féminisme de Beyoncé le font souvent en se servant de son corps comme d'une preuve incriminante de son « taux » féminisme. Martine Delvaux écrit même qu'il devient un « terrain de contestation » pour ces critiques (*Les filles en série*, p. 256). Plus rapidement qu'elles le feraient avec des chanteuses pop blanches comme Madonna ou Lady Gaga, ces critiques ne lui donnent pas le droit de jouer, de personnifier, d'incarner. Son corps en léotard qui danse avec aplomb sur scène est forcément sexuel et sexualisé.

le consommant. Comme le formule bell hooks en déconstruisant la couverture du *Time*, « nous devons établir les connexions[40] ». Il ne s'agit pas de révéler un sens définitif qui serait tapi dans le « texte » Beyoncé, mais bien de dégager les relations de pouvoir qui y sont en jeu.

Pour penser le corps de Beyoncé et le rôle qu'il joue dans la culture pop ambiante comme corps de femme, mais surtout comme corps de femme noire, il nous faut le saisir dans ses multiples apparitions et ses multiples lectures. « Établir les connexions », c'est penser le corps de Beyoncé comme le corps sobre de la couverture du *Time* dans tout ce qu'il a de complexe : c'est le penser comme le fait bell hooks, *mais aussi* le penser comme le fait Janet Mock. On gagne également à le multiplier et à le penser simultanément avec toutes ses autres manifestations. Le corps de Beyoncé, c'est celui de la couverture du *Time*, c'est celui du vidéoclip de *Partition* qui se réclame de sa sexualité et de son plaisir, c'est celui qui joue avec les représentations de la maternité sur Instagram alors que Beyoncé dévoile son ventre de femme enceinte. C'est celui qui avance encerclé d'un contingent de danseuses vêtues comme les Black Panthers durant le spectacle de la mi-temps du Super Bowl, et qui, dans *Lemonade*, flotte dans une maison inondée comme une Méduse insouciante, puis qui se multiplie dans la sérialité des autres femmes noires qui apparaissent à l'écran. C'est celui qui se plaît à profaner les grandes œuvres de l'histoire de l'art occidental du musée du Louvre en y superposant l'histoire oubliée des cultures noires, dans le vidéoclip d'APESHIT. Le corps de Beyoncé, c'est aussi celui qui règne souverain sur la scène du populaire festival Coachella, première femme noire à en être la tête d'affiche en plus de 20 ans d'existence. C'est ce même corps qui, un an plus tard, triomphe à nouveau dans le

---

« Les artistes noir·e·s ont rarement le privilège de ne pas se conformer aux attentes dominantes en matière de représentations de soi », écrit Tamara Winfrey Harris (« All Hail the Queen ? What Do Our Perceptions of Beyoncé's Feminism Say About Us ? », *Bitch Media*, 20 mai 2013). Ce biais de lecture est d'autant plus problématique que le corps des femmes noires dans l'histoire des États-Unis a été déshumanisé à répétition à travers les mises en scène de sa sexualité soi-disant dépravée.

40. The New School, « Are You Still a Slave ? », 37:06.

documentaire *Homecoming*[41]; corps qui entraîne dans son sillage plus de 200 autres chanteur·ses, danseur·ses et musicien·nes qui honorent à ses côtés la vaste tradition du «*homecoming*» dans les universités noires, les Historically Black Colleges and Universities (HBCU), qui consiste en une fête d'accueil donnée en l'honneur des étudiant·e·s de retour sur le campus.

Mais c'est aussi et avant tout le corps de Beyoncé aux MTV Video Music Awards qui s'offre comme une clé de lecture pour envisager la problématique d'un féminisme-spectacle et du rapport naissant entre pouvoir, célébrité et féminisme. En faisant défiler son corps devant les lettres du mot «FEMINIST», voici ce qu'elle semble nous suggérer: il faut la *lire*, lire son corps. Rappelons qu'elle n'arrive sur scène qu'au moment où ce mot est le seul à perdurer à l'écran. Elle choisit expressément ce moment pour se superposer aux paroles d'Adichie. Mais elle le fait sans bouger: elle ne prend possession de l'espace ni en dansant ni en marchant. Elle ne détourne pas l'attention du mot à son profit. Elle n'en réclame aucune souveraineté. Elle entre simplement sur scène grâce à la composante scénographique, passant devant chacune des lettres géantes, tour à tour, le corps immobile. Elle nous laisse l'ensemble de la scène. Elle *se laisse* à nous. Si la lecture rend le texte «habitable à la manière d'un appartement loué», si elle «transforme la propriété de l'autre en un lieu emprunté, un moment, par un passant[42]», Beyoncé est la passante devant les mots d'Adichie, et me voilà aussi devenue la passante devant le texte *Beyoncé*.

Je la regarde. Je la lis. Elle est — littéralement — droite comme un «i». C'est alors que quelque chose se met en place. Elle ne se contente pas d'épeler — d'appeler — le féminisme en scandant les lettres de sa silhouette, mais elle paraît nous dire que c'est elle, son corps, qui est «FEMINIST». Ce corps vertical se superpose à deux reprises aux

---

41. En 2019, Beyoncé fait paraître sur la plateforme Netflix un documentaire intitulé *Homecoming,* dont elle signe la réalisation, qui revient sur sa présence au célèbre festival Coachella. Le documentaire montre, entre autres, les coulisses de l'organisation du spectacle, les répétitions, ainsi que des morceaux de la vie privée de la superstar.
42. De Certeau, *L'invention du quotidien,* tome 1, p. XLIX.

lettres « i » que contient le mot, tellement qu'il en vient à s'y fondre. Le corps droit comme un « i », le corps droit comme un « I ». Je ne vois plus Beyoncé qui se tient debout, je vois son corps « I », son corps-je, et c'est comme si elle me disait, par deux fois, « *I-feminist* », « *I (am a) feminist* ». « *Je* suis féministe. »

Une fois qu'on a nommé, reconnu, puis écarté ce dont on aurait préféré ne pas remarquer la présence, que reste-t-il à lire dans le féminisme-spectacle ? Les stars ne sont pas dénuées de subjectivité, pas plus que Beyoncé n'est dénuée d'agentivité. Je veux penser la mise en place d'une énonciation féministe à même le privilège, à même le succès, à même le pouvoir, à même le capital. Je veux regarder les étoiles d'Hollywood et voir comment, lorsque les projecteurs braqués sur elles s'éteignent — ou plutôt lorsqu'elles s'en écartent parce qu'elles n'ont pas agi comme elles auraient dû —, il en émane encore, dans la pénombre, une sorte d'aura qui s'attarde comme une lueur trop vive s'imprime sur la rétine, qu'il me faut alors chasser à la manière dont on chasse un ver luisant.

De tels moments arrivent, comme ce soir du 24 août où une mégastar se sert de son image de vedette pour suggérer autre chose. Quelque chose de l'ordre de l'éthos de femme, voire de l'éthos de féministe, prend le pas sur l'éthos de superstar. Ruth Amossy, s'inspirant à la fois du concept tel que développé en rhétorique aristotélicienne, et de la présentation de soi telle que pensée par le sociologue Erving Goffman, articule l'idée d'un éthos — c'est-à-dire l'image de soi que l'on construit et présente à autrui — comme une partie intégrante du discours qui gagnerait à être envisagée comme étant à la fois programmée et spontanée. Autrement dit, il s'agit d'observer « comment la subjectivité et l'identité se forment dans l'usage de la langue — comment le sujet advient en disant "je", et comment il se donne une identité à travers l'image qu'il construit de sa personne à la fois dans son énonciation (les modalités de son dire) et ses énoncés (ce qu'il dit de lui)[43] ». Or, Amossy rappelle que l'éthos « ne se construit pas à travers ce qu'il dit de lui-même, mais de ce qu'il énonce *par*

---

43. Ruth Amossy, *La présentation de soi : ethos et identité verbale*, Paris, Presses universitaires de France, 2010, p. 211.

ailleurs[44] ». Ce « par ailleurs » est le « je » de Beyoncé qui se dessine par-delà son corps, qui se superpose au féminisme pour s'en revendiquer. Il est aussi présent dans ce qui s'énonce « par ailleurs » au moment de la performance de Beyoncé aux Country Music Association Awards (CMA) à Nashville en novembre 2016, alors qu'elle partage la scène avec les Dixie Chicks. Il faut déplier cette performance pour en comprendre tout le potentiel symbolique. Il convient, encore une fois, de la lire dans toute son intertextualité, dans toutes ses « connexions ». Comme l'écrira à propos de cette performance Wesley Morris, critique au *New York Times* : « J'ai eu une pensée pour toutes celles et ceux ne parlant pas encore le "Beyoncé". Son langage est le corps. C'est une véritable scénographie, une mise en scène digne d'Instagram. Elle ne parle pas, elle signifie[45]. »

D'abord, il y a cette star de la pop — qui n'est donc pas issue du monde country — qui monte sur scène avec les enfants maudites du country. En effet, depuis leur prise de position contre l'administration Bush en 2003[46], les Dixie Chicks se sont vues écartées de la scène country, traditionnellement très conservatrice, patriotique, républicaine et — faut-il le rappeler ? — blanche. Cette performance marque leur retour sur la scène musicale, plus de 13 ans plus tard, et elles

---

44. *Ibid.*, p. 22.
45. Wesley Morris, « Beyoncé's True Political Statement This Week ? It Wasn't at a Clinton Rally », *The New York Times*, 5 novembre 2016.
46. Durant un concert à Londres en mars 2003, à peine neuf jours avant l'invasion de l'Irak par les forces armées étatsuniennes sous le commandement de George W. Bush, Natalie Maines, l'une des trois membres du groupe, dira : « Juste pour que vous le sachiez, nous sommes du bon côté, tout comme vous. Nous ne voulons pas de cette guerre ni de cette violence, et nous avons honte que le président des États-Unis soit originaire du Texas. » La réponse de l'industrie musicale ne se fera pas attendre. La chanson du groupe qui tournait à l'époque passera, en une semaine, de la 10ᵉ position à la 43ᵉ ; le groupe perdra son entente promotionnelle avec Lipton et verra une omerta se déposer sur leurs multiples succès radiophoniques qui seront fortement déconseillés aux différents DJ du pays. En quelques jours à peine, les enfants chéries du country deviendront ses rejetons indésirables (voir Grady Smith, « Is Country Music Ready to Forgive the Dixie Chicks ? », *The Guardian*, 19 novembre 2015).

l'effectuent aux côtés d'une artiste noire, en plus d'y interpréter l'une de ses chansons plutôt qu'une des leurs : *Daddy Lessons*. Cette chanson tirée de l'album *Lemonade* (2016) de Beyoncé porte à elle seule sa petite controverse puisque, dès sa sortie, le monde country s'est empressé de lui refuser l'étiquette de chanson country que lui a donnée sa créatrice. Ce soir-là se présentent donc sur l'une des scènes les moins diversifiées de l'industrie musicale les Dixie Chicks, sobrement vêtues de coton et de cuir noirs, et Beyoncé, dans une robe d'une blancheur et d'une opulence dignes d'une princesse de Disney : longue, aux manches bouffantes, d'un tissu diaphane strassé, avec quatre rangées de perles au cou. Elle est entourée de nombreux musiciens et musiciennes, majoritairement noir·e·s, aussi vêtu·e·s de blanc. La Queen Bey rayonne. Pendant que les premières mesures de la chanson fusent dans une salle de spectacle non gagnée d'avance, les quatre performeuses diront, tour à tour, « Texas » dans le microphone, comme pour se réclamer de ce berceau du country qui leur a tourné le dos. Elles ne font pas qu'introduire une chanson, elles prennent possession d'un lieu, d'une histoire, d'une filiation. Ce geste est d'autant plus significatif que Beyoncé est elle-même native de la ville de Houston, au Texas, et qu'elle entame une chanson ouvertement autobiographique traitant des rapports conflictuels qu'elle entretient avec son père et ancien imprésario, Mathew Knowles[47]. La performance de Beyoncé Knowles-Carter aux CMA de Nashville, Tennessee, c'est le retour de l'enfant prodigue, mais une enfant qui revient la tête haute, sans honte, et sans quémander le pardon d'aucune instance de pouvoir que ce soit : ni homme, ni patrie, ni industrie. Sur scène, la lumière des projecteurs éclaire Beyoncé de derrière et sa majestueuse robe se dissout dans les lumens. Ne reste que son corps, découpé,

---

47. Mathew Knowles commence à gérer officiellement la carrière de sa fille dès 1992, alors qu'elle n'a que 11 ans. Elle fait alors partie du groupe Girl's Tyme, qui deviendra The Dolls puis finalement Destiny's Child. Durant les années de gloire du groupe, Mathew Knowles ira de scandale en scandale : dépendance au jeu et à l'alcool, poursuites judiciaires, adultère, divorce médiatisé, etc. En mars 2011, Beyoncé annonce officiellement qu'elle met fin à toute relation professionnelle avec son père. Leur relation personnelle, elle, continuera de défrayer la chronique.

souverain sur scène. À l'image de sa robe translucide qui laisse voir son corps assuré et sa peau foncée se dessiner derrière le tissu pâle et brillant, Beyoncé semble nous dire qu'elle est seule aux commandes, et qu'elle ne se gênera pas pour rappeler à l'industrie musicale dont elle est pourtant l'invitée que sa traditionnelle blancheur ne passera plus — surtout que, comme pour la grande partie de la musique pop actuelle, une bonne part de la musique country tire ses racines de la culture musicale afro-américaine.

Au bout de quelques minutes, la chanson *Daddy Lessons* cède le pas à *Long Time Gone* des Dixie Chicks. Encore une fois, le choix de morceau n'est pas innocent puisque cette chanson figure sur l'album *Home* pour lequel le groupe était en tournée au moment où il prend position contre les politiques de l'administration Bush en 2003. Cette année-là, l'album est « oublié » de toutes les remises de prix et, ensuite, plus aucun autre album des Dixie Chicks n'est reconnu par la Country Music Association[48]. D'ailleurs, Natalie Maines écrira sur Twitter que, si ce n'était de l'invitation de Beyoncé, les Dixie Chicks n'auraient pas remis les pieds aux CMA[49]. Qui plus est, la performance se passe en pleine campagne électorale étatsunienne: d'un bout à l'autre du pays, Donald Trump et Hillary Rodham Clinton enfilent les rallyes et les rencontres partisanes. Les stars sont nombreuses à se ranger derrière le slogan « Je suis avec elle » (« I'm With Her ») de Clinton, et Beyoncé n'y fait pas exception. Après son spectacle aux CMA, elle fera une apparition avec son conjoint Jay-Z dans un rassemblement démocrate à Cleveland. Or, comme le fait remarquer Wesley Morris, pour celles ou ceux qui parlent le « Beyoncé », le moment où elle « signifie » le plus n'est pas lorsqu'elle entame *Formation* devant la foule démocrate de Cleveland, mais bien lors de sa participation surprise aux CMA, quelques jours auparavant:

> Le fait que Beyoncé affirme « Je suis avec elle » [durant le rallye de Rodham-Clinton] est une prise de position déterminante. Mais ce l'est tout autant

---

48. Katie Presley, « This Is Feminist Country », *Bitch Media*, 7 novembre 2016.
49. Maines [@1NatalieMaines], « I'm pretty sure I've uttered the sentence, "I will never perform on the CMA's again as long as I live" », *Twitter*, 3 novembre 2016.

lorsqu'elle rentre triomphante à Nashville comme une quatrième Dixie Chick. Beyoncé rejoint leur rang et, ce faisant, choisit son camp dans une guerre culturelle vieille de plusieurs années. Sa présence permet aux Dixie Chicks d'instrumentaliser leur ressentiment : *Elle est avec nous*[50].

Grâce à ce qui se passe *par ailleurs* durant la performance, nous assistons ainsi à la rencontre de deux univers, qu'auparavant tout séparait, affirmant désormais haut et fort que leur union est ce qui leur donne sens, ce qui les fait exister. Ce soir-là, Beyoncé et les Dixie Chicks génèrent une ouverture dans l'espace public pour y déclarer deux choses : si l'industrie du country veut continuer d'évoluer et d'occuper une place de choix sur la scène musicale, elle devra le faire en faisant de la place aux artistes qui osent lui rappeler que son rayonnement s'est fait au détriment des populations racialisées des États-Unis ; et si les CMA désirent inviter Beyoncé — et avec elle, les millions d'admirateurs qui s'intéresseront à un gala qu'ils n'auraient probablement jamais regardé si ce n'était de sa présence —, ils devront le faire en laissant les Dixie Chicks réintégrer la place qui leur est due et rouvrir la discussion. Aux CMA, le corps de Beyoncé est encore une fois le marqueur de la prise de position politique de la superstar : un corps de femme noire trônant sur une des scènes les plus fièrement blanches de l'industrie musicale parce qu'il y a été invité, puis qui, par sa présence, redonne légitimité et droit de cité à d'autres femmes — blanches. Ce faisant, elle me semble donner tout son sens à ces mots qui concluent la thèse de Fiske quant à la part de politique de la culture populaire : « Le fait est que le politique est social, et non textuel. Si un texte devient politique, sa politisation s'effectue à son point d'entrée dans le social[51]. »

*

Il y a quelques années, pour me préparer au mariage d'une amie, je prends rendez-vous pour une coupe de cheveux. Cordiale et soucieuse de faire la conversation, la coiffeuse me pose les questions usuelles

---

50. Morris, « Beyoncé's True Political Statement This Week? It Wasn't at a Clinton Rally ».
51. Fiske, *Understanding Popular Culture*, p. 133.

sur ma situation professionnelle. Je lui apprends que je suis étudiante au doctorat. Je le dis rapidement, dans un souffle, comme pour que l'information disparaisse aussitôt prononcée. Je ne veux pas l'ennuyer. Mais elle renchérit et me questionne sur mes objets d'étude. Je lui parle du regain d'attention que vit le féminisme un peu partout et je lui raconte Beyoncé devant l'écran lumineux. Elle s'en souvient très bien. Elle s'emballe et me bombarde de questions, d'idées. J'ai honte de mon étonnement devant son enthousiasme.

Plusieurs années plus tard, j'enseigne mon premier cours universitaire. Durant une séance, je projette le vidéoclip de la chanson APESHIT dans lequel on montre les œuvres d'art vedettes du Louvre — *La victoire de Samothrace, Le radeau de la Méduse, Le Sacre de Napoléon,* etc. — pour dénoncer, entre autres, leur appartenance à une tradition blanche, colonialiste et esclavagiste. Puisque nous avons passé le cours à déplier la notion de résistance telle que bell hooks l'articule, je trouve particulièrement délicieux de regarder Beyoncé régner en grande impératrice noire de ce musée particulièrement tourné vers la célébration de la peinture blanche. Une fois les dernières notes de musique éteintes et les lumières de l'auditorium rallumées, j'ouvre la discussion. Les mains se lèvent rapidement, mais une étudiante n'attend pas son tour pour parler. Elle s'empresse d'exprimer son énervement devant Beyoncé, devant le féminisme qu'on lui prête. Elle affirme que de danser ainsi, à moitié dénudée, et d'amasser un tas d'argent en le faisant n'a rien de féministe. Une autre étudiante, assise quelques rangées en avant, se retourne pour lui répondre. Les détails de sa répartie m'échappent aujourd'hui, mais je me souviens très bien qu'elle a terminé en disant : « Si Beyoncé le peut — même si elle est Noire —, ça veut dire que, moi aussi, je peux. » Les deux étudiantes se sont toisées un moment. La classe se taisait. Puis quelque chose dans le regard de la première est allé à la rencontre de la deuxième. Une retenue, une délicatesse. Les discussions ont repris de plus belle et, moi, je les ai écoute·e·s, ravie, ces élèves, brillant·e·s, allumé·e·s, engagé·e·s.

*

Le texte *Beyoncé* devient politique à partir du moment où il génère des frictions entre des éléments du social qu'il force à se rencontrer au sein même du corps de la star. Là se trameraient le déplacement, l'inattendu, voire l'inconfort que la star nous « abandonne » — nous donne à lire —, si nous sommes prêt·e·s à jouer le jeu.

CHAPITRE QUATRE

MANIFESTATIONS
DE L'INTIME

> J'ai révélé trop de choses trop vite. J'ai été émotionnellement salope.
>
> Carrie Bradshaw, *Sex and the City*

Beyoncé et les autres stars dans son sillage qui construisent leur image de marque autour de — ou grâce à — un certain féminisme entraînent une mise en publicité de ses enjeux. C'est ce que leur reprochent nombre de critiques. L'existence des féministes pop pourrait être réduite à leur présence publique : les causes qu'elles soutiennent, les choses que l'on dit d'elles, les objets culturels qu'elles promeuvent, etc. Elles sont, comme le pense Fiske, une marchandise. Mais, comme le rappelle le spécialiste des études culturelles, « pour être intégré à la culture populaire, un objet doit représenter les intérêts du peuple[1] ». Dès lors, comment comprendre ce que cela *fait*, ces femmes-produits, leurs corps-produits et leurs voix-produits, qui se

---

1. Fiske, *Understanding Popular Culture*, p. 19.

mettent à dire la société qui les façonne ? Je veux croire que, lorsque cet individu soi-disant sans singularité, lorsque cette femme-objet, cette femme-produit, s'inscrit dans une posture d'énonciation ; lorsque la voix s'élève, alors peut-être est-ce le début, le moment d'une subjectivité retrouvée. Mais encore s'agit-il de comprendre comment (ou quand) cette resubjectivation advient. L'analyse des performances de Beyoncé m'en aura donné un aperçu, mais la clé peut se trouver en revenant au croisement des sphères privée et publique, un lieu qui appartient à la fois à l'une et à l'autre, et que le philosophe français Michaël Fœssel nomme l'intime.

S'intéressant au phénomène de la *peopolisation* du monde politique dans les dernières années, Michaël Fœssel me permet d'articuler autrement cette hypothèse selon laquelle les liens entre culture pop et politique existent et donc, par extension, de penser la part de politique du féminisme pop. Or, ces liens ne sont pas toujours visibles, dit Fiske, ils sont même souvent «diffus, différés, voire complètement désengagés. Dans certains cas, le potentiel politique de la culture populaire peut ne jamais s'activer[2] ». Dans le cas des féministes pop, je crois que ce possible politique se déploie quelque part dans l'oscillation entre leur extrême publicité, et l'intime de leur parole et de leur corps. Là pourrait s'articuler comme une manœuvre — une tactique — pour enrayer l'adhésion pure et simple au système capitaliste néolibéral auquel elles contribuent, et que dénoncent bell hooks et Andi Zeisler. Mais pour ce faire, il me faut d'abord comprendre où se scindent intime et privé, où l'instrumentalisation de l'intime s'arrête pour faire place à sa repolitisation.

Communément, nous envisageons notre société comme étant divisée en deux espaces distincts qui possèdent chacun leurs lieux, leurs actants, leurs politiques, leurs systèmes, leurs dispositifs, etc. D'un côté, nous aurions ce qui participe du privé — la famille, le domicile, l'individu et ses choix, les sentiments, etc. —, et de l'autre, ce qui participe du public — la politique, les médias, le judiciaire, le monde professionnel, le social, etc. Or, le philosophe Michaël Fœssel déconstruit l'idée d'un espace privé qui existerait en symétrie avec

---

2. *Ibid.*, p. 131.

l'espace public. Dialoguant avec Hannah Arendt, il insiste sur le fait que de séparer le public du privé ne sert qu'à « maintenir l'individu et ses préoccupations concrètes à bonne distance des débats légitimes[3] ». Prenant pour exemple le développement de l'esclavagisme depuis la démocratie athénienne et le statut des femmes dans l'histoire, le philosophe rappelle que personne n'a jamais rien gagné à supposer que la vie privée relève seulement de l'existence individuelle et n'est d'aucune façon liée aux institutions. Au contraire, « la pureté de l'espace public se paie d'un droit d'entrée exorbitant[4] » : celui de reléguer certaines revendications au silence et à l'oubli. Or, pour Fœssel, le débat est en soi stérile puisqu'il provient d'une erreur de catégorie qui confond l'intime avec le privé[5]. En fait, non seulement l'intime n'équivaut pas au privé, mais sa dimension fondamentalement relationnelle, et donc politique, est ce qui « interdit de réduire l'expérience humaine à la dualité du privé et du public », et constitue « une réserve critique qui permet de remettre en cause les déficiences de l'ordre établi[6] ». En posant cette nuance, Michaël Fœssel m'apparaît faire un clin d'œil habile à l'histoire du mouvement des femmes, car est-il nécessaire de rappeler que ce que les militantes, dans les années 1960-1970, ont placé au cœur de leurs revendications, ce n'est pas la question du « privé politique », mais bien celle du *personnel* politique (« *the personal is political*[7] ») ? Pour obtenir des droits et libertés dans la sphère publique, il a fallu qu'elles imposent des transformations à la sphère de l'intime.

Ainsi, l'intime n'est pas l'*autre* de l'espace public et de la liberté citoyenne. Bien au contraire, l'espace public a besoin du lien intime

---

3. Fœssel, *La privation de l'intime*, p. 36.
4. *Ibid.*
5. *Ibid.*, p. 15.
6. *Ibid.*, p. 14.
7. On attribue cette phrase à Carol Hanisch, qui publie un essai du même titre en février 1969 dans le collectif *Notes from the Second Year, Women's Liberation*, publié par le groupe New York Radical Women. Réalisant l'importance soudaine que prend la formulation, l'autrice nuance sa part de responsabilité dans son émergence. Elle explique que les éditrices du numéro de 1969, Shulamith Firestone et Anne Koedt, sont celles ayant décidé du titre et conclut humblement qu'il s'agit avant tout d'un travail collectif.

entre individus pour tenir son rôle démocratique. En fait, notre société néolibérale nous permet plus que jamais de comprendre la distinction que fait le philosophe entre l'intime et le privé puisque celui-ci renverrait uniquement à l'idée de propriété. Le privé ne concernerait l'individu que dans sa dimension de *propriétaire*, c'est-à-dire ce sur quoi il a le droit d'exclusivité, quelque chose qu'il peut posséder, échanger ou vendre à l'aide de contrats. Le privé s'avère ainsi fondamentalement individuel, unissant autour du même pôle les désirs, les échanges, les possessions, les émotions *d'un seul* individu, qui en est l'unique maître.

Il en va autrement pour la sphère intime, qui est précisément celle dans laquelle advient ce politique qu'a voulu mettre en lumière le Mouvement des femmes. Et il s'agit de la même intimité qui est à l'œuvre chez Beyoncé, celle qui se trouve dans le *par ailleurs*, tel que le nomme Ruth Amossy. Quand Beyoncé écrit une chanson sur les infidélités de son mari ou sur ses relations conflictuelles avec son père, quand elle échantillonne la voix de sa fille sur ses albums ou qu'elle la montre en photographie sur les réseaux sociaux, elle ne se situe pas dans le privé. Ni dans le privé dévoilé en public. Nous sommes plutôt dans un entre-deux qui a le potentiel de devenir intime. Oui, sa parole participe d'une propriété privée, au sens où elle s'érige comme la marque de commerce « Beyoncé ». Mais elle ouvre également un canal d'intimité entre elle et ses fans, entre le texte « Beyoncé » et son lectorat. L'intime n'est pas formé du secret, du caché, de l'invisible. Au contraire, nous dit Fœssel, l'intime *manifeste* quelque chose[8]. Il constitue une manière de créer du lien, d'ouvrir un espace transversal qui ne s'adresse qu'à ses élu·e·s, à ceux en détenant les codes de lecture. Intime est la parole qui déborde tout en se retirant : « Une parole qui, au milieu des autres, ne s'adresse qu'à moi est une parole qui excède, par son sens ou par sa tonalité, celle qui s'adresse indistinctement à tous[9]. »

Quand Beyoncé chante « Daddy Lessons » aux CMA, sa parole ouvre un espace d'intimité qui s'adresse à certaines personnes : les femmes, les femmes racialisées, les artistes marginalisées, etc. Si je

---

8. Fœssel, *La privation de l'intime*, p. 70.
9. *Ibid.*, p. 73.

suis assise dans un café montréalais et qu'au fond de la salle, un petit groupe discute en cercle fermé, il est possible que j'intercepte un geste, une blague, une anecdote qui leur appartiennent et qui ne me concernent pas. L'occurrence de ce geste adressé d'une personne à une autre ne m'inclut pas, mais il ne m'exclut pas non plus parce qu'il ne m'est pas destiné ; cela ne veut pas dire pour autant que je ne le *vois* pas. Il s'agit plutôt de dire que c'est moi qui *ne suis pas* regardée. Autrement dit, il faut comprendre « que l'acte en question est public en tant que *fait* (tous les présents peuvent le percevoir), mais que, comme *intention*, il ne s'adresse qu'à un seul[10] ». L'acte intime n'existe donc pas hors de la sphère publique. Il n'en forme pas le négatif, l'opposé, la réflexion. L'intime advient *en* public, mais est affaire de perception : être ou ne pas être regardée.

Ces gestes qui percent parfois, qui transgressent l'espace relationnel dont ils faisaient partie pour être potentiellement interceptés par d'autres sont des impertinences, comme les nomme Fœssel, qui produisent une rupture dans la conversation collective. C'est dans ces ruptures que s'installe mon étude du féminisme pop. Ces moments où je suis *regardée* par elles et qui déplacent la discussion collective pour que celle-ci tende enfin vers un espace-temps différent que celui d'une *peopolisation* pure et dure. Car tel est le danger qui guette l'intime : non pas celui de son entrée dans l'espace public, mais celui de sa privatisation. Le problème n'est pas que le public entre dans la sphère privée, mais que le monde vécu — qui est à la fois public et privé — en vienne à se confondre avec les systèmes politique et économique. En d'autres mots, l'intime risque sa perte et sa dissolution lorsque « les frontières qui s'effacent ne sont pas celles qui séparent le public du privé, mais celles qui devraient exister entre l'économie marchande et le monde vécu[11] ». Pour illustrer son propos, Fœssel montre combien le monde politique témoigne d'une tendance à marchander l'intime et prend en exemple l'ancien président français Nicolas Sarkozy, qui exhibe ses amours à Disneyland (lieu privé par excellence puisqu'entièrement consacré à la consommation) pour se

---
10. *Ibid.*, p. 72.
11. *Ibid.*, p. 111.

rendre sympathique — authentique — aux yeux de ses futurs électeurs. C'est à peu de choses près ce qui est en place lorsque Ellen DeGeneres et toutes les autres porte-paroles sont *utilisées par* CoverGirl pour promouvoir la campagne #GirlsCan. La compagnie se sert d'anecdotes personnelles des stars — ces nombreuses fois dans leur vie où elles se sont fait refuser l'accès à un poste parce qu'elles étaient des femmes — pour vendre leurs produits, leur slogan publicitaire, leur marque. L'intime est canalisé à travers le truchement le plus privé de notre société néolibérale actuelle : le monde publicitaire.

Mais les impertinences, ces ruptures dans le discours, empêchent cette privatisation de gagner trop de terrain. Comme le corps noir de Beyoncé se révélant à travers le tissu blanc de sa robe aux CMA, le discours des féministes pop transperce parfois leur privatisation. L'idée de « territoires du moi », telle que la développe Fœssel en s'inspirant des travaux du sociologue Erving Goffman, me permet de penser que, par la mise en place d'une énonciation intime dans l'écriture — et plus précisément par l'écriture du corps —, les féministes pop rendent possible une parole féministe qui évite la « reconquête de ses prérogatives par le droit privé[12] » grâce à des ruptures dans leur éthos de star. Ces « territoires du moi » qu'elles dessinent deviennent des marqueurs de l'intime dans l'écriture, qui communiquent à ceux et celles qu'elles regardent des informations qu'elles auront souhaité donner, et d'autres qui leur échapperont. Et c'est là, dans cet interstice, qu'a lieu l'intime, c'est-à-dire la mise en place d'un territoire commun où peut être repensé le sujet dans une suspension — momentanée — des hiérarchies (de classe, de genre, de race, d'ethnie, etc.). Il s'agit d'intercepter ces moments qui ouvrent des ruptures, des failles, des impertinences dans leur image. Des intermittences.

La mise en place d'un espace intime dans les chansons et dans les performances d'une mégastar comme Beyoncé peut être pensée de manière concomitante avec l'écriture d'autres vedettes de la scène contemporaine artistique nord-américaine se revendiquant d'un féminisme pop. Il faut tracer les « connexions », comme le suggère bell hooks, et lire le texte dans toutes ses strates, comme nous intime

---

12. *Ibid.*, p. 93.

Fiske, en restant attentive à ce qui perce *par ailleurs* dans ce lieu de l'intime par excellence qu'est l'écriture de soi. Me permettant de suivre littéralement la très belle conclusion que tire Michaël Fœssel lorsqu'il rappelle qu'« un lien intime est singulier dans la mesure où il est enchevêtré dans une histoire[13] », je plongerai plus loin au cœur des récits qu'écrivent les têtes d'affiche du féminisme contemporain nord-américain pour voir comment, dans l'écriture de territoires de soi, elles dépassent l'image médiatique. Le texte — non seulement les livres que certaines d'entre elles ont produits, mais aussi l'ensemble du discours entourant et constituant ces femmes — se transforme en cet objet mouvant, complexe, qui se fait l'affirmation d'une identité culturelle et sociale, et qui conteste les imaginaires qui sont imposés aux femmes. Soudain, le corps résiste à sa propre instrumentalisation. Et l'intime résiste à sa privatisation.

« L'obscurité du présent »

Le féminisme de ces célébrités n'est pas simplement pop. Il est aussi et surtout *en train de* se faire. Pendant que Beyoncé, Miley Cyrus, Elliot Page, Emma Watson, Jennifer Lawrence, Lizzo, Taylor Swift ou Lady Gaga détaillent les fondements de leur féminisme dans les médias, je façonne aussi le mien, jour après jour. L'ensemble de ces objets de la culture populaire nord-américaine me sont « contemporains » au sens où ce mot est généralement défini : nous sommes de la même époque. On pourrait donc dire que le féminisme pop est « de mon temps », ou que je suis du sien. Or, comme le souligne Giorgio Agamben, celle ou celui qui peut dire « mon temps » « divise le temps, inscrit en lui une césure et une discontinuité[14] » et peut ainsi, par cette césure, mettre « en œuvre une relation particulière *entre* les temps[15] ». Dès lors, pour le philosophe, être contemporaine à un objet, à une époque ou à un moment ne signifie pas leur correspondre parfaitement ni adhérer

---

13. *Ibid.*, p. 121.
14. Giorgio Agamben, *Qu'est-ce que le contemporain ?*, Paris, Payot & Rivages, 2008, p. 37.
15. *Ibid.* Je souligne.

irrévocablement à ce qu'ils sont, à ce qu'ils représentent. Et même, être de la même époque qu'une chose ne fait pas *de facto* de nous ses contemporaines. Pour qu'une contemporanéité se mette en marche, affirme Agamben, il faut se placer dans cette césure et en faire « le lieu d'un rendez-vous et d'une rencontre entre les temps et les générations[16] ». Dialoguant avec l'idée d'une « actualité inactuelle » telle que la pense Friedrich Nietzsche en 1874, Agamben déconstruit l'oxymore du philosophe allemand pour y installer cet espace-temps anachronique qui serait vital à quiconque aspire à la contemporanéité. Pour faire image, Agamben rappelle qu'il est désormais difficile à quiconque est contemporain aux attentats du 11 septembre 2001 de contempler les silhouettes des gratte-ciel new-yorkais depuis les berges de Brooklyn sans apercevoir les tours jumelles — leur grandeur passée, leurs ruines et leur absence. Ce jour-là, elles se sont retrouvées suspendues dans le temps, devenues atemporelles, comme figées sous les particules de débris qui ont recouvert l'île de Manhattan. De la même façon, pour être réellement la contemporaine du féminisme pop, je ne dois pas coïncider avec lui parfaitement, car si tel était le cas, cela voudrait dire que j'échouerais à le *voir* puisque le contemporain, chez Agamben, participe de notre capacité à « neutraliser les lumières dont l'époque rayonne, pour en découvrir les ténèbres, l'obscurité singulière, laquelle n'est pas pour autant séparable de sa clarté[17] ». Faire une lecture contemporaine du féminisme pop qui se déplie chaque jour dans l'actualité, c'est s'efforcer d'en percevoir la part anachronique qui, « sans jamais pouvoir nous rejoindre, est perpétuellement en voyage vers nous[18] ». C'est le lire dans le continuum des femmes en pop, c'est-à-dire non plus les envisager comme des descendantes les unes des autres, mais plutôt raconter ce qui les lie, ce qui advient « entre elles », ce qui jaillit quand on les regarde en même temps. Quand Amy Schumer devient la première femme humoriste à monter sur la scène du Madison Square Garden de New York en 2016, se dressent derrière elle « les ruines » de toutes les humoristes féminines effacées des soirées d'humour à

---

16. *Ibid.*, p. 38.
17. *Ibid.*, p. 21.
18. *Ibid.*, p. 26.

micro ouvert dans les bars (les mythiques *comedy clubs*, par exemple) ou des équipes de scénaristes des séries ou films à succès (les *writers' room* de l'univers télévisuel étatsunien); ces humoristes pour qui on n'a jamais écrit de premiers rôles dans les comédies parce que les femmes, ce n'est pas drôle. Se dressent aussi les silhouettes de Joan Rivers, de Phyllis Diller, Lucille Ball, Jane Curtin ou Roseanne Barr, qui, avant Schumer, ont changé la place des femmes dans la *comedy* américaine. Je les regarde, contemporaines les unes aux autres.

Or, on peut se demander : peut-on lire le féminisme pop d'un point de vue qui s'en fasse le contemporain ? Au milieu du bruit que génère le féminisme pop; parmi le foisonnement d'articles critiques, de photographies sur Instagram, de gazouillis sur Twitter; entre les unes tape-à-l'œil de journaux à potins ou les entrevues dans les magazines de mode; est-il même réaliste d'envisager lui trouver une part d'ombre ? Dans cet univers défini par la surenchère d'images et l'hypervisibilité, comment voir cette « obscurité du présent[19] » que recherche Agamben ? Je crois qu'il est possible d'y arriver. Mais pour cela, il faut garder en tête que l'obscurité n'est pas forcément synonyme de néant, d'absence de lumière. Trouver l'obscurité du présent ne signifie pas qu'il faille faire abstraction de toute lumière. Plutôt, il s'agit de chercher les espaces-temps de la culture pop qui s'activent à la manière dont certaines cellules de notre œil le font lorsqu'elles se retrouvent plongées dans la noirceur et qu'elles se mettent à produire cette vision particulière que nous appelons — à défaut de meilleurs mots — obscurité[20]. Quand les lumières s'éteignent et que nous affirmons ne plus rien voir, ce n'est pas réellement le cas, nous dit Agamben : nos yeux s'activent encore, et nous percevons des formes, ou des lueurs, qui s'apparentent à la trace, à l'apparition.

Pourtant, les femmes du show-business étatsunien sont l'antithèse de l'apparition ou de la trace. Même si elles ne sont plus à l'image des stars déifiées des premiers temps du cinéma, elles restent tout aussi visibles, du simple fait qu'elles sont soumises à leur propre multiplication numérique. Sur le Web, sur les réseaux sociaux, dans

---
19. *Ibid.*, p. 39.
20. *Ibid.*, p. 20.

les nombreux médias, elles nous sont offertes, nimbées de lumens, sans qu'une couture ni un bourrelet soient épargnés par les loupes grossissantes de la critique et de la rumeur. Elles-mêmes ne s'en cachent pas, contribuant à ce grand dévoilement, à cette visibilité sans pareil de leurs corps. Dès lors, comment pourraient-elles participer du jeu entre apparition et disparition qui se déroule à la surface de notre rétine? Pour le comprendre, je me tourne vers ce réflexe qu'ont mes yeux lorsqu'ils sont confrontés aux phares d'une voiture croisée en sens inverse sur une route de campagne sans lampadaires ou au soleil qui surgit de derrière un nuage au moment même où je les lève vers le ciel : je suis éblouie ; une empreinte subsiste au fond de mon œil, une sorte d'aura qui est à la fois l'objet et son négatif, qui se superpose alors à ma vision. Ce phénomène de persistance rétinienne, auquel le cinéma doit d'ailleurs son existence[21], me rappelle que les objets qui brillent de mille feux restent avec nous, persistent *dans* notre regard, au-delà de l'extinction de leur lumière.

Je pense au jeu d'apparition et de disparition auquel le corps de Beyoncé Knowles-Carter s'est livré avec les lettres du mot « FEMINIST » et je me dis que ce n'est pas sans lien avec l'usage anachronique — presque synecdochique — que fait Agamben des tours jumelles dans l'horizon new-yorkais. Il me semble qu'avec le féminisme pop, nous sommes dans ce jeu d'obscurité et de lumière ; d'aveuglement (ne rien voir) et d'éblouissement (avoir trop vu). Pour envisager ce que *peut* le féminisme pop, il est sage de redouter l'aveuglement puisque celui-ci nous empêche de recevoir « le faisceau de ténèbres qui provient de notre temps[22] » qu'espère Agamben et qui nous permettrait de faire une lecture contemporaine de ce phénomène qui nous entoure. Mais je crois tout

---

21. On pourrait s'amuser et filer davantage la métaphore pour se demander si la naissance du star-système hollywoodien et de ses vedettes — ses stars — aurait pu se passer autrement que par l'avènement du cinéma. Si l'ascension des étoiles vers le firmament de la célébrité a pris une telle ampleur dans le premier quart du 20ᵉ siècle, serait-ce grâce au développement d'un médium qui leur a permis de persister dans notre œil — dans notre imaginaire —, alors que, par opposition, le théâtre ne leur aurait permis qu'une fugacité à l'image des décors éphémères qui les entouraient?

22. Agamben, *Qu'est-ce que le contemporain?*, p. 22.

aussi profondément qu'il ne faut pas craindre l'éblouissement, puisque s'il y a lumière, il y aura forcément lecture. Rappelons-nous que la lumière n'est que de la lumière sans l'interprétation qu'en donne notre cerveau après qu'elle s'est déposée sur notre rétine pour y être traduite en impulsions électriques.

Ainsi, voir — même voir *trop* — c'est encore capter une information et avoir la liberté de la décoder. Il me semble donc impératif de ne pas fermer les yeux et, surtout, de continuer à lire, c'est-à-dire de jouer, de s'amuser à inventer « dans les textes autre chose que ce qui était leur intention[23] », rendant possible cette lecture plurielle que recherchent les études culturelles dans laquelle s'ouvrent « des coins d'ombre et de nuit dans une existence soumise à la transparence technocratique et à cette implacable lumière[24] ».

L'être contemporain devient alors le lecteur de la discontinuité, nous dit Agamben, parce qu'il se tient « exactement au point de la fracture [...] qui permet de saisir [son] temps sous la forme d'un "trop tôt" qui est déjà aussi un "trop tard"[25] ». Aussi ai-je envie de jouer un peu avec les mots d'Agamben afin de proposer qu'être contemporaine aux féministes pop impliquerait de demeurer attentive, justement, à ces temps de « trop » dans la représentation qu'elles nous offrent de leur persona. Par cela, j'entends que je suis en quête de ces moments où la brillance des féministes pop fluctue et cause un *glitch*[26] dans le système du spectacle, à l'image d'une anomalie se glissant dans un réseau — électrique, électronique, vidéographique — qui dévoilerait

---

23. De Certeau, *L'invention du quotidien*, tome 1, p. 244.
24. *Ibid.*, p. 250.
25. Agamben, *Qu'est-ce que le contemporain?*, p. 25.
26. Ce mot anglais aujourd'hui utilisé autant comme terme technique en informatique ou en musique qu'en langage vernaculaire serait apparu dans le langage courant dans les années 1960 durant la course à l'espace entre la Russie et les États-Unis. Comme pour d'autres termes dont les traductions ne sont jamais passées dans l'usage, les traductions de *glitch* (« pépin » ou « os ») sont peu usitées et ne me semblent pas aussi porteuses d'affordance que le mot anglais qui — grâce à la sonorité grinçante des lettres « tch » — suggère à la fois l'apparition d'un élément inconnu et la surcharge électrique d'un réseau que comprend sa définition.

ses imperfections natives et nécessiterait son recalibrage. C'est la part d'inattendu des féministes pop qui me force à les lire autrement, à les percevoir comme étant faillibles, imparfaites et, peut-être, éphémères. Je m'arrête aux moments où, tout en continuant d'alimenter leur persona éblouissante, quelque chose en elles — dans leur *texte* — fait fluctuer leur lumière et génère une interruption dans leur part de spectaculaire — ces coins d'ombre —, suggérant une possible obscurité dans ce que Guy Debord comprend pourtant comme un « soleil qui ne se couche jamais [et qui] recouvre toute la surface du monde et baigne indéfiniment dans sa propre gloire[27] ». Et si la « liturgie stellaire[28] » se mettait parfois à s'assombrir de l'intérieur ? Comme si certains aspects dans la présentation de soi qu'élaborent les féministes pop ne participaient plus à leur sacralisation, mais plutôt à leur profanation. Je crois que là se cacheraient alors les lieux de leur intimité, ceux-là mêmes permettant que, peut-être, elles cessent enfin de se mettre en scène pour commencer à se mettre en jeu.

Politiques du *glitch*

Agamben rappelle que « seul peut se dire contemporain celui qui ne se laisse pas aveugler par les lumières du siècle et parvient à saisir en elles la part de l'ombre, la sombre *intimité*[29] ». J'ai envie de lire cette proposition en écho avec Michaël Fœssel puisque c'est justement dans l'intime — de leur corps, de leur parole — que les féministes pop se font le plus faillibles. Lorsqu'elles dérapent, déçoivent ou s'écartent du chemin tracé, les féministes pop peuvent exister autrement qu'en étoiles montantes, et être comprises et envisagées comme contemporaines. C'est là et seulement là qu'elles risquent la chute salvatrice qui les projette — momentanément — en bas de leur piédestal. Que cette chute soit involontaire — un geste qu'elles poseront, une parole qu'elles

---

27. Debord, *La société du spectacle,* p. 21.
28. Expression que j'emprunte au sociologue Edgar Morin qui décrit ainsi l'adoration parfois sans borne que le public entretient pour les vedettes, sorte de démiurges modernes (*Les stars,* Paris, Seuil, 1972, p. 65-97).
29. Agamben, *Qu'est-ce que le contemporain?*, p. 21. Je souligne.

proféreront et qui mettra à mal l'image qu'elles échafaudent — ou délibérée importe peu. La lumière de leur aura fluctue, et cette variation, aussi fugace soit-elle, a le potentiel de nous faire prendre conscience de notre aveuglement. Celles que l'on contemplait une minute auparavant ne sont plus exactement les mêmes. Les féministes pop amènent dans leur sillage une part d'ombre, devenant à la fois l'image et son négatif, étoiles filantes et étoiles tombantes. Ces instants de ratage, dans les multiples formes qu'ils peuvent prendre, viennent perturber le spectacle en cours. Dans notre œil subsiste une empreinte de quelque chose qui a déjà disparu, mais qui pourtant reste là, suspendu devant nos yeux, et anachronique. C'est grâce à cette part d'ombre que les féministes pop sont contemporaines. Et c'est par celle-ci qu'elles participent du spectacle tout en y opérant un *glitch*, obligeant ainsi ceux ou celles qui le regardent à cligner des yeux.

Faire une lecture contemporaine du populaire chez les féministes du show-business, c'est aussi accepter d'abandonner mes résistances pour m'insérer dans des moments de ratage ou de manque; c'est placer mon regard au creux de ces ruptures, que l'on préfère parfois écarter comme une donnée aberrante dans la statistique de leur féminisme, pour les considérer plutôt comme des variables importantes, cruciales, de la formule d'ensemble. Une certaine portion des blagues d'Amy Schumer exhale un racisme ordinaire? Lena Dunham défend un collègue contre les accusations d'agressions sexuelles qui pèsent contre lui avant de se rétracter — j'y reviendrai? Ilana Glazer et Abbi Jacobson réalisent un épisode de *Broad City* contenant des stéréotypes transphobes? Que faire? Ce n'est pas évident. Notre réflexe se résume souvent soit à leur pardonner aveuglément en balayant du dos de la main leurs manquements, soit à s'empêcher de les aimer complètement parce qu'il y a eu ça, cet instant, ce geste, cette erreur. Or, lorsque ces moments adviennent, ils causent une interférence dans le système néolibéral de la grande industrie spectaculaire à laquelle elles participent.

Cette interférence est de l'ordre d'un malaise. Dans *Awkward Politics*, Carrie Smith-Prei et Maria Stehle développent l'idée d'une politique du malaise, voire de la maladresse, qu'elles investissent comme un prisme pour réfléchir aux mouvements féministes contemporains, féminisme pop inclus. Les moments d'intime que j'évoque dans ce livre — qu'ils relèvent d'une gaffe, d'un accroc au politiquement correct ou plutôt d'un écart volontaire aux règles de bienséance — sont effectivement gênants, inconfortables, voire troublants, parce qu'ils appartiennent à deux mondes en même temps : ils existent dans le décalage s'installant entre l'image qu'il faudrait que les féministes pop présentent — des objets féminins de désir en contrôle absolu de leur corps et de leur discours — et celle qu'elles proposent — des sujets imparfaits refusant les paramètres du féminin qui leur sont imposés, et échappant au passage au contrôle qu'on a sur elles, ou qu'elles devraient avoir sur elles-mêmes. Pensés au cœur du spectacle, ces moments d'intime deviennent d'autant plus « malaisants » qu'ils en constituent une forme d'oxymore, leur ennemi naturel, en quelque sorte :

> [U]ne économie néolibérale est à la base de leur existence, mais [...] ces moments, qui persistent obstinément dans leur dimension politique malgré cette filiation, révèlent simultanément la fausse promesse du capitalisme néolibéral. Ils ne se détachent pas et ne peuvent pas se détacher de l'économie qui les fait exister ; plutôt, ils existent — circulent — dans cette économie d'une manière inconfortable et maladroite[30].

Cette notion me parle de mon sentiment par rapport au féminisme pop : l'aimer, le consommer, être enthousiasmée par sa présence dans l'espace public, tout en étant profondément convaincue qu'il ne suffit pas, tout en ayant parfois honte de l'endosser, tout en étant mal à l'aise, justement, devant tous ses manquements, ses raccourcis, ses incohérences. Par-dessus tout, la notion de malaise ne recouvre pas seulement les défaillances dans le discours des stars, mais aussi celles de leur corps, corps malade, souffrant ou considéré « inadéquat » en regard des normes sociales. Ces moments d'intime correspondent en fait à des instants d'inadéquation entre la star et les exigences du système spectaculaire, lesquels fragilisent ce système parce qu'ils entraînent une partie du public à s'arrêter, à déplacer son regard, à s'interroger. Parce qu'ils sont embarrassants, ou au moins inattendus,

---

30. Carrie Smith-Prei et Maria Stehle, *Awkward Politics: Technologies of Popfeminist Activism*, Montréal, McGill-Queen's University Press, 2016, p. 10.

ces moments plongent soudainement celles et ceux qui consomment la culture pop dans un travail d'interprétation (comment comprendre ce qui vient de se passer ? comment intégrer cette anomalie dans l'idée que j'ai de cette star et de sa manière d'exister dans le star-système ?). Ils ouvrent un espace de réflexion, de conversation, d'invention qui ne demande qu'à être investi par les fans, et le grand public. Ainsi, ils offrent les conditions de possibilité pour que s'active le potentiel politique de la culture populaire. Voilà comment les stars deviennent, volontairement ou non, complices de l'entreprise de *lecture* qui leur permettra d'infléchir le débat public.

CHAPITRE CINQ

LENA DUNHAM I :
STAR EN CHUTE LIBRE

> J'ai écrit cette histoire moi-même. C'est à propos d'une jeune fille qui a perdu sa réputation et qui ne l'a jamais regrettée.
>
> Mae West, *Goodness Had Nothing to Do With It*

Ces vedettes qui déçoivent ou qui choquent, qui passent du « trop » au « pas assez » le temps d'un gazouillis ou d'une première page de tabloïds ; ces féministes pop qui aiment se donner en spectacle, mais qui, parfois, ne parviennent qu'à tomber plus bas dans notre estime… il me semble que quelque chose de l'ordre de l'*in*-aimable apparaît, une présence — une féminité, peut-être — qui ne peut pas être aimée ou que l'on ne veut *plus* aimer. Même les plus fervents défenseurs de Roseanne Barr ont difficilement excusé son comportement le jour du scandale de l'hymne national ; quelque chose, alors, s'est brisé autour de sa persona et ne s'est jamais réellement rétabli. Elle avait commis l'innommable ; elle ne méritait plus l'amour de ses fans[1]. Il me semble pourtant que nombre de personnages ou de personnalités masculines difficilement aimables peuplent notre imaginaire et notre quotidien, sans qu'on leur ait pour autant tourné le dos. On n'a qu'à penser à des hommes en fiction comme Jay Gatsby dans *The Great Gastby* de F. Scott Fitzgerald ou à Holden Caulfield dans *Catcher in the Rye* de J. D. Salinger, des hommes qui se sont tous imposés comme des personnages clés de la littérature. Du côté du cinéma ou de la télévision, les exemples ne manquent pas non plus : le personnage de Sherlock Holmes tel qu'incarné par Robert Downey Jr. et Benedict Cumberbatch, Jordan Belfort, le sociopathe du *Wolf of Wall Street*, qui est campé par Leonardo DiCaprio et, bien sûr, le très haïssable Dr House de la série éponyme. Et quand on s'extirpe de la fiction, le constat reste le même : a-t-on jamais vu Frédéric Beigbeder ou Michel Houellebecq, dont les personnalités publiques sont loin de faire consensus, souffrir d'une baisse de reconnaissance littéraire substantielle ?

Ce que ce survol dévoile, c'est que, si l'on est un homme (en pop, en art, en politique), le fait de ne pas être aimable n'entraînera pas

---

[1]. En 2018, la chaîne ABC a annoncé le retour de son sitcom éponyme, *Roseanne*. Les premiers épisodes ont engrangé des cotes d'écoute faramineuses — un exploit d'autant plus remarquable à une époque où la télévision n'est plus le médium de choix dans les foyers nord-américains. Mais à peine la série a-t-elle repris du service qu'elle a été annulée, malgré la popularité qu'elle rencontrait auprès d'un public représentant l'Amérique plus conservatrice de Donald Trump. Un soir, Barr a partagé un gazouillis hautement raciste à propos de Valerie Jarrett, une conseillère de Barack Obama durant sa présidence. En quelques heures, ABC a annoncé le retrait de l'émission et son président a affirmé dans un communiqué de presse que « La déclaration de Roseanne sur Twitter est abominable, répugnante et en rupture avec nos valeurs » (John Koblin, « After Racist Tweet, Roseanne Barr's Show Is Canceled by ABC », *The New York Times*, 29 mai 2018). Ce dernier scandale à l'agenda de Barr a montré que, depuis trop longtemps déjà, deux Roseanne cohabitaient dans l'espace public, l'une permettant de pardonner à l'autre : la première, l'héroïne de la classe moyenne ne redoutant pas de dire haut et fort ce que personne ne veut entendre ; et la deuxième, une personne rongée par des théories conspirationnistes et racistes dont la présence sur les réseaux sociaux est erratique et violente.

forcément un échec — populaire ou critique. Pour le comprendre, il faut revenir aux traits de caractère que se partagent, en tout ou en partie, les personnages réels et fictifs qui viennent d'être cités : vulgarité, absence de tact, rudesse, froideur, égocentricité, esprit calculateur, manque d'empathie, alcoolisme, mégalomanie… Autant de caractéristiques qui sont considérées comme contraires à l'apanage de la féminité. Chez un protagoniste masculin, de telles propriétés feront de lui un antihéros ; une protagoniste féminine, quant à elle, se verra réduite à des tropes comme ceux de l'hystérique, de la jeune écervelée, de la femme castratrice, de la folle, voire de la féministe radicale[2]. Comme l'exprime très simplement Roxane Gay :

> En littérature comme dans la vie, les règles ne sont pas les mêmes pour les filles. […] Un homme antipathique est passionnant de complexité, et qu'il soit sombre ou tourmenté, en fin de compte, il est convaincant, même s'il n'agit pas comme il faut. […] Quand les femmes sont antipathiques, cela devient une obsession dans les conversations entre critiques, tant amateurs que professionnels et professionnelles. Comment ces femmes osent-elles défier les conventions[3] ?

Cet inamabilité m'apparaît s'exprimer chez les féministes pop de deux manières qui ne s'excluent pas mutuellement : parfois de façon consciente, c'est-à-dire dans l'expression d'une volonté claire de ne pas se plier aux règles qu'on impose habituellement aux femmes dans le show-business ; parfois de façon accidentelle, c'est-à-dire lorsqu'adviennent ces moments où elles faillissent à être les modèles qu'on aime croire qu'elles sont.

Il y a quelque chose de cela chez Lena Dunham ou, du moins, dans la relation qu'elle entretient avec l'espace public. Cette autrice, scénariste et actrice se voit sacrée jeune prodige du show-business étatsunien lorsque sa série *Girls* est diffusée sur les ondes de HBO en

---

2. Soulignons que, à même le mouvement féministe, certaines femmes se sont revendiquées de cet « inaimable ». On peut penser à Valerie Solanas, que le manifeste *SCUM Manifesto* et la tentative d'assassinat sur Andy Warhol ont propulsée comme féministe ennemie publique numéro un.
3. Roxane Gay, *Bad féministe*, trad. Santiago Artozqui, Montréal, Édito, 2018, p. 88.

2010. À partir de cet instant, Dunham, dont le premier long-métrage (autofinancé) *Tiny Furnitures* (2012) avait été remarqué par la critique, est brusquement propulsée à l'avant-plan de la scène médiatique, et sa persona ne laisse personne indifférent. Ouvertement féministe, issue d'un milieu artistique new-yorkais privilégié, très verbeuse sur les réseaux sociaux, Dunham entraîne un scandale après l'autre. Quand elle n'est pas en train de se mettre les pieds dans les plats en comparant Donald Trump à Dylann Roof, un homme qui a tué neuf Afro-Américains dans une paroisse de Charleston en Caroline du Sud, elle soulève l'agacement de la communauté politique démocrate en maintenant un flou autour de l'exercice de son droit de vote, alors même qu'elle milite activement à l'époque pour la candidate Hillary Rodham Clinton. Avec Dunham, nul besoin d'alimenter les revues à potins avec de fausses nouvelles puisque le compte Twitter de la principale intéressée suffit pour déclencher nombre de controverses à son propos.

Que ce soit par ces nombreux faux pas ou dans la manière qu'elle a de placer sans cesse son corps au premier plan alors qu'elle sait pertinemment qu'il est loin de répondre aux standards habituels des jeunes protégées du show-business, Lena Dunham provoque ce *glitch* dans le système spectaculaire qui l'accueille. En effet, si elle participe au spectacle, elle semble pourtant invariablement le saboter et faire dérailler la représentation en cours. Elle entraîne des moments de déséquilibre, particulièrement en ce qui a trait à la lecture qu'elle nous permet de faire de son corps — que ce soit sur les tapis rouges hollywoodiens, dans ses courts-métrages ou encore dans *Girls,* la série dans laquelle elle occupe le rôle principal, en plus de cosigner et de réaliser une majorité des épisodes. Diverses choses ont été écrites sur Dunham et sur sa propension à dénuder son corps à l'écran — corps dont on a sans cesse rappelé qu'il était «hors normes», d'ailleurs. Toutes deux — Dunham et l'image qu'elle développe autour de sa corporalité — incarnent cet état contemporain qui accepte d'être aperçu au point de la fracture, en train de faillir, de chuter, de sortir de son axe. En fait, comme elle en témoigne dans son récit autobiographique *Not That Kind of Girl,* Dunham se donne la permission de jouer avec son corps, de le mettre artistiquement en danger. Parlant du regard qu'elle porte sur lui tel qu'il se trouve représenté dans un de ses courts-métrages universitaires, elle confie: « Je n'aimais pas ce que je voyais mais je ne le détestais pas non plus. Mon corps était un instrument au service de l'histoire. Je me sentais à peine concernée, j'étais un accessoire affublé d'une culotte surdimensionnée à laquelle j'avais judicieusement eu recours[4]. » Dès le premier épisode de *Girls*, écrit et dirigé par Dunham, le corps d'Hannah prend toute la place. Campée à New York, la série raconte les vies entrelacées de quatre vingtenaires aux noms tout en allitération: Hannah Horvath (Lena Dunham), sa meilleure amie et colocataire Marnie Michaels (Allison Williams), leur amie Shoshanna Shapiro (Zosia Mamet) et sa cousine Jessa Johansson (Jemima Kirke); les *girls*, ce sont elles. Elles nous entraînent dans leur quotidien qui se développe au fil de leurs relations amicales, professionnelles, familiales et amoureuses. Hannah, d'abord, mais aussi les trois autres jeunes femmes à sa suite vivent toutes des échecs à répétition, elles font de mauvais choix, qui s'avèrent souvent égocentriques et sans considération pour les autres, ce qui les laisse seules pour réparer les pots cassés. Les personnages de Dunham — ceux qu'elle incarne comme ceux qu'elle écrit — sont impudiques, instables, maladroits, changeants, imparfaits. Ses récits laissent aux personnages auxquels ils donnent vie la liberté d'échouer et de rire d'eux-mêmes.

Un corps débordant

Ouvertement inspirée de la vie de sa créatrice, la série ouvre son pilote avec le personnage d'Hannah qui partage un repas au restaurant avec ses parents, exceptionnellement en visite à New York. La première image que nous avons d'elle, c'est un plan serré sur son visage: de sa bouche débordent des spaghettis, et de l'huile s'accroche aux coins de ses lèvres, qu'elle essuie du bout des doigts. À sa mère, assise en face d'elle, qui lui reproche de manger trop vite, Hannah rétorque simplement: « Je suis en pleine croissance » (« I'm a growing girl[5]. »)

---

[4]. Lena Dunham, *Not That Kind of Girl (Antiguide à l'usage des filles d'aujourd'hui)*, trad. Catherine Gibert, Paris, Belfond, 2014, p. 147.
[5]. Lena Dunham, *Girls*, Los Angeles, Apatow Productions, 2012-2017, ép. 1, 0:22.

Ces paroles, les toutes premières du personnage d'Hannah, donnent des indications claires sur la manière dont nous devons aborder la série qui se déploiera sur 62 épisodes. D'abord, on comprend que le personnage d'Hannah s'insère en quelque sorte dans la tradition du *Bildungsroman*, puisque *Girls* se dessine comme le récit de formation d'Hannah, appelée à découvrir les grands évènements de l'existence : la mort, la (re)naissance, l'amour, la haine, l'altérité, l'amitié, l'échec. Or, *Girls* s'inscrit dans une seconde tradition cinématographique, autrement plus significative pour ma lecture, qui est celle des récits de «*gang*» de filles qui se rebellent contre l'autorité. De *Thelma et Louise* à *Bad Girls*, en passant par les *Spring Breakers* et les filles du *Bling Ring*, jusqu'aux aventures de *Ladybird*, Lena Dunham se glisse dans cette constellation de jeunes femmes refusant ce qui est attendu d'elles[6]. Si Hannah Horvath est une «growing girl», elle demeure d'abord et avant tout une «girl» qui décline sa vie comme elle le souhaite.

De plus, cette tournure de phrase d'Hannah Horvath, jointe à l'action de manger avec urgence et appétit, recadre le corps dans ce qu'il a de plus concret — un corps qui se nourrit pour grandir — et campe ainsi l'un des enjeux au centre de la série. Dans *Girls*, le corps des femmes n'est pas en pleine croissance, comme le soutient la protagoniste ; plutôt il se répand, il déborde partout ; en expansion constante, il occupe tout l'espace, du texte comme de l'écran. On n'a qu'à penser aux nombreuses scènes de sexe ou de simple nudité, ou encore aux multiples références au poids d'Hannah[7]. D'ailleurs,

---

6. Pour une analyse en profondeur de la figure de la jeune fille dans la série de Lena Dunham, voir Delvaux, *Les filles en série*, p. 179-193.

7. Plus souvent qu'autrement, quand la série aborde le poids d'Hannah dans la diégèse, elle le fait en s'éloignant des connotations négatives qui accompagnent trop souvent ce genre de corps débordants. Pensons à une scène de la première saison dans laquelle Hannah renoue avec son ancien petit ami, Elijah. Ils se donnent rendez-vous dans un bar et, après les salutations de formalité, elle lui demande s'il trouve qu'elle a changé. Poli, il la questionne à savoir si elle a perdu quelques kilos depuis l'université, ce à quoi elle répond : «Oui, quelques kilos. Les gens se rappellent de moi plus grosse que je ne le suis.» Il rétorque sans hésiter, sincère : «Oh, non, Hannah. Tu n'as jamais été grosse. Tu étais douce et ronde, comme un dumpling.» (*Girls*, ép. 3, 14 :07) Ce

contrairement à *Sex and the City*, série à laquelle *Girls* a été systématiquement comparée[8], le lieu symbolisant la rencontre entre les quatre filles n'est pas un lieu public (dans le cas de *Sex and the City*, il s'agit bien souvent d'un restaurant lumineux pour le brunch dominical, ou d'un club branché de Manhattan), mais plutôt l'espace privé par excellence : la salle de bain brooklynoise, dans tout ce qu'elle a d'exigu, de terne et d'un peu sale. Le pilote se poursuit en effet avec une scène où Marnie et Hannah se retrouvent ensemble dans la salle de bain de leur appartement, présentant ainsi aux spectatrices et aux spectateurs

---

faisant, la série détourne la scène habituelle où une personne complimente une autre sur sa perte de poids, comme si c'était l'ultime norme à atteindre. Ici, Elijah pose la question habituelle, mais n'y attache aucune appréciation esthétique. Au contraire, à ses yeux, le fait que les kilos fluctuent ne change rien. Hannah reste la même : délicieuse comme les petites bouchées fourrées asiatiques qu'ils prendraient sûrement grand plaisir à dévorer goulûment ensemble.

8. On pourrait dire que la comparaison est inévitable, et même souhaitée par Lena Dunham, qui fait de l'une de ses *girls* une fan avide de la série culte. Dès le premier épisode, Dunham pose cet intertexte en nous présentant le studio de Shoshana, sur les murs duquel trône une immense affiche de la série soeur. Devant l'air dubitatif de sa cousine qui n'en a jamais entendu parler, Shoshannna se lancera dans une longue analogie : « Tu sais, tu es drôle parce que tu es vraiment une Carrie mais avec, genre, un côté Samantha et les cheveux de Charlotte. C'est une très bonne combinaison. Je pense que dans le fond j'ai un cœur comme Carrie, mais c'est comme si, des fois, Samantha revient. » (*Girls*, ép. 1, 8 :15) À l'image de Shoshanna, qui m'apparaît se tromper dans son association, il me semble que la comparaison s'arrête là. En effet, plus la série se dépliera, plus il sera évident que Shoshanna n'a rien d'une Carrie ni d'une Samantha, mais qu'elle se fait davantage l'amalgame survolté d'une Charlotte et d'une Miranda. Plus sérieusement, j'entends par là que si *Girls* pose d'emblée son intertexte avec *Sex and the City*, elle s'affaire ensuite à s'en détacher, épisode après épisode. Les filles de *Sex and the City* sont élégantes, *glamour*, socialement établies. Elles savent ce qu'elles cherchent, ce vers quoi elles tendent : une relation épanouie avec un homme riche dans une félicité drapée de style et de haute couture. Celles de *Girls* portent des vêtements non griffés qui semblent agencés tant bien que mal dans une friperie du coin et elles enchaînent les boulots peu gratifiants et les échecs amoureux. Et, entre elles, une seule constance amoureuse : l'amour qui les lie les unes aux autres.

la première scène parmi tant d'autres où les personnages évolueront conjointement dans cet espace du quotidien pourtant habituellement solitaire. Ces scènes de salle de bain ponctueront la suite de la série, jusqu'à en devenir une sorte de signature. Cette pièce sera témoin de leurs confidences, de leurs réconciliations, de leurs trahisons et — dans l'avant-dernier épisode — elle sera le lieu de leur séparation. Dans la première scène de cette série, Hannah prend son bain en déjeunant d'un cupcake, alors que Marnie se rase les jambes, enveloppée dans une serviette et assise sur la baignoire, près de son amie. Elles discutent des problèmes amoureux de Marnie. Hannah est dans le bain, son corps vautré contre le bord et ses cheveux en bataille pendant qu'elle engloutit son petit gâteau, laissant les miettes tomber au sol. Marnie, elle, est recroquevillée, les jambes serrées et ses cheveux disciplinés dans une tresse, son corps tout en retenue. Cette scène brosse non seulement un portrait clair du personnage de Marnie — traditionnelle, plus prude, soucieuse des apparences —, mais elle expose aussi, par contraste, l'importance qu'aura le corps d'Hannah dans la série. Le personnage joué par Dunham est à l'image de son corps : débordant, dévorant et affamé, et sans aucune honte devant ces caractéristiques si peu valorisées lorsque manifestées par un corps ou un intellect assigné féminin. Pour Dunham, le fait de se dénuder constamment, de filmer ses personnages nus ou à demi nus, de montrer les bourrelets que l'on empoigne après l'amour ou les collants qu'on relève sans élégance sous la jupe est un choix délibéré et politique :

> Je pense que mes motivations sont variées. Une part de moi se dit : « Tu penses que je suis grosse ? Ben, regarde-moi NUE. » [...] Comme si c'était acceptable avec un corps plus traditionnel, ce que tu n'as pas, donc, tu devrais t'abstenir. Comme si les femmes grosses devaient apprendre à garder leurs vêtements. Et [en tant que femme], tu n'as pas le droit d'être bien dans ta peau. Un jour, en septième année, à 12 ans, tu ne peux plus dire de belles choses sur toi-même. Plus jeune, tu as le droit de dire « J'aime ma robe ! Je suis belle ! » Puis le jour vient où tes ami·e·s te ramènent dans le droit chemin : « Tu sais que tu ne peux pas dire ça ? » Maintenant, quand tu reçois un compliment, la réponse doit être « Mais non ! Je suis si grosse et laide ! »[9]

---

9. Caitlin Moran, « There's a Part of Me That Goes : You Think I'm Chubby ? Then Look at Me Naked », *The Times*, 6 octobre 2012.

La réalisatrice plonge volontairement dans les zones d'inconfort qu'un corps comme le sien provoque. Elle joue avec les discordances qu'il engendre, exerçant une sorte de performance corporelle par laquelle elle refuse de faire ce qu'on attend d'elle : il ne faudrait pas qu'elle en montre la peau adipeuse ? Elle la dénude le plus possible, laissant paraître cellulite et poignées d'amour. Il faudrait qu'elle revête des habits appropriés à sa silhouette ? Elle choisit des coupes et des matières qui en soulignent les soi-disant imperfections[10]. Il faudrait qu'elle se trouve laide ? Elle affirme haut et fort tout le respect et l'amour qu'elle porte à son corps et à sa personne. Lena Dunham expose son corps sans retenue et s'abstient d'en être juge ou bourreau. Ainsi, j'ai envie de l'envisager comme un corps métonymique, pour le dire avec Martine Delvaux[11], c'est-à-dire un corps dont la présence sous-entend davantage ; un corps qui se remarque justement par l'anomalie — le sursaut — qu'il crée dans le discours : autant dans le discours — intime — de celle qui l'articule que dans celui de ceux qui, tout autour, le policent. Quand Dunham exhibe son corps, quelque chose, derrière lui, reste encore à nommer : ce qu'on impose aux corps des femmes, ce qu'on leur interdit ou ce qu'on exige d'eux. Voilà sa contemporanéité.

Avec *Girls*, mais aussi dans ses articles, ses balados et ses livres, Lena Dunham nous invite constamment à entrer avec elle dans son « territoire de soi », cet espace que lui permet l'exploration de sa

---

10. Anne Helen Petersen rapporte combien Lena Dunham et l'équipe des costumes de *Girls* ont apporté une attention pointilleuse à cette mise en valeur « inversée » du corps d'Hannah Horvath en créant une garde-robe qui soulignerait à grands traits l'aspect indocile et peu conforme de son corps. Les vêtements étaient délibérément mal ajustés, mal coupés (*Too Fat, Too Slutty, Too Loud*, p. 222). Un bref survol de la série confirme ceci : des minishorts qui viennent se coincer entre ses fesses ou dont le tissu remonte vers l'entrejambe parce que ses cuisses frottent ensemble ; son ventre qui déborde d'une jupe taille haute, le bourrelet par-dessus le tissu ; ses hanches qui peinent à être contenues dans une robe serrée faite d'une matière non extensible ; un maillot de bain microscopique qui ne tient pas en place, laissant apparaître la partie supérieure des fesses, etc. À chaque scène, le corps d'Hannah Horvath résiste aux vêtements dont il est habillé. Il refuse toute discipline. Il trace sa propre trajectoire.
11. Delvaux, *Les filles en série*, p. 226.

propre corporalité. S'amusant à souligner, et même à exagérer ses imperfections, elle en vient à représenter «une œuvre d'art manquée[12]», comme dira d'elle l'écrivaine et chroniqueuse Anne Helen Petersen, une œuvre d'art qui confronte le public qui la regarde à ses propres préjugés: «Dunham met le public au défi de trouver dégoûtant ce qu'elle fait — pour ensuite observer leur propre réaction[13].» Lena Dunham ne «réussit» jamais entièrement. Quelque chose chez elle reste de l'ordre de l'inachevé, de l'imparfait. Il en est ainsi de son livre. Dès le premier chapitre, elle impose ce corps fuyant, en perte de contrôle. Dans une introduction-fleuve au rythme quasi essoufflant montrant l'urgence de dire le corps, l'autrice ouvre son récit en écrivant: «J'ai 20 ans et je ne peux pas me voir en peinture. Je déteste mes cheveux, mon visage, mon petit ventre rond, ma voix qui tremblote et mes poèmes dégoulinants[14].» Grâce à l'utilisation d'un présent narratif dont elle ne se servira plus, ensuite, pour le reste du récit, préférant l'usage plus classique de l'imparfait pour ses allers-retours mémoriels, Lena Dunham nous immerge *ipso facto* dans un rapport à son corps qui est tout sauf formaté ou *glamour*. Le corps devient celui qui tombe et qui parfois, même, trahit: «À savoir: je suis laide comme un pou; je vais finir en [institution psychiatrique] avant 29 ans; je n'arriverai jamais à rien[15].» Dans l'imaginaire qu'elle construit autour de son corps, Dunham embrasse cette idée selon laquelle «l'intime désigne un apprentissage de la précarité[16]». Elle joue constamment sur ces deux pôles: l'intime et le précaire. Elle n'a pas peur d'en sortir un peu plus fragilisée, un peu plus morcelée: «J'ai partagé tant de choses qui se sont trouvées broyées dans le partage. Je ne l'ai jamais regretté, parce que tout ça n'avait pas la moindre importance[17].»

---

12. Petersen, *Too Fat, Too Slutty, Too Loud*, p. 219.
13. *Ibid.*, p. 225.
14. Dunham, *Not That Kind of Girl*, p. 13.
15. *Ibid.*, p. 14.
16. Fœssel, *La privation de l'intime*, p. 143.
17. Dunham, *Not That Kind of Girl*, p. 117.

Une mise en scène de soi qui dérange

Or, une part de la désapprobation qu'elle a rencontrée — que celle-ci ait été dirigée vers son personnage d'Hannah Horvath, vers ses écrits ou vers sa personne — participe du double standard de la critique à propos de l'antipathie soulevée par les hommes et les femmes que dénonce Roxane Gay. Si on a reproché à Hannah Horvath son égocentrisme et son égoïsme, on a surtout accusé Lena Dunham de se complaire dans une assurance démesurée et de manquer cruellement d'introspection par rapport à ses privilèges : sa blancheur, son aisance financière, mais surtout le népotisme auquel elle devrait ses accomplissements (elle est la fille d'artistes new-yorkais bien établis, et deux des actrices principales de *Girls* sont celles de personnalités étatsuniennes tout aussi établies — le journaliste Brian Williams et le dramaturge David Mamet). En fait, comme le remarque Phoebe Maltz Bovy dans un essai s'intéressant à la tendance actuelle qu'a la critique culturelle d'effectuer ses analyses à partir du prisme du privilège, la série de Dunham, plus que n'importe quelle autre série lui étant contemporaine, a été atteinte par cette « obsession ». Maltz Bovy considère même qu'il y aurait un avant et un après *Girls* quant à ce genre de réception critique. Elle fait correspondre le début de cette tendance avec la diffusion du première épisode de la série *Girls* — et le ressac qu'a reçu immédiatement Lena Dunham[18].

Lena Dunham dénonce elle aussi ce biais à de nombreuses reprises dans les années suivant la diffusion de la série, notamment lors d'une table ronde rassemblant les quatre actrices de *Girls* durant laquelle la chroniqueuse Jenna Wortham lui demande comment elle a vécu le fait que ses séries aient été jugées différemment de toutes celles qui ne mettaient en scène que des personnages masculins[19]. Ce à quoi Dunham répond de but en blanc, et non sans une certaine pointe de sarcasme : « *Silicon Valley* ne se fait pas rentrer dedans comme nous[20] », faisant référence à une autre série produite par HBO qui présente, comme elle

---
18. Phoebe Maltz Bovy, *The Perils of Privilege : Why Injustice Can't Be Solved by Accusing Others of Advantage*, New York, St. Martin's Press, 2017, p. 161.
19. Time Talks, *The Cast of* Girls, YouTube, 1ᵉʳ février 2016, 14:21.
20. *Ibid.*, 14:31.

le formule, « un format similaire à *Girls*, c'est-à-dire quatre hommes représentant à la fois une génération et une industrie[21] », mais dont personne ne dénonce le manque de diversité ou d'authenticité. Sans vouloir excuser la série de Dunham, dont le manque de diversité est sans doute tristement symptomatique de la vision du monde de sa créatrice, je trouve que l'attention quasi exclusive de la critique posée sur les questions de privilège au moment de la diffusion de la première saison témoigne de façon criante de ce deux poids, deux mesures qui touche les femmes sortant un tant soit peu des rangs lorsqu'elles sont en position de pouvoir — financier, social, créatif, etc. Les quatre actrices de *Girls* le savent ; elles en ont toutes vécu les contrecoups. C'est ce que déplore Jemima Kirke lorsqu'elle a recours à cette tournure de phrase assassine : « Ils sont des acteurs. Nous sommes juste des femmes[22]. » C'est aussi ce que dénonce Allison Williams lorsqu'elle rappelle qu'au lendemain de la diffusion d'une scène sexuelle particulièrement osée impliquant son personnage, elle aurait pu résumer toutes les unes écrites à ce sujet par « Allison Williams se fait manger le cul ». Elle dit comprendre qu'il s'agit d'une technique pour attirer les clics des internautes, mais elle souligne qu'« aucun journaliste n'aurait intitulé un article « Brian Cranston [l'acteur de la série *Breaking Bad*] prend de la meth[23] ».

De même, sans démentir le manque de diversité dans la série, Phoebe Maltz Bovy souligne à son tour combien la critique s'est laissée entraîner dans une certaine dérive en se mettant à confondre la créatrice et son objet, l'autrice et son personnage[24] : nous sommes en présence d'une réalisatrice dont la nouvelle création rencontre un succès populaire et critique notable ; pourtant, ce qui compte pour nombre de commentateurs et commentatrices, c'est de lui « faire la leçon ». À l'image des trop nombreux hommes influents du milieu artistique qui, derrière des portes closes, diront à Dunham qu'elle devrait être plus reconnaissante ou que de nombreux hommes de

---

21. *Ibid.*, 14:43.
22. *Ibid.*, 14:53.
23. *Ibid.*, 15:52.
24. Maltz Bovy, *The Perils of Privilege*, p. 164.

pouvoir ne veulent rien savoir des femmes trop ambitieuses[25], la critique fait d'elle une enfant frivole, une jeune fille capricieuse et gâtée qui ne comprend pas les gestes qu'elle pose, alors qu'elle est justement en train de prouver le contraire en réformant l'image du corps féminin au petit écran :

> Pourquoi met-on la barre si haut pour cette série-là [*Girls*], quand il y a tant de programmes qui éludent depuis longtemps la race et la classe, ou qui ont commis des erreurs flagrantes dans ces domaines ? Il y a tant de séries déplorables qui représentent les femmes de façon sexiste, stupide ou absurde. […] Aussi, dès qu'un produit de la culture pop propose quelque chose d'un tant soit peu différent […], nous nous y cramponnons, parce que c'est tout ce qui nous reste[26].

Ce bref survol de la réception critique qui a entouré la parution de *Girls* résonne avec les constats que pose Roxane Gay : non seulement on attend (exige) plus de la part de créatrices comme Lena Dunham parce qu'elles proposent un imaginaire de la femme qui tranche avec ses itérations stéréotypées qui parsèment nos écrans, mais — d'un même geste — on oppose une résistance à tout ce qu'elles représentent : la réussite, l'assurance, l'opulence... On se retrouve au même point qu'en 1949, quand Simone de Beauvoir déplorait que les exploits masculins fussent considérés comme la norme, alors que ceux au féminin étaient compris comme une trahison du devenir de « vraie femme » : « Chez l'homme, il n'y a entre vie publique et vie privée aucun hiatus : plus il affirme dans l'action et le travail sa prise sur le monde, plus il apparaît comme viril ; […] au lieu que les réussites autonomes de la femme sont en contradiction avec sa féminité[27]. » Les femmes qui réussissent ne plaisent pas.

Mais quelque chose d'autre chez Dunham irrite ou, du moins, déçoit. Le fait est que, plus que toutes les autres célébrités dont elle est la contemporaine, Lena Dunham enchaîne les faux pas médiatiques, que ceux-ci soient catalysés par ses détracteurs ou qu'elle les entraîne elle-même. On peut penser, par exemple, à la controverse qui a émergé

---

25. Dunham, *Not That Kind of Girl*, p. 198.
26. Gay, *Bad féministe*, p. 58.
27. Simone De Beauvoir, *Le deuxième sexe*, Paris, Gallimard, 1976, p. 406.

en novembre 2014 à la suite de la parution de *Not That Kind of Girl* dans lequel Dunham raconte, entre autres, comment, à sept ans, elle a observé la vulve de son adelphe[28], Cyrus, pour comprendre en quoi elle était différente de la sienne. À peine quelques jours après la publication du livre, alors que Dunham est en tournée en Europe pour sa promotion, Kevin Daniel Williamson, chroniqueur au très conservateur *National Review*, et Ben Shapiro, commentateur politique tout aussi conservateur, s'investissent d'une autorité outrepassant leurs compétences pour dénoncer Lena Dunham en l'accusant d'agression sexuelle sur son adelphe[29]. L'affaire prend des proportions démesurées ; tout le monde a son mot à dire : les chroniqueurs culturels s'arrachent l'histoire, des pédopsychologues sont interviewés sur toutes les chaînes. Dans la mêlée, les voix des principaux·ales intéressé·e·s — Lena et Cyrus — sont étouffées.

Une autre controverse représentative de la persona litigieuse de Dunham est très certainement celle concernant sa formulation douteuse autour de l'avortement. Dans un épisode de décembre 2016 de son balado *Women of the Hour*, Lena Dunham relate sa visite à Planned Parenthood, au Texas, et sa rencontre avec une jeune fille qui lui demande de partager son propre récit d'avortement : « J'ai sursauté. Je lui ai dit : "Je n'ai pas eu d'avortement." Je voulais que ce soit clair : autant je me battais pour que les femmes aient le choix,

---

28. Cyrus Dunham s'identifie comme une personne transmasculine non binaire. Or, contrairement à l'anglais, qui offre un terme non genré pour définir le lien unissant deux enfants né·e·s des mêmes parents (*sibling*), le français est encore en quête d'appellations qui fassent consensus à cet effet. Dans le cadre de ce livre, j'ai opté pour le mot « adelphe », qui vient du grec ancien qui signifie « utérin, frère » et qui a l'avantage d'être épicène. On voit aussi parfois le mot-valise « frœur », qui circule déjà depuis un moment au Québec dans les milieux trans. Par contre, ce terme ne fait pas l'unanimité parce que les prononciations de « frère » et de « frœur » étant semblables, les deux mots peuvent être confondus l'un avec l'autre.

29. Voir Kevin Williamson, « Pathetic Privilege », *National Review*, 29 octobre 2014 ; Ben Shapiro, « Lena Dunham Threatens to Sue *Truth Revolt* for Quoting Her », *Truth Revolt*, 3 novembre 2014.

autant je n'avais jamais eu moi-même d'avortement[30]. » Elle enchaîne en avouant combien sa réaction la prend de court et la déçoit. Elle a honte du fait que, malgré son engagement actif pour le droit et l'accès à l'avortement, elle a ressenti le besoin d'exprimer clairement qu'elle n'en avait pas eu[31]. Elle conclut le segment avec cette formulation maladroite : « Aujourd'hui, je peux dire que je n'ai pas encore eu d'avortement, mais que je souhaiterais en avoir eu un[32]. » Bien sûr, ses propos enflamment la médiasphère. On dénonce le fait que de telles paroles banalisent l'avortement tout en donnant des munitions aux anti-choix.

Dans ces deux exemples, la question qui consiste à savoir si ce ressac est mérité ou non, disproportionné ou pas, ne m'intéresse pas tant que les excuses que donnera Dunham à la suite de ce tourbillon médiatique. D'abord, il faut dire que devant scandales et faux pas, Lena Dunham adopte rarement une posture de silence ou de retenue. Elle répond généralement au tapage médiatique qu'elle a généré par davantage de bruit. Cette fois-là, elle écrira sur son compte Instagram : « Ces mots sont en quelque sorte venus de la persona de jeune fille délirante que j'habite souvent, une fille qui valse entre sagesse et ignorance (c'est aussi le sujet de mon émission de télé), mais ça n'a pas marché… C'est de ma faute[33]. » Ce que Lena Dunham nous dit, c'est que, dans son récit d'enfance avec Cyrus, tout comme dans sa prise de parole sur l'avortement, et jusqu'à l'image d'elle qu'elle construit, elle ne cesse de jouer à être elle-même. C'est une véritable scénographie du soi qu'elle élabore chaque fois. C'est comme si elle s'amusait à écrire, puis à réécrire la persona *Lena Dunham*.

Réfléchissant à la présentation de soi dans le discours — l'éthos —, Ruth Amossy fait un détour par la linguistique d'Émile Benveniste pour rappeler que l'image de soi peut découler « du *dit* : ce que le locuteur énonce explicitement sur lui-même en se prenant comme thème de son propre discours [et qu'en] même temps, elle est toujours le résultat du *dire* : le locuteur se dévoile dans les modalités de sa parole,

---

30. Dunham, « Choice », *Women of the Hour*, 2016, 14 :10.
31. *Ibid.*, 14 :22.
32. *Ibid.*, 14 :52.
33. Dunham [@lenadunham], [Sans titre], Instagram, 20 décembre 2016.

même lorsqu'il ne se réfère pas à lui-même[34] ». Voilà comment l'éthos se construit « par ailleurs », comme nous l'évoquions quelques chapitres plus tôt. C'est la même distinction que Dominique Maingueneau établit entre l'éthos dit et l'éthos montré : « Ce que l'orateur prétend être, il le donne à entendre et à voir : il ne *dit* pas qu'il est simple et honnête, il le montre à travers sa manière de s'exprimer[35]. » Prenons un scientifique qui serait interviewé par une chaîne télévisée : son éthos d'homme savant se montrera à la fois dans son dit — les propos abordés — et dans son dire, c'est-à-dire une parole vulgarisée avec mesure, nuances et neutralité. C'est donc dans cette oscillation entre le dit et le dire que se place la légitimation du discours et, conséquemment, de l'image de soi. C'est pour cette raison que Maingueneau la comprend comme une « scénographie » : la locutrice ou le locuteur se sert de son discours pour légitimer son image qui, elle, le légitime en retour. Alors que l'attention est aujourd'hui souvent portée vers l'éthos montré (pensons, par exemple, à l'importance accordée au débit de voix, à l'intonation ou à l'habillement dans la préparation des politiciennes qui doivent, par ces dispositifs, imposer leur compétence), Lena Dunham semble rarement s'en soucier et s'affaire plutôt à exposer son éthos pour ce qu'il est : cette mise en scène constante du soi.

La chercheuse Kathleen Rowe s'est intéressée de la même manière à la persona de Roseanne Barr. Pour Rowe, toute la force d'une présence culturelle et médiatique féminine comme celle de Barr réside justement dans le fait qu'elle est autrice de sa propre persona : « Son ingouvernabilité réside dans le fait qu'elle se présente comme autrice plutôt que comme actrice ou humoriste, et — surtout — l'autrice d'un *moi* dont elle revendique le contrôle. "Roseanne" est une persona qu'elle a créée *pour* elle, *par* elle[36]. » Mais Dunham, allant plus loin que Roseanne Barr, ne se contente pas d'activer cette scénographie que décrit Maingueneau, elle nous en montre les coulisses. Elle nous expose sa construction, plutôt que de s'en servir comme

---

34. Amossy, *La présentation de soi*, p. 113.
35. Dominique Maingueneau, *Le contexte de l'œuvre littéraire. Énonciation, écrivain, société*, Paris, Dunod, 1993, p. 138.
36. Rowe, *The Unruly Woman*, p. 65.

masque. Continuellement en train d'exposer le *dit* de son image de soi — puisqu'elle fait de sa persona le thème central de son discours —, elle banalise son *dire* en le posant à la remorque d'un éthos dont la mise en récit est mise à nu. En fait, comme Hannah Horvath, elle échoue à réaliser ce qui est attendu d'elle — par les autres, par elle-même, par les fans, par les médias. À l'inverse d'autres stars qui parviennent habilement à se mettre en valeur par une image d'elles légitimée par un discours maîtrisé, Lena Dunham trébuche tant dans ce qu'elle dit que dans ce qu'elle montre. Et quand on le lui fait remarquer, elle semble nous dire : « Vous avez raison, mais ce n'est pas ma faute ; ce n'est qu'une construction de moi qui a été mal ficelée. » C'est promis : elle fera mieux dans la prochaine mise en scène. La construction sera plus cohérente, le récit plus convaincant. Lena Dunham ne craint pas de proposer une mise en scène de soi qui déplaise. Ces échecs servent de tremplin pour la prochaine proposition scénique. Comme ses *Girls,* elle donne l'impression que « [elle mène] une vie de rêve, une erreur à la fois[37] ».

---

37. Dunham, *Girls.*

CHAPITRE SIX

UNE MÉDUSE POUR LES INGOUVERNER TOUTES

> Plaire aux hommes est un art compliqué, qui demande qu'on gomme tout ce qui relève de la puissance.
>
> Virginie Despentes, *King Kong théorie*

Ce qui réunit les féministes pop de ce livre, c'est ce petit quelque chose chez elles, à un moment dans leur parcours, qui participe d'un « inaimable ». Plus que tout autre évènement culturel ou politique récent, l'élection présidentielle étatsunienne de 2017 opposant Hillary Rodham Clinton à Donald Trump a montré combien cette dynamique dépasse largement le cadre des mondes fictionnels ou du show-business. Je m'autorise cette échappée politique d'abord parce qu'il serait difficile de trouver un exemple plus probant pour dévoiler l'ampleur du ressentiment que peuvent éveiller les femmes qui refusent de rester dans les rangs que celui de la course à la présidence menée par une candidate compétente pour gouverner une puissance mondiale historiquement dirigée par des hommes. Pour moi, cette course à la présidentielle étatsunienne est la pierre de touche du féminisme pop. En effet, le regain d'attention que vit le féminisme dans l'imaginaire collectif et dans l'opinion publique depuis un certain nombre d'années reçoit, le jour de l'élection, quelque chose de l'ordre de la douche froide qui me force à poser une balise, à faire un temps d'arrêt. Je rappelle simplement que la politicienne était non seulement la candidate championne des féministes pop qui parsèment cette étude, mais aussi celle d'Hollywood et du star-système en général. Il sera donc important de considérer sa défaite à la lumière du changement de ton — un durcissement ? — qui s'effectue alors du côté des féministes pop qui l'ont publiquement — et bruyamment — endossée. À la manière de la performance de 2014 de Beyoncé Knowles-Carter aux MTV Awards qui paraît cimenter l'engouement qui grondait autour du féminisme dans la culture pop, la défaite d'Hillary Rodham Clinton contre Donald Trump fixe un repère politique dans le continuum des avancées féministes en culture pop. Cette défaite devient une pierre de touche en ce sens qu'elle nous force à mesurer à nouveau la portée du mouvement féministe qui l'a accompagnée.

En fait, Hillary Rodham Clinton m'apparaît être une véritable figure pop au sens où sa persona a été forgée par les évènements médiatiques qui ont ponctué ses différentes « vies » politiques : *cheerleader* de son mari, Bill Clinton, alors qu'il était candidat à la présidence des États-Unis en 1992, puis Première dame et femme trompée, métamorphosée en épouse trahie, éplorée, dans l'affaire Lewinski en 1998, pour renaître en candidate en déficit de charisme lors de la course à l'investiture démocrate contre Barack Obama en 2008, reclassée secrétaire d'État et accusée d'être menteuse et manipulatrice, voire incompétente, dans l'affaire Benghazi, etc. À chaque étape, elle s'est vue transformée, mise en scène, par les portraits que l'on peignait d'elle, avec ou sans son consentement. Puis, tout au long de la campagne présidentielle de 2016, à toutes ces personas qu'on lui a accolées s'est ajoutée celle de cette femme impossible à aimer qui m'intéresse ici. En effet, le caractère inaimable de Rodham Clinton a pris une place disproportionnée dans les médias, alors que celui de son opposant républicain était vu comme un trait de personnalité, une excentricité. Certes, il serait faux de sous-entendre que Trump était, dès le début de sa campagne, un candidat *aimé*, mais il n'était pas détesté de la même manière que Rodham Clinton, à qui on a reproché continuellement son manque d'authenticité, sa froideur, son ambition. Au contraire, au commencement de la course, la manie de Trump de défier les conventions politiques est encensée par ses partisans et tournée en dérision par ses détracteurs. Pourquoi, alors, se soucie-t-on tant de la cote d'amabilité d'Hillary Rodham Clinton ?

> Songez au nombre de fois où vous avez entendu employer ces mots au sujet de femmes haut placées : hystérique, excessive, coriace, compliquée, irascible, autoritaire, gonflée, émotive, agressive, intraitable, ambitieuse (un terme que personnellement je trouve neutre, voire admirable, mais qui ne l'est vraisemblablement pas pour tout le monde). […] On nous considère aussi comme clivantes, peu fiables, *pas aimables* et inauthentiques […]. Au fil de la campagne, les sondages ont montré qu'un grand nombre d'Américains doutait de mon authenticité et de ma fiabilité. Beaucoup de gens disaient simplement *qu'ils ne m'aimaient pas*. […] [Q]u'est-ce qui fait de moi un tel défouloir à colère ? […] Je pense que c'est entre autres parce que je suis une femme[1].

S'intéressant à la couverture médiatique d'Hillary Rodham Clinton lors de la présidentielle de 2016, Anne Helen Petersen pose à peu près le même constat. Si sa candidature ne faisait pas l'unanimité pour de nombreuses raisons, celle qui a occulté toutes les autres, c'était son genre : « Les gens arrivaient à tolérer l'image d'une Clinton en épouse résiliente ou en femme aristocratique sur la couverture du *Vogue*. Or, quand elle a réellement cherché à accéder au pouvoir, l'opinion

---

1. Hillary Rodham Clinton, *Ça s'est passé comme ça*, trad. Perrine Chambon, Paris, Fayard, 2017, p. 138. Je souligne.

publique a fait marche arrière. Clinton n'était plus juste une salope (« *bitch* »), mais une salope castratrice[2]. »

Bien sûr, divers commentaires politiques ont démontré avec justesse que la raison pour laquelle de nombreux électeurs refusaient de donner leur appui à la candidature d'Hillary Rodham Clinton n'était pas exclusivement liée à son genre, mais participait aussi en partie d'un écœurement par rapport à l'élite politique qu'elle représente[3]. Néanmoins, on peut se demander ce qui serait advenu de sa candidature si elle avait tenu des propos à moitié aussi haineux que ceux de Trump ou si elle avait eu l'âge de Bernie Sanders. Serait-elle restée dans la course ? La vieillesse, la goujaterie, l'irrévérence… certaines caractéristiques sont encore difficilement tolérables chez une femme : « L'instant où une femme s'avance pour prononcer les mots "Je suis candidate" déclenche une avalanche d'analyses : celles de son visage, de son corps, de sa voix, de son comportement, mais aussi la minimisation de sa stature, de ses idées, de ses accomplissements, de son intégrité[4]. » Toujours est-il que le 19 octobre 2016, lors du dernier débat de la campagne présidentielle, cette animosité se trouve ouvertement étalée sur la place publique lorsque Trump prononce les deux mots qui deviendront rapidement emblématiques du dédain (de la peur ?) que nous éprouvons envers les femmes qui ne se soucient pas de se rendre aimables. Durant l'échange, Rodham Clinton expose son plan pour réformer le programme de sécurité sociale en augmentant les impôts des plus nantis de la société. Au passage, elle lance une flèche à son adversaire qui refuse encore de fournir sa déclaration de revenus. Trump rétorque immédiatement, lui coupant la parole, mais sans s'adresser à elle, comme si elle ne méritait même pas qu'il reconnaisse sa présence : « *Such a nasty woman* », *quelle femme méchante, vicieuse*. Cette insulte, pour une fois de trop, a rappelé aux femmes qu'elles auront beau être qualifiées, réfléchies, intelligentes,

---

2. Petersen, *Too Fat, Too Slutty, Too Loud*, p. 145.
3. Voir, entre autres, Rebecca Traister, « Shattered », *New York Magazine*, 12 novembre 2016 ; ou Mark Lilla, « The End of Identity Liberalism », *The New York Times*, 18 novembre 2016.
4. Rodham Clinton, *Ça s'est passé comme ça*, p. 133.

un homme s'autorisera toujours à parler plus fort qu'elle[5]. En à peine quelques heures, l'insulte se transforme en cri de ralliement pour de nombreuses femmes, et certains hommes, qui se la réapproprient avec défiance. Deux mois plus tard, durant la Marche des femmes sur Washington[6] au lendemain de l'investiture de Trump, plusieurs pancartes et chandails se revendiqueront du « *Nasty Woman* ». À ce jour, il m'arrive parfois d'apercevoir les deux mots épinglés sur un sac à dos ou imprimés sur un t-shirt. Chaque fois, j'échange un sourire avec celle ou celui qui les affiche fièrement.

Ce qui apparaît malgré le mythe

Quand il est question de filles ou de femmes ingérables, une figure récurrente traverse les analyses. Ce n'est sans doute pas par hasard que, dans son livre publié après l'investiture de Donald Trump comme président des États-Unis, Hillary Rodham Clinton conclut sa rétrospection quant au rôle qu'aura joué son genre dans sa défaite en la convoquant. Parmi l'iconographie haineuse que les partisans de Trump auront créée à ses dépens, une image, imprimée sur des t-shirts et des tasses à café, lui reste en tête à cause de sa profonde violence, celle de Trump tenant sa tête coupée, à l'instar de Persée brandissant la tête de Méduse[7]. Elle est choquée par le caractère barbare de l'image et par sa brutalité moyenâgeuse, mais elle se revendique de l'ingouvernabilité qu'évoque la

---

5. Petersen, *Too Fat, Too Slutty, Too Loud,* p. 160.
6. La *Women's March on Washington* est un rassemblement politique visant à promouvoir et à défendre les droits des femmes, des immigrants, de la communauté LGBTQIA et la justice sociale qui s'est spontanément organisé en réponse à l'élection de Donald Trump le 8 novembre 2016. Le jour de la marche, plus de 400 000 personnes sont descendues dans les rues de Washington, une foule donc plus nombreuse que celle présente à l'investiture de Trump, la veille. On évalue que plus de trois millions de personnes ont participé aux marches satellites organisées partout aux États-Unis et que cinq millions de personnes y ont participé ailleurs dans le monde. On a compté 408 marches aux États-Unis et 168 autres dans 81 pays différents, dont 29 au Canada. (https://www.womensmarch.com/)
7. Rodham Clinton, *Ça s'est passé comme ça,* p. 144.

figure de Méduse : « Il se peut que la chasse aux sorcières puritaine soit terminée depuis longtemps, mais il y a au sujet des femmes indociles un reste de fanatisme qui plane encore sur notre inconscient collectif[8]. » Méduse, cette figure monstrueuse de la mythologie grecque, n'est-elle pas en effet l'expression originelle de la jeune femme présomptueuse à châtier, elle qui aura osé se dire plus belle qu'une déesse et qui, pour cela, se verra transformée en femme hideuse, sa chevelure éblouissante remplacée par des serpents, et condamnée à mourir sous les coups de Persée ? N'incarne-t-elle pas cette femme qui n'a pas su se faire aimer ? Ou, plutôt, celle qui ne se souciait pas de se faire aimer parce qu'elle s'aimait déjà, elle-même, suffisamment ? Elle paiera cher son effronterie : d'abord punie par Athéna, qui la métamorphose en Gorgone, puis vaincue par Persée, qui la décapite après l'avoir neutralisée en retournant son pouvoir pétrifiant contre elle-même. Comme de nombreuses figures antiques monstrueuses, Méduse est rarement envisagée en solo. À l'instar de Sigmund Freud, qui fait de la Méduse le symbole de la menace de la castration, ou de Søren Kierkegaard, qui pense la femme comme l'« Idée dans laquelle l'homme projette sa propre transcendance[9] », la Méduse mythologique est comprise comme un vide, comme un canevas sur lequel le héros mythique — ici, Persée — déverse tout ce qui fait entrave à sa vertu ; pour que Méduse advienne, pour que son histoire existe, il lui faut Persée. Elle est cette Autre qui est « singulièrement défini[e] selon la façon singulière dont l'*Un* choisit de se poser[10] » par rapport à elle. Ainsi va le mythe : le triomphe du héros masculin sur la sauvagerie incontrôlable — et meurtrière — d'une féminité éblouissante à restreindre.

L'iconographie de Méduse montre que cet emblème mythique d'un féminin menaçant et monstrueux qu'il faut châtier est moins uniforme qu'il n'y paraît. Comme l'illustre Michèle Bompard-Porte dans un survol sensible des différents visages de Méduse, la période antique propose au contraire des Gorgones, Méduses et autres gorgonéions tout à fait charmants, joueurs et enjoués ; et les 1er et 2e siècles, des pâtes

---

8. *Ibid.*, p. 145.
9. De Beauvoir, *Le deuxième sexe*, p. 305.
10. *Ibid.*, p. 389.

de verre sur lesquelles le visage de Méduse se retrouve peint, serein et sublime[11]. Que s'est-il passé entre ces représentations heureuses et toutes celles qui ont suivi, jusqu'au retour dans les nombreuses relectures contemporaines de ce mythe de la femme cruelle et menaçante pour le héros masculin? Car il suffit d'entrer le nom d'une politicienne, d'une femme d'affaires renommée ou de toute autre célébrité notoire dans n'importe quel moteur de recherche, suivi du mot «méduse», pour tomber sur une multitude d'images modifiées sur lesquelles lesdites personnalités sont métamorphosées, leurs cheveux transformés en serpents et leur visage tordu dans d'horribles grimaces d'horreur et de douleur: Michelle Obama, Condoleezza Rice, Madonna, Oprah Winfrey, Angela Merkel, Lady Gaga… On a travesti l'image rieuse de Méduse pour n'en garder que la défaite, que la (dé)capit(ul)ation: à jamais soumise, à jamais morcelée.

Ce qu'une telle iconographie nous dit, c'est que l'autorité et la prise de pouvoir au féminin doivent être contenues, endiguées, et toute femme qui résiste à son enclavement sera punie. Il n'est donc pas étonnant que, dans une allocution dénonçant le manque de voix féminines dans les journaux à la fin du 19e siècle, la suffragette Susan B. Anthony se serve déjà de cette figure pour illustrer tout ce que la situation a d'étouffant. Anthony affirme que, puisque les hommes possèdent et contrôlent les journaux du pays, les femmes qui y écrivent doivent se conformer aux valeurs de leurs propriétaires, sinon, «elles risquent de se faire couper la tête[12]». Il faut «méduser» les femmes pour les faire taire afin de les transformer en cet «Autre absolu, sans réciprocité, refusant contre l'expérience qu'elle soit un sujet, un semblable[13]». Or, même figée, Méduse ne baisse pas les yeux. Elle cherche notre regard. Elle résiste à sa mise en passivité. C'est à nous d'oser soutenir son regard pour témoigner de ce qui s'y dissimule. Car même dans ses représentations les plus funestes, une part de Méduse survit.

---

11. Michèle Bompard-Porte *et al.*, *Or Méduse médite: vagabondages parmi la mythologie grecque,* Paris, L'Harmattan, 2013, p. 205.
12. Rodger Streitmatter, *Mightier Than the Sword: How the News Media Have Shaped American History*, New York, Routledge, 2018, p. 125.
13. De Beauvoir, *Le deuxième sexe*, p. 396.

L'une des images les plus connues de Méduse est sans doute celle créée par le Caravage, *Tête de Méduse*, où la Gorgone est reproduite sur une rondache[14] à peine quelques instants après sa décapitation, les sourcils froncés, le regard fixé sur on ne sait quoi, la bouche béante dans un cri, le cou tranché, des jets de sang se déversant de la plaie dans une verticalité improbable, et son corps absent. Ne reste de Méduse que son visage, tordu dans la défaite. Certaines lectures de l'œuvre ont montré que la *Tête de Méduse* était en fait un autoportrait de l'artiste ; le Caravage aurait peint son propre visage à la place de celui de Méduse. On pourrait donc y lire une double mise à mort de Méduse : une fois sous l'épée de Persée, et une seconde fois, éclipsée par l'homme la peignant. Mais Méduse ne meurt pas. Quelque chose dans son visage l'empêche de disparaître, de se figer dans la défaite. Méduse, chez le Caravage, est comme le phasme, cet insecte à l'aspect de feuille desséchée ou de branche pourrie qui se fond avec son environnement et que Georges Didi-Huberman, historien de l'art, envisage comme une métaphore de notre regard sur l'image :

> D'habitude, lorsqu'on te dit qu'il y a quelque chose à voir et que tu ne vois rien, tu t'approches : tu imagines que ce qu'il faut voir est un détail inaperçu de ton propre paysage visuel. Voir les phasmes apparaître exig[e] le contraire : dé-focaliser, m'éloigner un peu, me livrer à une visibilité flottante[15].

Dès lors, celui ou celle qui se retrouve devant l'image-phasme doit s'arrêter et se donner le temps de voir. Accepter de regarder autrement, parce qu'« une *autre chose* tout à coup est apparue sous ses yeux, qu'il n'attendait pas. Non pas la *chose en soi* de sa quête fondamentale, mais une chose fortuite, explosive ou bien discrète, une chose inattendue qui se trouvait là, sur le passage[16] ». Pour l'historien de l'art Christian Michel, cette « autre chose », cet « imprévu de notre rencontre[17] » se passe dans le jeu de convexité et de concavité présent dans l'œuvre

---

14. Petit bouclier circulaire utilisé dans les combats de corps-à-corps.
15. Georges Didi-Huberman, *Phasmes : essais sur l'apparition*, Paris, Minuit, 1998, p. 17.
16. *Ibid.*, p. 9.
17. *Ibid.*, p. 10.

du Caravage : par la bouche, d'abord, représentée comme ce gouffre sombre sur lequel brillent et jaillissent pourtant une rangée de dents blanches ; par le pli entre les sourcils, ensuite, qui exprime non pas une forme, mais le pur « effet d'une force sur une surface[18] ». Cette force, pour Christian Michel, c'est peut-être le vrai sujet du tableau. C'est son phasme. Comme l'insecte mystérieux qui fait de son corps l'environnement dans lequel il se dissimule, Méduse a fait de son visage le décor de sa survivance. Car Méduse ne meurt pas. Son visage exhale une énergie vitale grâce à la rage qui la porte. Sa colère est sa salvation.

Quand les Méduses se mettent à rire

Comme ces images-phasmes qui nous forcent à les regarder deux fois plutôt qu'une, les mythes se doivent d'être déconstruits. Dans *Le deuxième sexe*, Simone de Beauvoir parle des mythes comme des « pièges de la fausse objectivité » qui permettraient à la société — patriarcale — d'imposer « aux individus ses lois et ses mœurs d'une manière imagée et sensible[19] » ; elle nous exhorte donc à réfléchir au-delà du mythe, au-delà de cet « impératif collectif » qui s'insinue en nous par « l'intermédiaire des religions, des traditions, du langage, des contes, des chansons, du cinéma[20] ». Il est impératif de repenser le « mythe de la Femme[21] », dit-elle, qui continue de se décliner dans les figures pernicieuses et permanentes de la Terre nourricière, de la Vierge, de la Putain, de la Mante religieuse, figures auxquelles s'ajoute celle de la Méduse. C'est le même souhait que reprend Monique Wittig lorsqu'elle écrit désirer l'abolition du « mythe de la-femme[22] ». À l'instar de Wittig qui soude l'article défini « la » au substantif « femme » pour nous montrer combien il est perpétuellement question de « cette femme-là » qui reste toujours Autre devant l'Un, les relectures féministes du mythe de Méduse ont voulu

---

18. Bompard-Porte *et al.*, *Ôr Méduse médite*, p. 228.
19. De Beauvoir, *Le deuxième sexe*, p. 392.
20. *Ibid.*
21. *Ibid.*, p. 381.
22. Monique Wittig, *La pensée straight*, Paris, Éditions Amsterdam, 2007, p. 48.

non seulement le réinventer, mais également déconstruire «la-Méduse», c'est-à-dire démanteler tout ce que la présence d'un simple déterminant peut sous-entendre. Plutôt que de parler de «cette Méduse-là» qui, à l'énonciation de sa caractéristique de Méduse, évoquerait à la fois dans l'esprit du locuteur et de l'interlocuteur une conception semblable qui la claquemurerait à jamais dans cette définition d'une Méduse vaincue, ces relectures espèrent une Méduse collective, multiple — démultipliée, même — et victorieuse. D'ailleurs, Wittig s'y adonne avec une liberté jouissive dans ses *Guérillères*, livre dans lequel elle revient sur tous les mythes féminins oubliés au détriment des destins héroïques masculins les ayant supplantés, dont celui de Méduse.

Hélène Cixous ne fait pas autrement quand elle joue avec le mythe de Méduse pour le faire signifier différemment — pour le faire éclater de rire afin que, enfin, se libère le «sexte» des femmes. Méduse, chez Cixous, ne meurt pas non plus. Plutôt, en constatant l'étrange peur qu'elle éveille chez Persée, elle préfère sortir et aller voir ailleurs; car Cixous refuse de penser Méduse en fonction d'un Persée unique au destin héroïque qui mériterait mention: «Regarde, *les* Persée tremblants avancer vers nous bardés d'apotropes, à reculons! Jolis dos! Plus une minute à perdre. *Sortons*[23].» Méduse sort du cadre, s'extirpe du regard des hommes et entraîne avec elle toutes celles qui restaient invisibilisées par «la-Méduse», toutes ses «semblables, des femmes avec des yeux et des oreilles au bout des langues, et des corps qui parl[ent] et ri[ent][24]». Ensemble, elles partent sans se retourner et abandonnent là un Persée rendu pluriel, c'est-à-dire juste un peu plus banal, juste un peu plus anonyme, qui demeure seul avec ses armes inutiles et sa peur de castration. Et là-bas, ailleurs, loin des impératifs, les Méduses sont libres de se subjectiver comme elles l'entendent, sans s'enfermer dans une identité qui les mettrait de nouveau à mort. Chez Cixous, Méduse ne fait pas que survivre: elle rit. Modifiant la grimace largement répétée dans l'iconographie de Méduse, Cixous en fait un rire perçant affranchi de toute honte et qui ne se cache pas:

---

23. Hélène Cixous, *Le rire de la Méduse et autres ironies*, Paris, Galilée, 2010, p. 54. Je souligne.
24. *Ibid.*, p. 24.

Il dit l'amusement aux multiples nuances, foison d'ironies, d'hilarités, de colères, de moqueries de moi-même et de toi, l'irruption, la sortie, l'excès, j'en ai par-dessus la tête, j'ai des langues par-dessus la tête. J'en ai plein la poche. Et je ne mets pas ma main devant ma bouche pour cacher mon éclat[25].

Méduse n'est pas hideuse ; elle est resplendissante. Nous sommes en présence d'une femme fière, irrévérencieuse, qui n'a pas peur d'être trop ou de manquer de quelque chose et dont les serpents sur la tête se métamorphosent en langues pour mieux qu'elle se dise, pour mieux qu'elle s'écrive. C'est un peu comme si le châtiment d'Athéna n'avait jamais eu lieu, comme si Méduse l'avait essuyé du revers de la main, désintéressée.

Je reviens à l'image qu'Hillary Rodham Clinton décrit dans son livre, celle où elle apparaît décapitée aux mains de Trump, comme Méduse aux mains de Persée. Pour cette sinistre caricature, les partisans de Trump se sont inspirés d'une autre représentation célèbre de Méduse. Si certaines images de Rodham Clinton en Méduse du Caravage ont circulé, celle à laquelle la politicienne se réfère dans son livre est calquée sur le *Persée* de Benvenuto Cellini, sculpture de bronze trônant sur la place de la Seigneurie à Florence depuis la fin du 16e siècle et qui met elle aussi en scène la mise à mort de la femme-monstre. Dans cette itération créée par Cellini, le corps de Méduse n'est pas effacé ; plutôt, Persée le piétine pendant qu'il brandit de sa main gauche la tête décapitée de sa conquête. Immolée sur la place publique, Méduse repose sur le dos, les bras ballants autour du socle qui les supporte, son assassin et elle. Tranchant avec les représentations d'un visage tordu d'horreur ou de douleur, le bronze offre aux passants et touristes une Méduse calme, apaisée. Elle médite[26]. Ses yeux et sa

---

25. *Ibid.*, p. 27.
26. L'ouvrage dirigée par Michèle Bompard-Porte fait un détour du côté de l'étymologie pour illustrer l'effacement de sens qui s'est fait autour du nom de Méduse. On y rappelle que «*medousa* est un participe présent féminin du verbe *médo* qui signifie : mesurer, régler, contenir dans la juste mesure ; régner ; s'occuper de ; se préoccuper de ; songer à ; penser à ; souhaiter» (Bompard-Porte *et al.*, *Or Méduse médite*, p. 107). Pourtant, cette idée d'une Méduse souveraine de sa pensée, empreinte de mesure et d'attention à

bouche sont mi-clos, presque fermés; on pourrait croire qu'elle s'est endormie. Ne restent que les grosses boucles emmêlées de sa chevelure pour rappeler les serpents qui s'y trouvaient, jadis. Ces formes spiralées sont d'ailleurs reprises pour la chevelure de Persée et pour le sang qui s'échappe du corps étêté. Ce sang-cheveux est le premier point de fuite, la première image-phasme. Contrairement au reste de la sculpture qui montre des formes identifiables (deux visages, des membres, un sexe, une épée), le sang ne représente rien. Devant lui, remarque Christian Michel, on se sent « comme quand on est petit et qu'on regarde le papier peint, on ne reconnaît rien, et on voit aussi plein de choses[27] ». De là, le regard remonte vers les têtes de Persée et de Méduse, et comme le rappel qui se tisse des cheveux au sang, un aller-retour se tisse entre les deux visages. Persée est calme, lui aussi. Il baisse les yeux, sans aucune expression de victoire ou d'exaltation. En fait, les deux profils viennent à se confondre et les regards semblent pointer dans la même direction, comme s'ils contemplaient ensemble le lieu d'une violence encore à nommer.

Ainsi, pour la *Tête de Méduse* du Caravage comme pour le Persée de Cellini, nous sommes en présence d'un « récit d'apparition[28] ». Ces deux Méduses laissent autre chose apparaître derrière l'évident de leur représentation et c'est cette autre chose — cette inévidence — qui rejaillit dans le pastiche qu'en font les activistes pro-Trump. Dans celle-ci, Persée-Donald conserve le visage concentré et réflexif du *Persée* de Cellini, alors que Méduse-Hillary n'a plus rien de la figure méditative de sa version florentine. Plutôt, elle est à l'image de Méduse chez Cixous : complètement hilare. Sans doute était-ce dans le but de la discréditer que les détracteurs de Rodham Clinton ont choisi d'illustrer son faciès ainsi, avec les yeux écarquillés et la bouche grande ouverte, riant à pleines dents ? De leur point de vue, le

---

l'autre, a été complètement perdue, diluée. Pourquoi cet effacement ? Poser la question, c'est y répondre par une autre : pourquoi « personne ne souhait[e] entendre que Méduse médite ? » (*Ibid.*, p. 151.) Sans doute est-ce parce qu'une femme qui pense reste encore plus dangereuse qu'une autre qui détient le pouvoir de pétrifier.
27. Cité dans Bompard-Porte *et al.*, *Or Méduse médite*, p. 224.
28. Didi-Huberman, *Phasmes*, p. 11.

fait de la représenter comme l'hystérique qu'ils considèrent qu'elle est attaque sûrement avec efficacité le sérieux de sa candidature. Je trouve cela plutôt amusant parce que rien dans ce visage ne connote la peur ou la soumission. Devant Persée-Donald qui se dérobe à notre regard en gardant ses paupières closes et en affichant une position contrite, nos yeux se portent instinctivement vers Méduse-Hillary, qui nous paraît alors assez sympathique avec les rides de rire qui parcourent son visage, complètement euphorique. Et alors, comme elle, nous n'avons pas peur. Ses pouvoirs ne sont pas morts avec sa pétrification. Trump aura beau lui avoir coupé la tête, Rodham Clinton rit[29].

Ce rire que Cixous place au centre de tout et qui se retrouve, inattendu, en plein cœur de la campagne à la présidence de 2016 est le même que celui qui — grâce à Cixous — consacre Méduse comme l'une des premières femmes inaimables. En le laissant fuser haut et

---

29. Les partisans de Trump ne sont pas les seuls à avoir eu recours à cet intertexte mythologique pour prendre position dans le débat électoral. Kathy Griffin, humoriste fortement politisée, a été plongée dans un cauchemar médiatique après qu'elle a diffusé une photographie d'elle brandissant une tête décapitée — et sanguinolente — ressemblant fortement à celle de Donald Trump. Attaquée sur tous les fronts (Hollywood, médias, démocrates, républicains) pour cette photographie jugée trop violente, Griffin sera renvoyée du réseau CNN, perdra de nombreux contrats lucratifs et verra sa tournée de stand-up suspendue. Sa photographie est une image très crue à l'esthétique *gore* dans laquelle on peut voir autant une reprise du mythe de la Méduse qu'une relecture de la tête de cochon décapitée dans le roman *Sa majesté des mouches* de William Golding. Un peu à la manière de Rodham Clinton qui, une fois l'élection terminée, se demandera pourquoi personne ne s'est offusqué avec autant de ferveur de ce que des t-shirts avec sa tête décapitée soient vendus dans des conventions républicaines (Rebecca Shapiro, « Hillary Clinton : "Nobody Said a Word When It Was My Fake Severed Head" », *The Huffington Post*, 14 septembre 2017), je me demande si le ressac qui a frappé Griffin aurait été aussi puissant si elle avait été un humoriste masculin à la Trevor Noah ou Seth Meyers. Ce qu'il y avait de plus subversif dans cette histoire est sans doute qu'une femme (quinquagénaire, célèbre, établie) ait osé s'attaquer à un homme (septuagénaire, célèbre, établi) (Jonathan Bernstein, « Kathy Griffin : "Trump Went for Me Because I Was an Easy Target" », *The Guardian*, 23 septembre 2017).

fort, elle s'oppose à toute tentative d'enfermement, de contrôle ou d'étouffement. Elle ne sera pas dominée, gouvernée. Méduse n'est pas une « bonne fille ». Avant comme après sa métamorphose en monstre mythologique, elle ne dit pas ce qu'il faut, elle n'agit pas comme on aurait voulu et elle ne meurt pas comme il aurait fallu. Elle ne suit pas les préceptes de l'histoire ; elle s'oppose à la loi rigide du mythe. Méduse est un personnage liminaire. Elle se tient sur la ligne de fracture, la faille qui sépare en deux l'humain. Bien qu'elle soit la seule Gorgone qui ne soit pas immortelle, son regard conserve pourtant son pouvoir dans la mort ; Méduse survit, malgré tout. De son récit mythologique jusqu'à la manière qu'elle a d'occuper encore nos imaginaires, Méduse attire et repousse ; elle séduit et pétrifie ; de pétrifiante, elle se retrouve pétrifiée. Et toujours, elle rit. Comme elle, les féministes pop se jouent des deux : parfois glamour, parfois vulgaires ; triomphantes par moment, puis rejetées au tapis ; très *people*, mais néanmoins populaires. Cet état liminaire est ce qui fait d'elles de fières descendantes de Méduse et ce qui les inscrit dans une longue tradition de femmes exerçant une forme singulière de résistance au pouvoir.

Sous la gouverne du spectacle

Chez Michel Foucault, cette idée d'une contre-force naissant à même le pouvoir pour lui opposer résistance est centrale. Pour lui, le pouvoir — ce qui contrôle, domine, gère, contraint, oblige — n'est pas une force fixe, dont on pourrait se saisir pour ensuite la perdre. Au contraire, le pouvoir est omniscient justement parce qu'il a lieu tout le temps et en tous lieux. Ainsi, le pouvoir ne se fixe pas en un secteur, une situation, une époque, une personne, mais existe plutôt dans les relations qui naissent entre les États, les institutions, les communautés, les gens, les subjectivités. C'est cette multiplication de lieux, de formes et de dispositifs du pouvoir qui permet, justement, que s'articulent des contre-forces. Puisque le pouvoir ne se confine plus à la dyade simplifiée de détention du pouvoir / perte du pouvoir, il s'envisage désormais comme une configuration dense et changeante de l'espace social où s'exercent des relations de pouvoir, et « il n'y a pas de relation de pouvoir sans résistance, sans échappatoire ou fuite, sans retournement éventuel[30] ». Mais alors, on peut se demander quelle résistance, au juste, exercent les féministes pop qui, comme Beyoncé, jouissent d'être au pouvoir en amassant, entre autres, un important capital symbolique et financier. Subissent-elles même les affres d'un autre pouvoir, parallèlement au fait qu'elles soient puissantes en leur industrie ? Pour répondre à cette interrogation, il faut se rappeler qu'il existe autant de formes du pouvoir que de façons de lui faire entrave. On peut s'opposer au pouvoir en s'attaquant à sa base, en se réappropriant ses outils pour les faire siens, en parlant son langage pour lui faire dire autre chose. Puisque le pouvoir peut s'exercer partout, il prend forme dans les divers dispositifs de notre environnement et de notre société, et « cela veut dire qu'il n'y a pas quelque chose comme le pouvoir, ou du pouvoir, qui existerait globalement, massivement ou à l'état diffus, concentré et distribué : il n'y a de pouvoir qu'exercé par les uns sur les autres[31] ». Même les féministes pop n'y échappent pas : elles possèdent et exercent un pouvoir, mais en subissent un autre.

C'est cette forme de pouvoir en réseau que Foucault nomme le « gouvernement ». À l'inverse d'un combat dans lequel s'affronteraient deux adversaires dont un seul sortirait victorieux, ce type d'exercice du pouvoir engage un réseau de relations plus ou moins organisées qui n'appartiennent pas seulement à des institutions légitimes, mais qui peuvent naître également des actions, calculées ou non, des individus[32]. Ainsi, la gouvernance peut jaillir et s'imposer dans diverses strates de nos existences : légale, étatique, familiale, amicale, spirituelle, patronale, amoureuse. À l'instar du faisceau de relations qui lui donne vie, cette gouvernance se décline en multiples itérations. De la figure du père dans la famille nucléaire, aux instances étatiques officielles des sociétés contemporaines en passant par la figure de Dieu le Père dans la chrétienté, le gouvernement prend l'aspect du réseau de pouvoirs qui le cristallise. C'est en ce sens que, pour Foucault, gouverner veut dire

---

30. Michel Foucault, *Dits et écrits : 1954-1988*, vol. 4 (1980-1988), Paris, Gallimard, 1994, p. 242.
31. Michel Foucault, *Dits et écrits : 1954-1988*, vol. 3 (1976-1979), Paris, Gallimard, 1994, p. 236.
32. *Ibid.*, p. 237.

« structurer le champ éventuel des autres[33] ». Dès lors, si l'on s'amuse à pousser la réflexion de Michel Foucault jusqu'à son contraire, refuser la gouvernance — « s'ingouverner » — signifierait déstructurer ce champ éventuel. Les féministes pop refusant la gouvernance seraient donc celles qui défont, brique par brique, le périmètre qu'on leur a imposé en voulant restreindre leur possibilité d'action. Bien sûr, pour que cette déstructuration soit envisageable, encore faut-il connaître le visage du gouvernement.

Quel est-il, ce gouvernement auquel doivent répondre les féministes pop ? Bien qu'elles possèdent une certaine quantité de capital, qu'elles représentent et exhalent un certain pouvoir, elles n'échappent pas pour autant à la force d'une gouvernance qui tente de les structurer et à laquelle, nous commençons à le comprendre, elles exercent une résistance qui leur est propre. Cette gouvernance à laquelle elles s'opposent — par moment, en certains lieux, dans certains propos —, c'est celle d'une société du spectacle qui s'affaire constamment à redessiner leur horizon — corporel, artistique, sexuel. Car le spectacle, qui n'est pas seulement un ensemble d'images, « mais un rapport social *entre* des personnes, médiatisé *par* des images[34] », a tout à voir avec un pouvoir diffusé en fonction d'un réseau de relations. Debord ne l'a-t-il pas défini comme « l'autoportrait du pouvoir à l'époque de sa gestion totalitaire des conditions d'existence[35] » ? Et alors, au gouvernement-spectacle répondraient les vedettes — gouvernées — qui ne seraient que des « marchandises-vedettes[36] » et dont l'existence ne servirait qu'à catalyser celle du pouvoir dont elles sont les sujettes. Mais comme Méduse qui ne meurt pas, les féministes pop ne se laissent pas si facilement gouverner. Elles doivent au spectacle leur succès, leur pouvoir, mais — en contrepartie — elles lui doivent une part de leur assujettissement. Comme des adolescentes s'amusant à tester les limites parentales, les féministes pop n'hésitent pas à s'attaquer à la gouvernance qui les encadre. Et dans ces instants où ses actantes

---

33. *Ibid.*
34. Debord, *La société du spectacle*, p. 16. Je souligne.
35. *Ibid.*, p. 26.
36. *Ibid.*, p. 60.

décident, à la suite de Méduse, de sortir du cadre imposé et de laisser fuser leurs éclats de rire — insolentes, défiantes, insouciantes ou colériques —, le spectacle risque son propre sabotage. Je pense au numéro d'ouverture des 71ᵉ Golden Globes durant lequel Tina Fey et Amy Poehler saluent leurs invité·e·s d'un « bonne soirée à toutes les personnes présentes dans cette salle… et à toutes les femmes et tous les hommes gais nous regardant à la maison » avant de commenter les films mis en nomination pour la soirée. En s'arrêtant à *August : Osage County*, elles soulignent l'excellence du jeu de Meryl Streep, qui y tient un rôle principal, en disant : « Ceci prouve qu'il est encore possible d'obtenir de grands rôles à Hollywood après 60 ans… pour Meryl Streep. » Avec cet accueil, elles refusent avec ironie la gouvernance masculine et hétéronormative d'Hollywood. Elles renchérissent en prenant à partie l'acteur Matthew McConaughey, qui a perdu 45 livres pour son rôle dans *Dallas Buyers Club*, rappelant qu'une telle prouesse n'est qu'une formalité pour n'importe quelle actrice désirant tourner dans un film. L'année suivante, lorsque Tina Fey souligne que « le maquillage pour le personnage de Steve Carell dans *Foxcatcher* a pris deux heures à faire », puis qu'elle renchérit en affirmant que, « en comparaison, il [lui] aura fallu trois heures aujourd'hui pour [s]e préparer à [s]on rôle de "femme humaine" », elle dénonce la gouvernance d'Hollywood sur le corps des femmes qui alimente son industrie. Ainsi, les célébrités qui prennent corps entre les pages de ce livre sont de celles qui s'extirpent momentanément du cadre pour nous en montrer la forme, la matière, la composante.

De *nasty* à ingouvernables

Cette inversion de l'ordre, cette mise à nu des rouages, c'est le propre de la femme ingouvernable, figure qu'étudie Kathleen Rowe, et qui s'inscrit en filiation avec la Méduse de Cixous. Pour Rowe, la réécriture du mythe de Méduse par Cixous est en soi une ingouvernance parce qu'elle invite à « détruire, casser » dans le but de « prévoir l'imprévu, projeter[37] ». Dès lors, la nouvelle Méduse qui ordonne qu'on la regarde,

---

37. Cixous, *Le rire de la Méduse et autres ironies*, p. 33.

riante et puissante de se savoir vivante, lui sert de porte d'entrée pour penser une féminité qui ne redoute pas sa mise en spectacle[38]. Se penchant sur l'aura et la persona singulières de stars comme Mae West, Roseanne Barr et Miss Piggy, Rowe suggère que «le fait de se donner en spectacle ne veut pas forcément dire que l'on se rend vulnérable[39] ». Depuis des décennies, les hommes ont compris que, le pouvoir public reposant en grande partie sur la visibilité, il leur était utile non seulement de regarder, mais aussi d'être vus, d'être aux commandes du spectacle d'eux-mêmes. Or, dans le gouvernement spectaculaire, les manières dont le féminin peut être performé sont délimitées, restreintes et codées. On ne tolère pas facilement que le féminin s'extirpe de ces limites. Pour Rowe sont ingouvernables les actrices, comédiennes, réalisatrices ou personnalités publiques qui ne se contentent pas de rejeter ces normes et ces codes, mais qui, au contraire, décident de revêtir cette féminité normée et normalisée pour en faire un déguisement digne de la plus belle mascarade. Déjà considérées comme abjectes ou grotesques parce qu'elles ne se conforment pas au moule, elles poussent l'irrévérence — l'ingouvernance — plus loin en la performant : « Au lieu de dissimuler leur abjection, les femmes ingouvernables l'amplifient[40]. » Chez elles, les traits traditionnellement associés au féminin et la hiérarchie sociale qui veut que le mâle prévale deviennent des outils, des accessoires de scène qui gagnent à se travestir, à se galvauder, à s'exagérer[41]. Ainsi, la figure de la femme ingouvernable en est une de l'ambivalence et du désordre. Elle est incapable — refuse même ! — de se confiner aux espaces traditionnels du féminin. C'est donc dire qu'elle peut être bruyante, impolie, vulgaire, voire ambitieuse ; son corps peut être hors normes parce que trop gros, trop vieux, trop androgyne ; ses appétits peuvent être démesurés ; sa parole, débordante ; son comportement est jugé lâche ou fainéant ; elle peut refuser de dissimuler son corps vieillissant ; bref, c'est une figure liminaire, ambivalente, qui déjoue

---

38. Rowe, *The Unruly Woman*, p. 10.
39. *Ibid.*, p. 11.
40. Petersen, *Too Fat, Too Slutty, Too Loud*, p. XVII.
41. Rowe, *The Unruly Woman*, p. 30.

les constructions sociales du genre[42]. En se ramenant au corps de Dunham, qui excède volontairement les limites que posent les vêtements qui le couvrent, ou encore à Roseanne Barr, qui empoigne son entrejambe en chantant l'hymne national, il est aisé de comprendre que, plus souvent qu'autrement, les *nasty women* du show-business ont tout à voir avec cette ingouvernance qu'explore Kathleen Rowe. Si on ne les aime pas autant que d'autres — ou du moins, pas inconditionnellement —, c'est sans doute parce qu'elles nous rappellent notre propre obéissance, notre propre incapacité à refuser la gouvernance, comme le suggère Anne Helen Petersen, dans son ouvrage où elle reprend cette figure plus de 20 ans après Rowe : « L'ingouvernabilité peut être vue comme l'amplification de la colère ressentie devant un climat ambiant où on se revendique de l'égalité, mais où on fait peu, au final, pour provoquer un véritable changement[43]. » C'est à ne plus savoir si elles nous déplaisent parce qu'elles ne se conforment pas à ce que l'on attend d'elles ou si elles nous déplaisent parce qu'elles nous rappellent que nous, nous n'y arrivons pas.

Néanmoins, un bémol que ne soulève pas Kathleen Rowe, mais que marque d'entrée de jeu Petersen, c'est que l'ingouvernabilité, comme de nombreuses figures conçues pour penser le féminin dans la culture pop, demeure une figure très blanche : « La différence entre une ingouvernabilité qui nous paraît gentille, acceptable, et une ingouvernabilité qui soulève l'ire est souvent aussi simple que la couleur de la peau d'une femme, la personne avec qui elle préfère coucher ou son rapport à une féminité dite traditionnelle[44]. » Or, l'ingouvernance gagne à concrètement s'engager à l'intersection des multiples normes qu'elle travestit. Si la joueuse de tennis Serena Williams symbolise à merveille cette *unruliness* de Rowe, ce n'est pas simplement parce que son corps est musclé, plus puissant qu'aucun homme dans sa discipline, ou parce que les forts grognements qu'elle émet au moment de frapper la balle sont trop sexuels au goût de plusieurs. Si Serena Williams dérange et que, constamment, on tente

---

42. *Ibid.*, p. 31.
43. Petersen, *Too Fat, Too Slutty, Too Loud*, p. XVIII.
44. *Ibid.*, p. XII.

de la ramener à sa place, c'est parce que son corps est noir, trop noir dans une discipline sportive qui est, comme le dit Petersen, « un des derniers bastions de la blancheur[45] ». Regarder Serena Williams jouer au tennis, c'est suggérer que *ce corps-là*, aussi, est beau, « en dépit de — ou même grâce à — la menace qu'il constitue pour les normes de la féminité blanche[46] ». Ainsi, dans un féminisme pop déjà si blanc, il est nécessaire de ne pas taire ces oppressions qui, parfois, se répètent, même au cœur de la plus irrévérencieuse des figures.

Se risquer à les aimer

Être polies, se rendre aimables et aimantes, respecter les règles, ne pas connaître de succès ou, du moins, ne pas en être fières ; bref, s'en tenir aux conventions… Les femmes qui refusent de s'y coltiner rebutent, elles éveillent l'opprobre populaire. Il faut les remettre à leur place, punir leur arrogance et leur assurance. On les craint parce qu'elles dérangent l'ordre des choses, elles désorganisent les dispositifs bien huilés d'une domination masculine millénaire : domination par la parole, le corps, par la norme. Mais si la domination masculine prend la forme, comme le pense Martine Delvaux en écho à Pierre Bourdieu, d'« un ensemble de rapports de force qui parviennent à cliver le social en deux grandes catégories d'humains, dont une moitié est plus humaine que l'autre[47] », que se passe-t-il quand les femmes viennent exercer une résistance à ces rapports ? Quand elles en refusent la contrainte ? À leur tour, alors, elles se mettent à vivre. Et si, justement, c'était dans leur part d'indiscipline que les femmes commençaient à exister ? Faillibles, imparfaites, insuffisantes, inachevées ; irréductiblement humaines. Pour le dire avec Hélène Cixous, je veux croire qu'une femme ne parle vraiment que lorsqu'elle « ne refuse pas à la pulsion

---

45. *Ibid.*, p. 22.
46. *Ibid.*, p. 16.
47. Martine Delvaux, « Ingouvernable Jessica Jones », communication présentée dans le cadre du colloque *Femmes ingouvernables : (re)penser l'irrévérence féminine dans l'imaginaire populaire contemporain*, organisé par Figura, le Centre de recherche sur le texte et l'imaginaire, Université du Québec à Montréal, 5 mai 2016.

sa part indisciplinable et passionnée à la parole[48] ». Cette parole indisciplinable, c'est aussi ce qu'énonce Roxane Gay lorsqu'elle avoue qu'elle n'a jamais bien su comment se rendre aimable auprès de ses camarades d'école :

> Très jeune déjà, j'avais compris que, quand on n'aime pas une fille, c'est elle, le problème. J'ai aussi compris que ma méchanceté n'était pas délibérée. J'étais honnête (certes, sans beaucoup de tact) et humaine. Pour le meilleur ou pour le pire, ces qualités rendent rarement une femme sympathique[49].

Je me rends compte que j'ai toujours gardé une place particulière dans ma constellation culturelle pour les femmes en pop soi-disant difficiles à aimer, pour toutes sortes de raison, comme s'il fallait que je les aime de peur que personne d'autre ne le fasse, comme s'il fallait que je les aime pour me sentir vivre aussi fort qu'elles : je pense à Jenny, dans *The L Word*, à Santana de *Glee*, à Jessica Jones, aux prisonnières de *Bitch Planet*, à Piper Chapman dans *Orange Is the New Black*, à April Ludgate dans *Parks and Rec*, à Ruth Wilder de *Glow*; puis à Britney Spears quand elle se rase les cheveux, à Miley Cyrus et à l'ensemble de son œuvre, à Nicki Minaj et à son corps indomptable, à Madonna qui refuse de vieillir, à la langue bien pendue de Mae West, aux célébrités qu'on accuse d'opportunisme quand elles s'affirment féministes… Toutes, elles me ramènent à ma rencontre avec ma toute première « *nasty woman* », le jour où ma mère m'a montré *Autant en emporte le vent* à huit ans. Je me rappelle avoir été dévastée de voir Scarlett O'Hara repoussée d'un simple « Franchement ma chère, c'est le cadet de mes soucis » par celui qu'elle aime, pour finir seule, en pleurs dans les escaliers de sa maison désertée de tous, au milieu des ruines de sa vie. Ma mère disait *bien fait pour elle*, mais, moi, j'aurais voulu que Rhett lui pardonne. Une part de moi se reconnaissait dans la tricherie de Scarlett, ses caprices, sa jalousie. Une part de moi enviait son irrévérence et son effronterie qui ne perd aucun temps avec des politesses ou des excuses inutiles : « Si je n'étais pas une dame si bien

---

48. Cixous, *Le rire de la Méduse et autres ironies*, p. 47.
49. Gay, *Bad féministe*, p. 117-118.

élevée, ce que je dirais… » Je la trouvais humaine, réelle[50]. J'aurais souhaité qu'il l'aime, malgré tout.

En 1957, un questionnaire distribué à des étudiantes d'écoles secondaires étatsuniennes a révélé que 80 % des jeunes filles interrogées disaient s'identifier davantage à la sage et polie Melanie Hamilton qu'à sa rivale et belle-sœur, Scarlett O'Hara. Vingt-trois ans plus tard, en 1980, le même questionnaire dévoile qu'une large majorité d'adolescentes portent maintenant leur allégeance vers Scarlett[51]. Aujourd'hui, quelle en serait la proportion ? Ainsi, s'il n'a jamais fait de doute que Scarlett était le personnage central du récit, ce n'est que très récemment que l'on s'est octroyé le droit de lui exprimer notre admiration, de lui déclarer notre amour. C'est cet amour qui me séparait de ma mère, ce jour de ma rencontre avec Scarlett : elle ne pouvait concevoir de s'attacher à un tel personnage alors que, moi, je ne pouvais faire autrement que de l'aimer. Les personnages féminins inaimables — les « bad girls », les « good girls gone bad[52] », les folles, les vulgaires, les méchantes, les cruelles — sont loin d'être de nouvelles arrivées dans notre imaginaire collectif, que ce soit dans la littérature, à l'écran ou dans la vie réelle. Mais cet amour en crescendo qu'a reçu le personnage de Scarlett O'Hara, désormais devenue une figure classique du cinéma, n'est que la pointe de l'iceberg d'une déferlante d'amour pour les mauvaises filles qui s'affiche de plus en plus. Non seulement leur présence augmente, mais elles se rentabilisent : elles déplacent les foules

---

50. Pour le bien de cet ouvrage, j'ai revisionné le film, sorti en salle en 1940 d'après une adaptation d'un roman de 1936 de Margaret Mitchell, et j'ai été effarée par son racisme omniprésent qui romance sans gêne l'esclavagisme. J'ai eu honte de n'en avoir gardé aucun souvenir, que Scarlett ait pris toute la place dans ma mémoire. Je ne voulais pas répéter cette omission ici, à même ces lignes qui accordent une certaine place à l'antihéroïne du film de Victor Fleming.
51. Helen Taylor, *Scarlett's Women*: Gone With the Wind *and Its Female Fans*, New Brunswick, Rutgers University Press, 1989.
52. Autre trope de la culture pop que l'on pourrait définir comme la gentille fille bien rangée qui tourne mal après avoir traversé un événement (ou une série d'événements) traumatique qui change son caractère, sa destinée, sa perception de la vie.

et détrônent les antihéros masculins. Alors que 2017 aura été une année plus lucrative que jamais pour les personnages féminins au box-office[53], 2018 s'est ouvert avec une série de films proposant des protagonistes qui, sans incarner en totalité la « bad girl » ou la « unlikable woman », présentent toutes des caractéristiques traditionnellement réservées aux personnages masculins : *Proud Mary* et sa chasseuse de têtes sanguinaire, *Molly's Game* avec son athlète olympique au sommet d'un empire de poker, *Red Sparrow* et son espionne meurtrière, la très fructueuse franchise des *Ocean's* reprise entièrement au féminin[54], sans oublier *I, Tonya*, qui porte à l'écran la figure controversée de l'ancienne olympienne Tonya Harding. Toutes celles-là, et celles qui se placent au centre de cet essai, je réalise aujourd'hui combien je les aime, chacune, parce que de leur inamabilité émane leur désobéissance, leur refus de capituler devant tout ce qui pourrait potentiellement les aliéner. En ne daignant pas entériner le discours archaïque sur l'amabilité des femmes, elles se mettent à exister, ingouvernables. Ce qui, en elles, nous les rend inaimables est précisément ce qui nous parle de nous — ce qui me parle de moi : « Alors, les personnages désagréables, ceux

---

53. En 2017, pour la première fois depuis 1958, les trois films les plus lucratifs de l'année présentent des personnages principaux féminins : *The Last Jedi*, *Beauty and the Beast* et *Wonder Woman*. Et pour ajouter à ce succès monstre, le film de Patty Jenkins surpasse tous les films de sa catégorie, faisant de *Wonder Woman* le film le plus lucratif dans l'histoire des films d'origine de superhéros. Spiderman, Superman, tous les autres « men »... Wonder Woman les supplante les uns après les autres et s'empare de la couronne. Et de la recette des ventes. (Mark Hughes, « *Wonder Woman* Is Officially the Highest-Grossing Superhero Origin Film », *Forbes*, 2 novembre 2017.)

54. Après la grande popularité qu'a connue en 2016 la reprise « au féminin » du film culte *Ghostbusters*, et ce, malgré de nombreux détracteurs qui auraient espéré un flop au box-office, les studios d'Hollywood semblent comprendre — très lentement — qu'il existe un public pour ce genre de films. Cela peut leur paraître étonnant, mais les femmes et les populations non blanches aiment — tout autant que l'homme blanc de la classe moyenne — se voir représentées sur un écran : « Nous voulons croire, à raison, que nos vies méritent d'être neuves, importantes, et émouvantes. Nous voulons des descriptions plus complètes et nuancées de nos vies, passées, présentes et rêvées. Nous voulons tant de choses. Nous avons besoin de tant de choses. » (Gay, *Bad féministe*, p. 89.)

et celles qui sont les plus humains et humaines, sont peut-être aussi les plus vivants et vivantes. Et c'est peut-être cette intimité qui nous met mal à l'aise, parce que nous n'osons pas être si vivants et vivantes[55]. »

*

2017 aura aussi été l'année de la déferlante #MeToo et, avec elle, de la levée d'une certaine impunité dans la perpétuation de dispositifs toxiques gangrénant le vaste gouvernement spectaculaire d'Hollywood. À cette époque, le premier geste que je pose au réveil est de prendre mon téléphone et d'y passer en revue les nouvelles. C'est devenu une sorte d'obsession. Je dois m'imprégner de la colère de toutes ces voix qui, à travers le globe, se lèvent contre des années de violences qui sont tout sauf ordinaires. J'en fais un rituel, même si les lire, c'est aussi sentir quelque chose en moi se briser à répétition. Je pleure beaucoup, à des moments inattendus : en écoutant la radio dans la voiture, alors qu'on recense un documentaire présenté dans un festival de cinéma montréalais et portant sur un artiste dont — c'est un détail parmi d'autres dans le récit cinématographique — la fille a été violée, puis abandonnée dans une carrière de l'est de la ville où elle mourra de froid trois jours plus tard. Je pleure au travail, en tombant par hasard sur une vidéo relatant les témoignages d'une centaine d'athlètes abusées par leur médecin soignant ; dans le métro, quand je reçois le texto d'une amie qui me dit que les ressources humaines refusent de lui spécifier où en est sa plainte pour harcèlement sexuel et qu'elle est terrorisée à l'idée d'avoir à recroiser son agresseur sur leur lieu de travail commun. Mais ces larmes spontanées engendrent aussi en moi quelque chose qui me garde de les retenir, de les contenir : une brèche, une ouverture par laquelle perce enfin une lumière.

Un matin de novembre, le réveil sonne. Je m'extirpe du sommeil, puis saisis mon téléphone, comme tous les matins. J'ouvre machinalement l'application qui rassemble mes fils de nouvelles. J'ai à peine le temps de m'y consacrer que l'alerte d'un message d'une amie vient momentanément masquer mon écran : « Regarde ce que "ta meilleure" a encore fait. Ça commence à être gênant de la défendre. » Son message

---

55. Gay, *Bad féministe*, p. 123.

est suivi d'un lien vers un article. J'appuie sur le lien, même si je redoute ce que je vais y trouver. On y relate que Lena Dunham et sa productrice, Jenni Konner, viennent d'émettre un communiqué officiel exprimant leur appui envers l'un des auteurs de *Girls*, Murray Miller, accusé d'agression sexuelle. Dans ce communiqué, elles reconnaissent laconiquement l'importance des dénonciations et de la force du mouvement #MeToo, avant d'affirmer que les allégations pesant sur leur collègue s'inscrivent malheureusement parmi les trois pour cent de fausses dénonciations faites chaque année.

Je ferme l'écran de mon téléphone. J'aimerais n'avoir jamais lu cela. J'aimerais pouvoir ignorer cette donnée. J'ai peur de ne pas réussir à l'expliquer et que tout tombe en miettes. J'ai parfois l'impression de jouer la conciliatrice entre mon amour pour les féministes pop et la déception qu'elles m'occasionnent trop souvent.

Pourquoi finissent-elles toujours par me décevoir? Je ne sais plus, parfois, comment les aimer.

★

« Nous avons de nombreux besoins, écrit Roxanne Gay, et nous espérons que les femmes ayant accès à une tribune importante seront à la hauteur de nos attentes — une position intenable[56]. » Et si l'amour, justement, est ce qui m'empêchait de tomber dans cette posture insoutenable qui fait que l'on attend des féministes pop qu'elles soient tout en même temps, pour tout le monde?

Je veux aimer les femmes en pop — celles qui s'en réclament, celles qui y évoluent — dans tout ce qu'elles ont de polyphonique, de fluctuant, de paradoxal, d'inconstant. Réfléchissant à ce qui l'a menée au féminisme, Martine Delvaux souligne que, aux côtés des femmes en chair et en os de sa vie, se tiennent toutes ces femmes de la télé qui ont peuplé son enfance. Elle conclut en disant: « La télé a été mon école, pour le meilleur et pour le pire. C'est pour cette raison, sans doute, que je ne me méfie pas de la culture populaire. Mon élan premier, c'est de l'aimer[57]. » Pareillement, je veux aimer les féministes pop non pas

---

56. *Ibid.*, p. 313.
57. Delvaux, *Les filles en série*, p. 254.

en dépit de ce qu'elles ont d'imparfait — de ce qui cloche —, mais les aimer en reconnaissant leurs fractures pour ce qu'elles ont de semblable aux miennes : « Comme la plupart des gens je suis pleine de contradictions, mais je ne veux pas non plus qu'on me traite comme de la merde sous prétexte que je suis une femme. Je suis une mauvaise féministe. Je préfère être une mauvaise féministe plutôt que ne pas être féministe du tout[58]. » Je suis féministe. Ce n'est pas grâce à elles, mais ce n'est pas non plus sans elles. Mon féminisme se dessine simplement avec elles à l'horizon.

Grâce à leurs gestes imparfaits, incorrects, maladroits, irrévérencieux ou simplement défiants, les féministes pop commencent à apparaître. Par la surcharge qu'elles génèrent dans le système, elles ne sont plus les parfaites citoyennes d'une société spectaculaire dans laquelle — si on se contentait de les regarder comme Guy Debord — elles se confondraient les unes avec les autres. Elles sont ingouvernables parce qu'elles échappent à leur gouvernement, mais *aussi* parce qu'elles se dérobent à l'image idéalisée que l'on s'est faite d'elles. À celle que *je* me suis faite d'elles. Quand elles se mettent à tomber, à filer vers un horizon autre, elles gagnent la vitesse nécessaire pour ébranler les murs de la gouvernance qui les a vues naître, et puis prospérer. « *Unruly* », « *unlikable* », « *nasty* »… elles n'auront jamais été aussi visibles, aussi brillantes que lorsqu'elles choient. Mais la question demeure : ces étoiles sauront-elles briller pour d'autres qu'elles-mêmes ?

---

58. Gay, *Bad féministe*, p. 318.

CHAPITRE SEPT

QUAND UNE STAR DIT *JE*

> Quand à 15 ans j'inscrivis sur l'album d'une amie les prédilections, les projets qui étaient censés définir ma personnalité, à la question : « Que voulez-vous faire plus tard ? » je répondis d'un trait : « Être un auteur célèbre. »
>
> Simone de Beauvoir,
> *Mémoires d'une jeune fille rangée*

Petite, il m'arrivait, comme tout enfant, de me rebeller contre l'autorité parentale. Lorsque ma mère m'ordonnait d'effectuer une tâche quelconque alors que je préférais continuer à lutter avec mon frère aîné sur le tapis du salon, je rouspétais avec vigueur. De la cuisine fusaient les ordres et moi, à l'autre bout de la maison, je les renvoyais vers ma despote. Je criais mon désaccord. Cette joute verbale se terminait la plupart du temps par une phrase de ma mère, toujours la même, qui s'abattait sur moi comme une chape de plomb : « Sandrine, arrête de crier comme une marchande de poisson. » Soudain, honteuse, je me taisais. Pourquoi étais-je la seule à se trouver réprimandée d'avoir élevé la voix ? Pourtant, mon frère aussi rouspétait. Je ne savais pas vraiment en quoi j'étais « une marchande de poisson », mais je ne m'en sentais pas moins sale, vulgaire. On me reprochait d'avoir enfreint une limite qui ne s'appliquait qu'à moi. Se tenir silencieuse, la bouche bien close : j'apprenais le degré zéro du féminin.

Au secondaire, je me souviens d'un cours d'histoire où le professeur nous a parlé de l'origine du cruellement célèbre « sois belle et tais-toi ». Aujourd'hui, je ne me rappelle plus ses explications ; je ne saurais dire d'où vient ce dicton. Mais je me souviens qu'au moment où il a prononcé les cinq mots, je les connaissais déjà. Comme « il faut souffrir pour être belle » ou « sois polie si tu n'es pas jolie », il s'agissait simplement de phrases toutes faites que l'on *savait*. Je comprenais que ces mots portaient en eux quelque chose comme une faute millénaire — le péché originel, apprendrais-je à l'appeler, les dimanches à la catéchèse. Mon éducation libérale m'enseignerait qu'il s'agit d'adages dépassés d'une époque révolue, mais au fil des années, plutôt que de s'infirmer, ils se confirmeraient à grands coups de personnages secondaires féminins muets au cinéma, de femmes tuées sans que personne ne réclame justice, de collègues dont la parole ne compte pas. Et moi, j'arrêterais de crier. Je crois que je suis arrivée au féminisme parce que j'avais appris à me taire.

★

Lena Dunham amorce *Not That Kind of Girl* par le récit de sa découverte du livre *Having It All* d'Helen Gurley Brown dans la section « divertissements » d'une friperie de la petite ville d'Ohio où elle étudie. La couverture de l'édition est si kitsch qu'elle décide de l'acheter pour en faire une décoration ironique dans sa chambre. De retour dans son dortoir, elle en commence la lecture pour voir si l'intérieur est aussi nunuche que l'extérieur, et elle se fait prendre au jeu. Elle le dévore en moins d'une semaine, revenant chez elle entre ses cours pour en continuer la lecture. Elle a beau trouver la plupart des conseils qui y sont donnés un peu ridicules, voire à l'encontre des valeurs féministes qu'on lui a transmises durant l'enfance, elle est hypnotisée par la manière dont Helen Gurley Brown se dévoile à ses lectrices :

> [J]e sais gré à Helen de partager les hontes acnéiques de sa propre histoire [...]. Ce faisant, elle se met à nu dans toute sa splendeur (le passage où elle s'empiffre de baklavas est gravé dans ma mémoire), mais je la sous-estime peut-être. Elle ne le fait sans doute pas par inadvertance, mais par générosité[1].

Elle se reconnaît dans les récits d'adolescence honteux de l'autrice ; à travers ses mots, elle retrouve droit à sa propre imperfection. Quand elle la lit, elle n'a plus honte de ses gaucheries ou de sa gourmandise, de son ventre qui l'empêche de trouver des pantalons à sa taille à la friperie.

Ce n'est que des années plus tard qu'elle découvre la place controversée qu'occupe Helen Gurley Brown parmi les écrits du Mouvement des femmes aux États-Unis. Elle lira les durs propos que des femmes qu'elle admire — Nora Ephron, Gloria Steinem — tiennent sur elle. Mais, au moment de se mettre à l'écriture de son propre récit autobiographique, tout ceci importe peu. Tout ce qui lui reste en tête, c'est la force du sentiment qui l'a prise quand elle a découvert le pouvoir que peut avoir l'écriture de soi au féminin : une voie vers l'abandon de la honte qu'on tente d'imposer à son corps, à sa voix :

> Affirmer avec certitude que sa propre histoire vaut la peine d'être racontée, je ne trouve rien de plus culotté. Surtout quand il s'agit d'une femme. Malgré tous nos efforts, malgré toutes nos avancées, il demeure encore des forces obscures pour seriner aux femmes que leurs préoccupations sont dérisoires, leurs avis inutiles, qu'elles n'ont pas le sérieux voulu pour que leurs histoires aient du poids. Que leurs récits autobiographiques ne sont que coquetterie et qu'elles feraient mieux de se réjouir de ce monde nouveau pour elles, assises bien tranquillement et en silence[2].

J'ai l'impression que c'est quelque chose de cet ordre qui se dessine comme horizon ici, dans ce livre, de la même manière que Martine Delvaux quand elle suggère qu'on ne sait jamais vraiment ce que les filles «*font* avec Beyoncé». Bien qu'Helen Gurley Brown soit une figure contestée du féminisme de la deuxième vague, elle aura joué un rôle déterminant dans la venue à l'écriture et au féminisme de

---

1. Dunham, *Not That Kind of Girl*, p. 19.
2. *Ibid.*, p. 20.

Lena Dunham. C'est pareil pour moi et mes femmes de la pop — mes Barbies d'abord ; Beyoncé ensuite — puis toutes autres les féministes pop qui se sont glissées jusqu'au cœur de mes recherches.

Le récit au soi au temps du vedettariat

Mais de quoi parle-t-on, au juste, quand on parle d'écriture(s) autobiographique(s) ou d'écritures de soi ? Et surtout, à quel endroit du large éventail des récits de soi se situent les textes des féministes pop qui composent mon corpus ? Afin d'envisager ce que peuvent leurs écrits dans l'articulation d'un féminisme contemporain, il me faut non seulement comprendre d'où elles parlent (pour le dire avec Pierre Bourdieu), mais également réfléchir aux dispositifs qu'elles mettent en place (pour le dire avec Giorgio Agamben), érigeant une esthétique de l'intime devenant possible malgré — ou grâce à ? — l'univers spectaculaire qui l'abrite.

Pour les femmes, les écritures de soi ont tout à voir avec la fin d'un assujettissement et le début d'une resubjectivation. Puisque celles-ci ont longtemps échappé aux codes complexes et figés propres à d'autres genres littéraires établis, elles constituaient un mode d'expression accessible et démocratique, tout en permettant aux femmes écrivantes de se constituer en sujet de leur propre regard. Ceci a bien sûr pris tout son sens dans les années 1960 et 1970, alors que se déployait le Mouvement des femmes à travers le globe et que le récit autobiographique a surpassé son important travail de resubjectivation et d'autodétermination pour devenir un outil de lutte, tel qu'en témoignent les publications auxquelles ont donné naissance les groupes de *consciousness raising*[3].

Tristement, c'est sans doute pour la même raison que les différentes formes d'écritures de soi ont par moment connu une dépréciation dans le milieu littéraire. Bien que l'écriture autobiographique ait permis une certaine agentivité littéraire aux femmes, elle demeure une forme de privilège dans la mesure où « l'écriture longue reste encore

---

3. On peut penser, entre autres, aux anthologies *Sisterhood Is Powerful* (1970), *Our Bodies, Ourselves* (1971) ou *Feminist Revolution* (1978).

très largement associée, dans les sociétés où la littérature occupe une position élevée dans les hiérarchies scolaires et culturelles, à une certaine importance sociale[4]». Pour s'écrire, encore faut-il avoir les mots, en plus du temps, de l'espace, de la sécurité ou de la force de le faire. La question «Mais d'où parles-tu?[5]», qui a autorisé de nombreuses militantes (entre autres durant Mai 68 en France) à repenser l'oppression qu'elles subissaient en l'articulant d'un point de vue sexué, doit demeurer au cœur de toutes prises de parole, particulièrement si celles-ci se réclament du féminisme. Comme on l'a vu au premier chapitre, depuis la première vague, les voix que l'on entend le plus fort sont souvent les seules à passer à l'histoire.

Il va sans dire que, dans le cas d'un féminisme célèbre et célébré auquel on reproche de se mettre en scène à des fins d'autopromotion marchande, la question du soi et de sa présentation prend une place déterminante. La personnalité publique possède un pouvoir discursif qui s'accompagne d'une certaine responsabilité: sa voix, projetée au-dessus de celles des autres par le système médiatique en place, est d'emblée reconnue comme légitime et exemplaire. Dans une perspective tout aristotélicienne de la parole, on accorde à la star le pouvoir «d'édifier des représentations capables d'agir sur le public et d'emporter la conviction[6]». Elle projette une image de soi — un éthos — susceptible d'inspirer confiance, de convaincre, d'influencer. La manière dont elle élabore et présente sa posture féministe à travers la mise en place de cet éthos de star ne doit donc pas être prise à la légère puisqu'elle «joue un rôle idéologique et épistémologique central dans le discours public[7]». Or, malgré la légitimation certaine que la culture pop actuelle offre aux problématiques féministes en les faisant circuler dans les médias et, plus généralement, dans l'espace public, cela ne

---

4. Bernard Lahire, «De la réflexivité dans la vie quotidienne: journal personnel, autobiographie et autres écritures de soi», *Sociologie et sociétés*, vol. 40, nº 2, automne 2008, p. 167.
5. Pierre Bourdieu, *Réponses. Pour une anthropologie réflexive,* Paris, Seuil, 1992, p. 166.
6. Amossy, *La présentation de soi*, p. 19.
7. David P. Marshall, *Celebrity and Power*, Minneapolis, University of Minnesota Press, 1997, p. 19.

signifie pas que ses ressortissantes adoptent *forcément* une posture critique par rapport à celles-ci ou encore moins qu'elles doivent être considérées comme des militantes à la cause. Les textes de la culture pop sont par moment progressistes au sens où « ils encouragent la production de sens qui contribuent à modifier ou à déstabiliser l'ordre social, [...] mais ils ne s'opposeront jamais frontalement à cet ordre, pas plus qu'ils ne chercheront à le renverser[8] ».

C'est le point de départ de ce livre, la tendance est à la méfiance envers les prises de position politiques qui s'expriment depuis les industries culturelles, comme si elles étaient moins pures parce que contaminées par l'espace médiatique dans lequel elles se forgent. D'ailleurs, ce malaise de la critique (et parfois de la recherche) devant les objets populaires qui jouissent d'un succès commercial tout en se positionnant — de front ou par la bande — sur des enjeux féministes n'est pas un phénomène nouveau. Déjà, à l'époque de la parution de textes emblématiques du Mouvement des femmes aujourd'hui entrés dans le canon féministe, parler de « best-sellers féministes », unissant le combat politique et les profits, rendait mal à l'aise.

Il n'est pas instinctif de faire de l'intime un vecteur de résistance au sein d'une économie culturelle transformant le nom (pour ne pas dire l'identité) en capital à amasser, à accumuler et à conserver. Car, comme le dit Bourdieu de la visibilité, ce type particulier de capital social, « c'est "se faire un nom", [...] un nom connu et reconnu, marque qui distingue d'emblée son porteur, l'arrachant comme forme visible *au fond indifférencié*, inaperçu, obscur, dans lequel *se perd le commun*[9] ». Or, qu'il soit question de célébrité ou non, pour Bourdieu, « l'efficacité de la parole ne dépend pas de ce qu'elle énonce, mais de celui [ou celle] qui l'énonce et du pouvoir dont il [ou elle] est investi[e] auprès de son public[10] ». En ce sens, la représentation de soi à laquelle

---

8. Fiske, *Understanding Popular Culture*, p. 105-106.
9. Pierre Bourdieu, « Le champ scientifique », *Actes de la recherche en sciences sociales : la production de l'idéologie dominante*, vol. 2, n°s 2-3, juin 1976, p. 93-94. Je souligne.
10. Pierre Bourdieu, *Ce que parler veut dire : l'économie des échanges linguistiques*, Paris, Fayard, 1982, p. 111.

se livre une vedette dans son écriture autobiographique représente un cas limite puisque «l'image qui précède son récit est préfabriquée au sens industriel du terme: fortement standardisée et massivement diffusée[11]». Sa parole serait dès lors tributaire du contexte d'où elle émerge, c'est-à-dire un espace fortement normé, fortement stéréotypé et fortement masculin, ce qui aurait pour conséquence de lui retirer tout pouvoir, puisqu'elle serait *de facto* phagocytée — indexée — par le discours dominant. La marionnette d'Hollywood, en d'autres mots. Cette image préfabriquée vient se joindre à de multiples autres données — sa réputation, ce qu'on dit d'elle sur les réseaux sociaux ou dans les articles de revues à potins, les interviews qu'elle a donnés, les scandales l'entourant, son âge, son poids, etc. — qui orientent *a priori* les façons dont elle est perçue. C'est que Ruth Amossy appelle l'éthos préalable. Ainsi, pour les stars plus que pour quiconque, construire une image de soi, c'est s'engager dans un dialogue avec cet éthos préalable: «ce que les autres ont dit de nous et l'idée qu'ils se font de notre personne[12]».

Cette manière d'envisager l'éthos peut paraître s'opposer diamétralement à celle de la rhétorique[13], qui met de l'avant la capacité du discours à agir sur les autres et, à travers cette influence, sur le réel. Mais pour Amossy, cette incompatibilité est factice à partir du moment où «on prend compte du fait que les déterminations discursives et l'agentivité ne se situent pas sur le même plan[14]». Par cela, elle signifie qu'il y a toujours moyen de «jouer la sociologie des champs contre elle-même [afin de] montrer comment le locuteur [ou la locutrice] parvient, par sa parole, à modifier les données préalables liées à son statut, sa réputation et aux représentations dominantes de son époque[15]». Pour illustrer son propos, Ruth Amossy prend l'exemple d'un amoureux qui exprime ses sentiments en formules toutes faites, stéréotypées,

---

11. Ruth Amossy, *Les idées reçues: sémiologie du stéréotype*, Paris, Nathan, 1991, p. 143.
12. Amossy, *La présentation de soi*, p. 73.
13. D'ordinaire, la rhétorique classique place d'un côté la réputation d'un homme (son statut social, sa profession, la position de sa famille, etc.) et de l'autre l'éthos qu'il construit dans son discours.
14. Amossy, *La présentation de soi*, p. 107.
15. *Ibid.*, p. 89.

projetant une image conventionnelle de soupirant. Elle rappelle que le fait d'utiliser ce langage somme toute « préfabriqué » ne fait pas moins de lui un sujet actif et que « son ethos d'amoureux est tout à fait apte à produire son effet, pour peu que la dame se laisse charmer par l'image-modèle projetée à son attention[16] ». Ainsi, bien qu'il soit prisonnier de ce langage « qui le parle », ce qu'Amossy nomme « la parole commune », il demeure malgré tout un agent « qui agit et qui poursuit un objectif précis[17] ». Dès lors, dans cette économie où la visibilité et la notoriété sont à la fois souveraines et monnaies d'échange, comment se manifeste l'énonciation intime derrière l'image médiatisée ? Demeure-t-elle empreinte d'agentivité tout en étant immergée dans la parole commune ? Reste-t-il quelque chose derrière le nom, après qu'il ait été tapissé sur les panneaux publicitaires, les réseaux sociaux, les journaux à potins ? Du reste, le nom peut-il devenir « sujet » alors qu'il se constitue comme une pure image ? Et s'il y arrive, peut-il, comme l'espère Judith Butler dans sa lecture foucaldienne du sujet et de son corps, aller au-delà de ce pouvoir — Hollywood, le spectacle, la célébrité — qui « produit le sujet qu'il contrôle [et fonctionne] comme le moyen régulateur et normatif par lequel sont constitués les sujets[18] » ? Les féministes pop qui parviennent à se poser comme *sujets* du féminisme contemporain en resubjectivant le nom-image, savent-elles se faire *agentes* d'un changement, aussi minime soit-il ?

Encore une fois, je trouve réponse dans le corps de Beyoncé, droit comme un « i », son corps « I » qui oblitère le « *I*-Beyoncé » pour n'être qu'« *I-FEMINIST* ». Je reviens à la notion de posture telle que l'a articulée Jérôme Meizoz et je me dis que cette posture féministe chez les féministes pop qui « surjouent la médiatisation de leur personne et l'incluent à l'espace de l'œuvre[19] » gagne à être dépliée : « leurs écrits

---

16. *Ibid.*, p. 107.
17. *Ibid.*
18. Judith Butler, *Ces corps qui comptent : de la matérialité et des limites discursives du « sexe »*, trad. Charlotte Nordmann, Paris, Éditions Amsterdam, 2009, p. 37.
19. Comme c'est le cas dans les postures littéraires de Christine Angot, Annie Ernaux, Amélie Nothomb ou Virginie Despentes auxquelles s'intéresse l'analyse de Meizoz. Jérôme Meizoz, *Postures littéraires : mises en scène modernes de l'auteur*, Genève, Éditions Slatkine, 2007, p. 20.

et la posture qui les fait connaître se donnent solidairement comme une seule *performance*[20] » qu'elles nous offrent de lire sans la détacher du système spectaculaire dont elle émane. Le fait d'être visibles, le fait d'être des personnalités publiques qui se mettent en scène n'empêche ni la mise en place d'une posture ni la possibilité de jouer avec celle-ci, voire de la déjouer. Comprendre toute la portée de cette performance, nous dit Meizoz, demande de s'attarder à la fois au discours — ce qu'elles disent — et à la conduite — ce qu'elles font ou montrent[21]. Si l'amoureux peut transmettre la force de ses sentiments à sa promise malgré qu'il use de formules éculées et attendues et que, ce faisant, il se pose « en agent qui agit », je crois que les féministes pop ont tout autant le potentiel de toucher celles qui — comme moi — lisent, consomment, adoptent et aiment l'image-modèle qu'elles portent.

Consécration ou profanation de l'idole ?

Avant d'en arriver à comprendre comment ou par quel retravail de leur éthos, encore faut-il savoir : de quels textes parle-t-on, au juste ? Quelle est-elle, cette parole autobiographique ? D'un côté se trouve, comme nous l'avons vu, la persona des stars, qui comprend à la fois leurs prises de position dans les médias, la façon dont elles occupent l'espace public avec leur corps ou la présence qu'elles déploient sur les réseaux sociaux. Rassemblées, ces manières de s'énoncer comme sujet participent de la mise en place d'une présentation de soi qui est alors aussi spontanée (telle qu'elle se construit dans leurs interactions sociales) que programmée (telle qu'elle cherche à « se vendre »). Ici, le texte, c'est elles. Mais, de l'autre côté, on trouve aussi leurs productions textuelles « concrètes », c'est-à-dire les best-sellers autobiographiques qu'elles publient.

Ainsi, que penser de livres comme *Not That Kind of Girl* de Lena Dunham ou *Bossypants* de Tina Fey ? Au premier coup d'œil, d'un point de vue formel, ils pourraient se ranger du côté de ces autobiographies

---

20. *Ibid.*
21. C'est aussi ce que Dominique Maingueneau définit comme l'éthos dit et l'éthos montré, comme je l'ai expliqué au chapitre 4. *Ibid.*, p. 18.

de stars, produites par des personnes autres que les «je» qui s'y manifestent. D'ailleurs, au fil des discussions informelles que j'ai eues avec ami·e·s, collègues ou pur·e·s inconnu·e·s durant mes recherches, c'est la réflexion que l'on m'a servie quasi systématiquement: «Ouais, mais au fond, elles ne l'ont pas *vraiment* écrite, leur posture féministe! Elles ont des prête-plume.» Cette réaction épidermique chez les autres m'a énervée parce qu'elle semblait n'avoir pour autre but que celui de délégitimer les féministes pop et le type de féminisme qu'elles défendent. Et puis, d'ailleurs, pourquoi serait-il si évident que les féministes pop n'écrivent pas leurs livres? Ne sont-elles pas, justement, des femmes écrivantes? Des femmes dont — pourrait-on croire! — le métier de scénariste (Poehler, Fey, Kaling, Dunham, Jacobson, Glazer), d'écrivaine (Jacobson, Dunham), ou d'humoriste de stand-up (Schumer), d'improvisation et de sketch (Fey, Poehler) leur aurait donné les outils suffisants à la rédaction d'un ouvrage dont la forme ne présente pas de procédés littéraires autres que celui de détailler leurs expériences personnelles en regard de leur carrière dans le show-business? Je ne peux m'empêcher de me demander si l'on dit cela aussi spontanément des livres publiés par les humoristes Aziz Ansari (*Modern Romance*, 2015) ou Neil Patrick Harris (*Choose Your Own Autobiography*, 2015)...

Certes, là, c'est moi qui suis de mauvaise foi. Au fond, cette «authentification» de l'autrice ne m'intéresse pas et ne me paraît pas particulièrement pertinente. D'abord, comme le signale Amossy, le contrat que signe la star avec son lectorat est de l'ordre d'une parole véridique visant à réaffirmer sa dimension humaine que l'industrie spectaculaire l'hébergeant tend à gommer, ce qui fait que «la star qui rédige elle-même ses mémoires ne diffère pas ici de celle qui confie la tâche à un professionnel[22]». À la manière dont on dira d'une lithographie numérotée d'une peinture originale qu'il s'agit d'un Riopelle, par exemple, même si le peintre lui-même n'a pas œuvré directement à sa confection, les autobiographies de stars possèdent une valeur du fait qu'elles sont déclarées véridiques et légitimes par l'industrie culturelle qui les produit. Envisagée sous cet angle, l'authenticité des féministes

---

22. Amossy, *Les idées reçues*, p. 151.

pop aurait ainsi à voir autant avec la véracité de leur propos qu'avec l'importance qu'on leur confère, dans nos vies quotidiennes, dans notre façon de les aimer, de les consommer. Au bout du compte, il s'agit d'un discours que les stars acceptent de tenir (ou que l'on tienne) sur elles. Que les féministes pop aient *vraiment* écrit leur best-seller ou pas, elles l'entérinent, le partagent, le promulguent et — parfois, même — l'adaptent au petit écran; bref, il participe, comme tout le reste, à leur *texte*, à la mise en place de leur persona :

> Ce que le statut de narrateur confère essentiellement à la star, c'est en fait une *position*. De produit mercantile manufacturé par une industrie spécialisée, elle se transforme en sujet à part entière, en individu autonome. Plutôt qu'une image construite par les autres, elle est désormais une narratrice capable de donner sens et forme à son être[23].

Pour cette raison, lorsque ces femmes disent « je », elles empêchent leur image de demeurer exclusivement publique et la ramènent vers une frontière plus trouble entre l'intime et le public, une zone poreuse où elles sont soudainement juste un peu plus imparfaites. Là débute le retravail de leur éthos et, je l'espère, une resubjectivation qui réponde « aux idées reçues et aux diagnostics à l'emporte-pièce qui clament que la civilisation du spectacle a banni l'échange de la parole raisonnée[24] ».

Ceci étant dit, les écrits des féministes pop qui retiennent mon attention ne prennent pas exactement la même forme que les autobiographies de stars étudiées par Amossy. Mais bien que la carrière et l'aura d'une Lena Dunham ou d'une Tina Fey n'avoisinent en rien celles d'une May West ou d'une Marilyn Monroe, il me semble que l'interrogation posée par Amossy concernant la parole intimiste des stars demeure pertinente. Avec les unes comme avec les autres, nous nous trouvons en présence d'un texte à la première personne écrit par une figure publique surmédiatisée prenant la plume pour rectifier, complexifier ou dynamiser son éthos de star en regard de sa position comme femme dans le show-business qui promet à son lectorat de tenir un discours authentique, mais maîtrisé : « Tout ce qui est écrit dans ce livre est vraiment arrivé. Tout est vrai, ce n'est que la vérité, je

---

23. *Ibid.*
24. Amossy, *La présentation de soi*, p. 219.

le jure devant Dieu. Mais ce n'est pas *toute* la vérité. Croyez-le ou non, je ne vous dis pas tout[25] », écrit Amy Schumer d'entrée de jeu. C'est une stratégie commune : plus qu'une simple (re)prise de possession — de leur image, de leur éthos —, il s'agit d'un « essai d'homogénéisation et de globalisation[26] ». Dès lors, à l'instar de Ruth Amossy, je me demande si le « texte autobiographique ne tente pas seulement de retrouver l'être humain dans la star superbement réifiée ; [mais s'il n'entend pas] aussi les souder et les réintégrer harmonieusement l'une à l'autre[27] ». Et si, ce faisant, l'énonciation mise en place par la féministe pop ne contribuerait pas *aussi* à perpétuer cet éthos connu et aimé de star qui avait, au départ, motivé et orienté la curiosité du lectorat. La conséquence d'une telle énonciation serait que « loin de combattre Hollywood, [celle-ci] ne [ferait] en réalité que renforcer le *star-system*[28] ». Par la stratégie globale à laquelle ils adhèrent, ce genre d'écrits participerait *de facto* de ce qu'Amossy nomme « un rite de confirmation », c'est-à-dire que les stéréotypes que la star tente de déconstruire dans sa présentation de soi deviendraient d'autant plus efficaces qu'ils passent par l'épreuve de leur dénonciation. En effet, Amossy soutient que la star a beau dénoncer ou déconstruire le stéréotype à travers le retravail de son éthos préalable, elle ne peut en aucun cas l'éluder : si le lectorat désire « connaître la vérité sur Norma Jean, c'est uniquement parce qu'elle est devenue Marilyn Monroe[29] ». Je me questionne : en va-t-il ainsi des livres des féministes pop ? L'énonciation qui s'y déploie renforce-t-elle la « magie d'Hollywood et l'image consacrée qu'[elle] joue à démystifier ?[30] » ou offre-t-elle une voie vers autre chose, un peu comme les récits de l'adolescence acnéique de Gurley Brown l'ont fait pour Dunham ?

---

25. Amy Schumer, *The Girl with the Lower Back Tattoo*, New York, Gallery Books, 2016, p. 1.
26. Amossy, *Les idées reçues*, p. 151.
27. *Ibid.*
28. *Ibid.*, p. 153.
29. Amossy, *La présentation de soi*, p. 53.
30. *Ibid.*, p. 54.

Résister par le corps énonçant

Je reviens vers Fœssel, qui écrit que l'intime a le potentiel de se poser « comme une réserve critique qui permet de remettre en cause les déficiences de l'ordre établi[31] », et j'ose penser que quelque chose de cet ordre, dans l'écriture du soi des féministes pop, refuse justement le rite de confirmation que redoute Amossy. Et, que peut-être, au contraire, leur énonciation participe à démonter et à profaner le rite de consécration de leur image de star. L'intime de leur énonciation serait ce par quoi elles résistent, puisqu'il naît « à la source d'une protestation dont la nature, contrairement à ce que l'on dit le plus souvent, n'est pas antipolitique[32] ». À mon sens, leur énonciation procède surtout de cette résistance par la place — démesurée — et le traitement — désinhibé — qu'elle laisse à l'écriture et au récit du corps. À la lecture de leurs livres, de leurs prises de parole sur les réseaux sociaux ou encore à l'écoute de leurs stand-up humoristiques, il devient impossible de ne pas noter l'omniprésence du corps. Celui-ci se rencontre partout, il découpe même l'organisation de leur récit : bien souvent, les chapitres se structurent en fonction des diverses épreuves ou rituels que le corps traverse[33]. Il y a une prédominance des thématiques du corps — surpoids, beauté, pilosité, sexualité, vieillesse —, mais particulièrement des thématiques des corps assignés féminins : avortement, attouchement, harcèlement, maternité, menstruations, etc. Ces femmes présentent des corps tantôt vieillissants et marqués comme chez Fey ou Poehler, tantôt sexuels et grotesques comme chez Schumer, tantôt blessés et gauches comme chez Dunham. Chez les unes comme chez les autres, le corps n'est pas qu'un simple thème. Il est le moteur de l'énonciation. « Je n'ai pas souvenir de ne pas avoir été

---

31. Fœssel, *La privation de l'intime*, p. 14.
32. *Ibid.*
33. Je pense à des chapitres tels que « Souvenirs d'être très maigre » (Fey) ; « Comment j'ai perdu ma virginité » (Schumer) ; « Je t'offre ma virginité (si si, j'insiste, sers-toi) », « Scènes de cul, scènes de nu et se montrer à poil devant tout le monde », « Qui a déplacé mon utérus ? » (Dunham) ; « Grassouillette pour la vie », « Le jour où j'ai cessé de manger des gâteaux » (Kaling).

grassouillette. Comme être Indienne, être grassouillette fait partie de moi[34] », écrit Mindy Kaling en guise d'incipit. En effet, dans leur livre, corps et identité ne font souvent qu'un. Les multiples façons dont elles déclinent le corps dans l'écriture constituent autant de manières de construire ce que Dominique Maingueneau nomme leur « corps énonçant[35] », c'est-à-dire la part de leur éthos qui se conjugue au-delà du langage et qui s'érige plutôt autour des déclinaisons du corps. C'est donc dire que le corps motive l'écriture parce qu'il permet « une identité en quelque sorte incarnée[36] ». Le corps, pensé comme dispositif d'énonciation identitaire intime, génère le même type d'interruption, de *glitch* dans la narration de leur récit personnel que les comportements parfois erratiques qu'elles adoptent dans l'espace public. Si ceux-ci contribuent à la mise en place de leur persona inaimable dans la fière lignée de Méduse, l'écriture du corps dans leur récit autobiographique complète cette transformation. Grâce à celle-ci apparaissent les points de tension entre leur éthos de star et celui — plus banal, plus commun — de femme. En passant par le récit du corps défaillant, les féministes pop ouvrent la voie vers une possible profanation de leur éthos spectaculaire, un retravail de leur image de soi qui commence à questionner l'ingérence et la gouvernance de l'industrie qui est la leur.

---

34. Mindy Kaling, *Is Everyone Hanging Out With Me ? (And Other Concerns)*, New York, Crown Archetype, 2011, p. 11.
35. Dominique Maingueneau, *Le discours littéraire : paratopie et scène d'énonciation*, Paris, Armand Collin, 2004, p. 207.
36. *Ibid.*

CHAPITRE HUIT

LENA DUNHAM II : CORPS EN BATAILLE

> La vérité a ses limites. Ensuite, on a besoin du mensonge.
>
> Diane Lockhart, *The Good Fight*

Dans l'écriture de Dunham, nous sommes devant un corps fuyant, en perte de contrôle. Sorte de contrepoids — contre-force — au corps débordant qu'elle propose dans *Girls* ou qu'elle met en jeu sur Instagram, son corps écrit est un corps étranger qui gêne, qui paralyse, et qu'il lui faut parfois traîner, au fil des pages, comme un boulet ou une cicatrice apparente. Ce n'est donc pas innocemment qu'elle commence son livre avec le récit de la perte de sa virginité (« Je t'offre ma virginité [si si, j'insiste, sers-toi] »), gardant les anecdotes tirées de l'enfance pour les pages suivantes. La virginité, cette chose que l'on rend omniprésente dans l'imaginaire des jeunes filles et qu'on leur apprend à protéger coûte que coûte, à chérir plus qu'elles-mêmes, est ici portée comme un fardeau. Déjà trop âgée au goût de la société nord-américaine pour ne pas avoir eu de relations sexuelles, l'anxieuse Lena redoute, comme de nombreuses jeunes adultes, cette première fois qui ne vient pas :

> J'étais persuadée que, une fois pénétrée par un individu, mon monde changerait de manière aussi indescriptible que radicale. Je ne pourrais plus embrasser mes parents avec la même candeur, me retrouver seule avec moi-même n'aurait plus la même couleur. Comment expérimenter la solitude, la vraie, quand quelqu'un a farfouillé dans votre intimité[1] ?

Ce que nous dit Dunham des craintes qui assaillent Lena est au diapason avec la construction sociale occidentale de la virginité : la jeune fille vierge sera changée, transformée, une fois que l'acte sera accompli ; en elle, une part d'innocence, voire de pureté, sera perdue. Car dans la littérature, la culture pop, l'Histoire, la mythologie, les religions, la psychanalyse, l'éducation sexuelle, la loi et j'en passe... la virginité — et tout particulièrement l'expérience de sa perte — est envisagée comme un rite de passage pour la jeune fille[2] : celle-ci est appelée à faire entrer son corps « dans un temps téléologique : il y a un *avant* et un *après*. À l'intérieur de ce paradigme, il n'y aurait jamais d'*ailleurs* possible. La virginité constitue une forme de sentence que la jeune fille subit à même son corps : elle devient *une* femme, *une* fois, et à jamais[3] ». Suspendue dans cet espace liminaire sacré, la fille-qui-n'est-pas-encore-femme fascine et inquiète, mais — surtout — elle ne s'appartient plus. On la somme d'envisager son état avec respect, diligence et retenue, on lui répète qu'il est crucial que l'« événement » se passe avec quelqu'un de significatif en qui elle aurait confiance, on lui fait des recommandations sur ce qui est « bien » ou « mal », etc.

---

1. Dunham, *Not That Kind of Girl*, p. 31.
2. Dans son ouvrage étudiant le discours sur la virginité tenu par la médecine, la loi, la littérature et la mythologie occidentales, Eftihia Mihelakis rappelle que « virgo », la racine latine du mot « vierge », signifie autant « jeune fille » que « fille qui n'a jamais été mariée ». L'étymologie de « jeune fille » se retrouve donc inextricablement liée à celle de la virginité, ce qui fait que « la "fille" est aussi et surtout une vierge, qu'elle soit jeune ou pas », conclut la chercheuse (*La virginité en question ou les jeunes filles sans âge*, Montréal, Presses de l'Université de Montréal, 2017, p. 17).
3. *Ibid.*, p. 177.

Sa virginité (et l'hymen intact qu'elle suppose) est donc « une aporie parce qu'elle cristallise [...] la tension entre le visible et l'invisible, le détectable et l'indétectable[4] », et son corps se fait la preuve matérielle à offrir au monde pour qu'il en évalue la valeur : véritable doctrine moderne, la virginité devient garante de la valeur marchande du corps de celles qui la détiennent ou non[5].

Or, en exprimant le désir de se débarrasser au plus vite de cette étape de sa vie sexuelle (comme en témoigne le titre du chapitre), puis en partageant un récit de « première fois » (comme le veut la formulation consacrée) qui est d'une banalité rassurante, Dunham ajoute une pierre à l'édifice de la désacralisation du corps des jeunes femmes puisqu'elle échappe aux étapes rituelles entourant habituellement ce moment soi-disant sacré de leur vie. Rien ne se déroule *comme il le faudrait* : ni le garçon sur lequel elle jette son dévolu (qu'elle choisit un peu par défaut et un peu par ennui), ni le lieu (son dortoir de collège), ni la manière dont le tout se déroulera (dans le malaise et sans orgasme pour les deux partenaires). En se « départissant » de sa virginité sans tambour ni trompette, à la première occasion, Lena refuse cette transaction marchande, cette économie sexuelle qui signifierait perdre un statut pour en gagner un autre. Il n'y a eu aucune cérémonie, aucune consécration. Rien n'a véritablement changé :

> Je me suis réveillée le lendemain matin, comme tous les matins, et j'ai repris mon train-train quotidien : appeler ma mère, boire trois verres de jus d'orange, manger la moitié du morceau de cheddar qui restait de la veille [...], regarder des photos mignonnes sur Internet, scanner mon épilation du maillot à la recherche de poils incarnés, relever mes e-mails, plier mes pulls, déplier mes pulls pour décider lequel mettre. Le soir, je me suis couchée avec la même impression que d'habitude et je me suis endormie comme un bébé[6].

Par cette énumération des gestes banals de son quotidien de jeune collégienne, Dunham contrecarre l'idée d'une perte, justement. Si

---

4. *Ibid.*, p. 20.
5. Bonnie MacLachlan et Judith Fletcher (dir.), *Virginity Revisited: Configurations of the Unpossessed Body*, Toronto, University of Toronto Press, p. 3.
6. Dunham, *Not That Kind of Girl*, p. 30.

rien n'est changé en elle, c'est qu'elle n'a rien perdu : « Aucune vanne n'avait sauté, aucun coffre-fort n'avait libéré ma véritable féminité. [Elle] était, et [elle] demeurait moi[7]. » Lena s'extirpe du prisme à travers lequel on évalue habituellement les filles et les femmes. Elle refuse « la fatalité d'un temps téléologique qui n'a pas nécessairement été choisi[8] ». Ni femme ni fille, Lena est demeurée elle-même ; Lena est demeurée *en* elle. La formulation qu'elle utilise est d'autant plus puissante que la perte de la virginité en tant que signe construit socialement se matérialise systématiquement par le paradigme de l'hétérosexualité, c'est-à-dire la pénétration du pénis dans le vagin. Sans cette intrusion du membre masculin, la jeune fille n'est rien ou, pour le dire plus justement, ne vaut rien. Elle ne devient rien (ni femme ni mère ni épouse, etc.). Mais Lena reste en elle malgré le (ou grâce au ?) fait qu'on soit entré en elle, mettant à mal le discours de la virginité voulant que « ce n'est que par son corps que la fille peut se forger un destin acceptable, car il emmagasine et monopolise son potentiel[9] ». Ce faisant, elle recadre le discours entourant la virginité, rappelant qu'il est temps d'arrêter d'enseigner aux filles qu'elles sont les gardiennes d'un trésor, d'un Graal lourdement convoité : si elles laissent aller cet imaginaire toxique entourant les premières relations sexuelles, peut-être arrêteront-elles de se sentir chassées, traquées, et commenceront-elles à se sentir maîtresses de leur sexe et de leur sexualité, s'extirpant enfin de l'économie sexuelle dans laquelle sont enserrés leur corps ?

Dunham conclut ce tout premier chapitre en revenant vers l'écriture du soi, récusant la transgression du corps que peut représenter la première pénétration une bonne fois pour toutes. Elle confie combien la mise en récit de l'évènement — plus que l'évènement lui-même — est ce qui s'est avéré marquant pour elle, lui donnant accès à sa véritable identité :

> Plus tard seulement, sexe et identité n'ont fait qu'un. J'ai écrit au mot près la scène de mon dépucelage dans mon premier film : *Creative Nonfiction*

---

7. *Ibid.*
8. Mihelakis, *La virginité en question*, p. 177.
9. *Ibid.*

[…]. Quand j'ai joué la scène de cul, ma première, je me suis sentie plus différente qu'après avoir fait l'amour avec Jonah. Cela n'était que du sexe, mais ceci était mon œuvre[10].

Sa «vraie» première fois, c'est celle qu'elle écrira, celle qu'elle dirigera et jouera devant les caméras. La «première fois» n'advient qu'au moment où elle prend les commandes de son récit, de sa mise en scène. Dans son exploration de la catégorie normative du «sexe[11]», Judith Butler suggère que le «sexe» est la marque qui matérialise le corps dans un processus de normalisation. C'est effectivement ainsi que s'envisage la virginité dans nos sociétés occidentales: le devenir femme hétéronormé de la jeune fille dans la matérialité de la rupture de son hymen. Ainsi, le «sexe» n'est pas «un fait simple ou une condition statique du corps, mais un processus par lequel des normes régulatrices [le] matérialisent […] et réalisent cette matérialisation à travers la réitération forcée de ces normes[12]». Conséquemment, cette matérialité, pour Butler, doit être pensée comme l'effet d'un pouvoir, ce qui, en retour, nous oblige à considérer la matérialité des corps non plus comme un site ou une simple surface, mais «comme un processus de matérialisation qui, au fil du temps, se stabilise et produit l'effet de frontière, de fixité et de surface que nous appelons la matière[13]». Prise dans cette matérialisation que subit son corps, Dunham n'en fait pas abstraction; seulement, en l'écrivant comme scénario d'abord, puis en la rejouant à l'écran ensuite, elle la dédouble hors de la matière pour lui donner forme aussi du côté du langage. C'est sa véritable mise au monde, sa réelle transfiguration. Elle (re)joue sa matérialisation, mais une matérialisation qui peut commencer à échapper au pouvoir puisque, comme l'exprime Butler, «le sujet qui veut résister

---

10. Dunham, *Not That Kind of Girl*, p. 32.
11. Le «sexe», dans *Ces corps qui comptent* de Judith Butler, garde ses guillemets parce qu'il réfère à la catégorie normative du «sexe», c'est-à-dire cette construction idéale qui «non seulement fonctionne comme une norme, mais fait partie d'une pratique régulatrice qui produit les corps qu'elle régit» (p. 15). Je conserverai cette nomenclature afin de garder en tête que le «sexe» se joue dans un système de normes qui contrôlent et conditionnent les corps.
12. *Ibid.*, p. 16.
13. *Ibid.*, p. 23.

à ces normes est lui-même capable de le faire en vertu de ces normes, voire est produit par elles[14] ». Ici, Dunham nous montre que « langage et matérialité ne sont [...] pas opposés, car le langage est matériel en même temps qu'il se réfère à ce qui est matériel, et ce qui est matériel n'échappe jamais entièrement au processus par lequel il est investi de significations[15] ». Elle écrit son corps en le laissant lui dicter la voie.

Ce langage matériel et cette matière signifiante me ramènent vers Ruth Amossy dont les recherches suggèrent qu'« en disant "je", le locuteur construit dans son énonciation une image de soi en même temps qu'il se constitue en sujet[16] ». Dunham, en plaçant cet essai en début d'ouvrage, assoit ainsi fermement son éthos de femme écrivante : plus qu'actrice ou vedette, elle me demande de la lire comme une créatrice. Au-delà de la découverte de sa sexualité ou de l'expérience d'une perte, c'est dans l'écriture qu'elle se constitue comme sujet et comme corps, paraissant nous dire que « toujours déjà impliqués l'un dans l'autre, toujours s'excédant déjà l'un l'autre, le langage et la matérialité ne sont jamais tout à fait identiques ni tout à fait différents[17] ». Là se situe sa véritable persona, semble-t-elle me dire : dans ce qu'elle écrira d'elle (posture qui n'est pas sans rappeler le gazouillis d'excuses qu'elle publie à la suite de sa formulation malheureuse à propos de l'avortement). Ce faisant, elle amorce le retravail de son éthos préalable, c'est-à-dire qu'elle déconstruit sa « réputation personnelle [...] qui oriente *a priori* les façons dont [elle] sera perçue[18] », pour se redéfinir — en partie — selon ses propres termes. Il y a, dans ce geste, une certaine puissance d'agir.

En effet, c'est dire qu'elle se donne le droit de jouer d'abord sur cette image, mais également sur les paramètres de la mise en récit de son corps, ce qui s'avère d'autant plus significatif du moment que ce corps a subi une transgression. Comme si de rien n'était, la narratrice témoigne d'un viol vécu lorsqu'elle étudiait à l'université. Afin

---

14. *Ibid.*, p. 30.
15. *Ibid.*, p. 79.
16. Amossy, *La présentation de soi*, p. 105.
17. Butler, *Ces corps qui comptent*, p. 80.
18. Amossy, *La présentation de soi*, p. 73.

d'exprimer la difficulté du dire et l'odieux de la transgression vécue par son corps, il lui faudra par deux fois, à une vingtaine de pages d'écart, raconter l'évènement. La première fois, elle en dévoile très peu (dans le chapitre «Les filles et les connards»). En fait, on pourrait même affirmer qu'elle n'en dit rien, puisque, comme lectrice, je ne détiens pas encore les clés de lecture pour comprendre. Dans ce chapitre assez politisé, Lena explique combien son éveil rapide au féminisme ne l'a pas empêchée de s'empêtrer dans de trop nombreuses fréquentations avec de mauvais garçons — des «connards» comme elle les nomme:

> Rien dans ma vie ne laissait supposer que j'adorerais les connards. J'ai assisté à ma première réunion de la Coalition pour l'action des femmes à trois ans. Nous, filles de militantes des quartiers branchés, colorions des portraits de Susan B. Anthony tandis que nos mères préparaient leur prochaine manifestation. J'ai compris que le féminisme était une idée noble bien avant de prendre conscience d'être «fille» en écoutant ma mère et ses amies parler des difficultés de se faire une place dans un monde de l'art dominé par les hommes[19].

Au milieu du récit de ces histoires de cœur peu édifiantes, Lena relate sa rencontre avec un jeune garçon qu'elle ne nomme pas. Le récit de leur histoire d'un soir ne s'étire que sur quelques lignes et est abordé avec l'humour grinçant qui caractérise la plume de Dunham: «[I]l était bougon, violent et mauvais joueur au poker. Comment tous ces "atouts" ont abouti à une partie de jambes en l'air pourrait constituer le sujet d'une étude sur la mutation rapide de la répulsion en désir pour peu qu'elle soit associée au bon relaxant musculaire[20].» Imbibées d'effluves d'alcool et de mauvaise haleine, les étreintes de Lena se terminent en queue de poisson:

> Je lui ai fermement conseillé de prendre ses cliques et ses claques et l'ai mis dehors avec son sweat à capuche et ses bottes. Le lendemain matin, j'ai barboté une demi-heure dans la baignoire à peine remplie d'eau comme un personnage de film déprimant sur l'apprentissage de la vie [...] et pris la décision de ne plus jamais avoir de rapports qui ne soient respectueux[21].

---

19. Dunham, *Not That Kind of Girl*, p. 71.
20. *Ibid.*, p. 72.
21. *Ibid.*, p. 73.

De cette rencontre, elle ne dévoile guère d'informations : une soirée arrosée, un homme moustachu sans nom, une relation sexuelle décevante, voire avortée ; bref, rien de bien surprenant dans l'univers de la drague d'un soir. L'anecdote terminée, elle s'attardera ensuite à ses autres « connards » : Geoff, Joaquin et tous les autres. Fin du chapitre.

Le chapitre suivant a pour titre un prénom d'homme — « Barry » — et s'ouvre sur une curieuse confession : « Je ne suis pas une narratrice fiable[22]. » Lena Dunham explique alors qu'elle invente parfois des détails dans les histoires qu'elle écrit sur sa mère, ou qu'elle modifie ses souvenirs afin qu'ils s'insèrent mieux dans les récits qu'elle crée. Mais, surtout, elle souligne qu'il ne faut pas se fier à sa narration puisqu'elle a impunément glissé un mensonge entre les pages du livre que je tiens entre mes mains : « Dans un autre chapitre, je décris un plan cul avec un républicain moustachu du campus comme le choix navrant mais formateur d'une débutante au rayon sexe, alors qu'en fait ce n'était pas du tout un choix[23]. » Puis, elle se lance dans le compte-rendu de cette histoire d'un soir où les zones grises — ces fameuses *blurred lines*[24] qui ont envahi les ondes radiophoniques à l'été 2013, rappelant aux femmes que leur corps est disponible pour conquête — s'amenuisent d'heure en heure pour elle, de ligne en ligne pour moi. Elle y raconte une nuit passée avec un certain Barry. Contrairement aux chapitres précédents, la forme est hachurée ; le rythme, saccadé, rappelant que la narratrice tourne autour d'une confidence qui lui échappe ou qu'elle ne parvient pas encore à exprimer tout à fait. Des phrases comme « Je ne sais pas si je ne peux pas ou si je ne veux pas l'en empêcher », « C'était terriblement agressif » ou « J'ignore comment on en est arrivé là, mais je refuse de croire que c'est le fruit du hasard[25] » se glissent ici et là dans le fil des évènements et me laissent aux aguets. Quelque chose va se passer. Ou — plutôt — quelque chose s'est déjà passé. Je sais que

---

22. *Ibid.*, p. 84.
23. *Ibid.*
24. Je fais ici référence à la chanson *Blurred Lines*, interprétée par Robin Thicke, qui a déclenché une vaste discussion sur la culture du viol latente dans l'univers de la chanson pop.
25. Dunham, *Not That Kind of Girl*, p. 92-94.

je devrais reconnaître des détails du moment où tout a basculé. Mais dans l'abondance des anecdotes banales vécues avec les différents « connards » de sa vingtaine des pages précédentes, je doute. Dunham a avoué être une narratrice faillible et me voilà devenue, à mon tour, une lectrice tout aussi faillible. Je n'ai pas porté suffisamment attention. Je ne savais pas. J'arrive trop tard.

Puis, Lena interrompt brusquement son récit:

> Plus jeune, j'ai lu un article à propos d'une petite fille de dix ans qui s'est fait violer par un inconnu sur un chemin de campagne. À près de 40 ans, elle se revoyait toujours allongée par terre dans la robe en vichy que sa mère lui avait confectionnée et se forçant à pousser des cris de plaisir pour se protéger. J'ai trouvé ça à la fois glaçant et troublant, mais c'était quand même un stratagème de fuite ingénieux. Je n'ai jamais oublié cette histoire, mais elle ne m'est revenue que plusieurs jours après que Barry m'a baisée. Et ce, avec une telle violence que le lendemain matin, *j'ai dû prendre un bain chaud pour me soulager.* C'est là que je me suis rappelé[26].

Et alors, à l'instar de Lena qui émerge de sa torpeur une fois dans son bain, et qui commence à faire des liens évidents entre le récit de viol d'autrui et l'agression qu'elle vient de vivre, j'émerge à mon tour. Ce bain qui n'était encore qu'un détail banal quelques pages auparavant prend une importance capitale. « J'ai déjà vu ceci », me dis-je. Comme l'ont si souvent fait les filles de *Girls,* me voilà assise avec Dunham dans un bain devenu tiède, à tenter de déconstruire l'évènement. De cerner la menace. J'arrête ma lecture, je retourne en arrière, tournant les pages pour retrouver le passage avec l'homme moustachu anonyme et j'essaie en vain de trouver des traces de ce qui m'aurait échappé, de décoder à quel moment j'aurais dû voir venir le danger, moi aussi.

À la manière de ces chapitres qui, côte à côte dans son livre, reprennent deux fois le même évènement sur des variations différentes, Lena Dunham joue à devenir son propre intertexte en multipliant les modes d'énonciation, mais aussi les plateformes les recevant. Que ce soit dans son livre, dans ses films ou sa série, dans son podcast *Women of the Hour*, dans les articles qu'elle écrit pour divers journaux

---

26. *Ibid.*, p. 96. Je souligne.

(*The New York Times*, *Vogue*) ou pour sa plateforme féministe *Lenny*, cofondée avec Jenny Konner, la productrice de *Girls*, Lena Dunham se dissémine. L'une des manifestations les plus évidentes de cette dispersion est lorsque Dunham reprend dans les chapitres de *Not That Kind of Girl* des segments de sa vie personnelle déjà explorés à travers le personnage d'Hannah dans *Girls*[27]. Mais tout particulièrement, elle prend forme à travers la publication de *Is It Evil Not to Be Sure?*, un zine à édition limitée qu'elle publie en avril 2016, dans lequel elle regroupe des entrées de son journal intime écrites durant son année scolaire 2005-2006 à Oberlin, en Ohio. Au cœur de ces fragments (qu'elle garantit n'avoir pas édités), on reconnaît des formulations,

---

[27]. Voici un exemple parmi tant d'autres : dans le neuvième épisode de la première saison de *Girls*, Hannah assiste au lancement du premier livre d'une ancienne collègue de classe. Elle y croise un de ses anciens professeurs de création littéraire, et ils discutent quelques instants de la qualité des écrits d'Hannah à l'époque du collège. Au moment de se quitter, il l'invite à venir lire un de ses textes en chantier lors d'une lecture publique qui a lieu le lendemain soir. Hannah hésite quant au texte à lire, les trouvant tous vains et sans grande tension dramatique. Complexée, elle se résout à écrire un nouveau texte dans le métro, en route vers la lecture. Devant une foule austère et juste assez élitiste, elle lira donc l'histoire de sa rencontre avec Igor, son petit ami du Web, qui meurt subitement après six mois de clavardage, avant qu'elle ne réussisse à le rencontrer. Sa lecture est un fiasco total. Le texte est médiocre, s'appuie lamentablement sur un effet de pathos qui n'advient pas, et son ancien professeur lui en veut d'avoir lu un texte si peu travaillé. Hannah repart chez elle, penaude. Dans son livre, Lena Dunham reprend la même histoire. Cette fois, elle est finement menée : drôle et touchante, laissant toute la place à la fragilité d'une Lena adolescente qu'aucun garçon en chair et en os n'aime et qui se voit bouleversée par la mort subite de son correspondant virtuel. C'est le point de rencontre entre la fiction et le réel, qu'elle distend encore davantage en donnant à un des personnages de la série le nom de famille du vrai Igor : « Des années plus tard, je donne son nom à un personnage de ma série. Un signal de fumée pour que sache celui qui aurait eu envie de savoir : il était sympa avec moi. Il avait des choses à dire. En quelque sorte, je l'aimais. Vraiment, je l'aimais. » (*Not That Kind of Girl*, p. 59.) Ainsi, à partir de la même anecdote, Dunham parvient à écrire une histoire d'humiliation et d'échec, et une seconde de tendresse et de fragilité, multipliant ainsi ses façons d'apparaître aux yeux de son lectorat.

des tournures de phrases, des images emblématiques de son livre. Le 10 mars 2006, elle écrit :

> ce souvenir survient à d'étranges moments / En effet, j'ai une fois j'ai lu [*sic*] un article / sur une fille vêtue d'une robe tout juste cousue / par sa mère et qui était allongée sur le dos / sur une route de campagne rocailleuse, disant / qu'elle aimait ça, encore et encore / pendant que ce vagabond la violait — elle espérait / que cela lui plairait et qu'il arrêterait[28].

Comme pour le bain, la robe d'une petite fille inconnue agressée sur un chemin de campagne fait effet de déjà-vu, à la fois figure de présage pour la lectrice et dispositif protecteur pour la narratrice : pour la première, il annonce la gravité de ce qui a eu lieu ; pour la dernière, il offre la mise à distance salvatrice permettant de poser des mots sur l'évènement traumatique. Sans surprise, les entrées de journal suivantes sont gangrenées par une violence sexuelle latente : « Je suis en train d'apprendre que ce n'est pas parce qu'une personne est intelligente, drôle et douée au lit qu'elle est forcément gentille[29] » (entrée du 24 avril 2006) ; « il met son bras autour de moi. "je connais tes besoins, / dunham, je ne les respecte simplement pas[30]" » (entrée du 5 mai 2006) ; « tu as blessé mes organes quand tu m'as baisée, les a empilés / les uns sur les autres[31] » (entrée du 28 juin 2006). Le titre de l'ouvrage lui-même, que l'on retrouve dans l'entrée du 19 mai 2006, se teinte d'une autre nuance. On en perçoit désormais l'ellipse : « Est-il mal de ne pas être certaine de ce qui vient de m'arriver ? », semble alors nous demander la narratrice.

Avec la publication du zine, Dunham se dénude dans toute son intertextualité, en plus de mettre à nu son processus d'écriture, ramifiant ainsi sa voix et le discours qu'elle tient sur son corps. À l'écran comme à l'écrit, Lena Dunham s'étend. Et grâce à cela, je crois, elle se dote des moyens discursifs dont elle a besoin pour se resubjectiver et ainsi proposer une posture féministe qui ne participe plus entièrement du spectacle dont elle profite en faisant fructifier son capital.

---

28. Dunham, *Is It Evil Not to Be Sure?*, New York, Random House, 2016, p. 34. Je souligne.
29. *Ibid.*, p. 40.
30. *Ibid.*, p. 42.
31. *Ibid.*, p. 48.

Réfléchissant à l'agentivité que permettent les écritures autobiographiques chez les femmes, Barbara Havercroft refait la généalogie du concept d'« *agency* ». Elle rappelle que l'on doit son émergence à des chercheuses féministes comme Judith Butler, mais aussi Helga Druxes, Patricia Mann, Rita Felski et Shirley Neuman, qui ont cherché à repenser la notion d'engagement afin qu'elle prenne en compte les possibilités d'action offertes au sujet — femme — lorsqu'il se retrouve empêtré dans un état de sujétion. De concert avec la compréhension qu'a Druxes de l'agentivité, Havercroft rappelle que subjectivité et agentivité ne sont pas tout à fait synonymes l'une de l'autre. Plutôt, la seconde « serait [...] inextricablement liée à la [première], tout en étant distincte, puisqu'elle est le *modus operandi* du sujet[32] ». C'est donc dire que si la subjectivité est une manière d'être, l'agentivité est une manière de *faire,* une voie d'expression, de construction ou de déconstruction de cette subjectivité. Cela signifie qu'il ne suffit pas à un sujet — Dunham, comme c'est le cas ici, mais également toutes les autres féministes pop — de s'énoncer pour engendrer du changement, social ou politique. Peu importe son énonciation subjective, le *statu quo* pourrait être maintenu. Le langage joue donc un rôle de premier ordre dans l'articulation d'une agentivité. Butler ne dit pas autrement lorsqu'elle rappelle que le langage est ce qui redonne puissance d'agir au sujet, grâce à la « répétition d'une subordination originaire destinée à une autre fin, dont le futur reste partiellement ouvert[33] ». Ainsi, le fait de répéter le discours auquel il est soumis offrirait au sujet la possibilité de jouer avec lui, de lui conférer un nouvel usage, duquel il serait possible de tisser de nouvelles significations. Ou encore, pour le dire avec Eftihia Mihelakis, « la production est la plus forte quand elle devient reproduction[34] ». Et il me semble que cette « réitération discursive[35] » est ce qui est à l'œuvre chez de nombreuses féministes

---

32. Jean-François Hamel, Barbara Havercroft et Julien Lefort-Favreau (dir.), *Politique de l'autobiographie: engagements et subjectivités*, Montréal, Nota Bene, 2017, p. 266.
33. Judith Butler, *Le pouvoir des mots: discours de haine et politique du performatif,* trad. Charlotte Nordmann, Paris, Éditions Amsterdam, 2017, p. 62.
34. Mihelakis, *La virginité en question*, p. 94.
35. Hamel, Havercroft et Lefort-Favreau, *Politique de l'autobiographie*, p. 269.

pop qui dispersent leur parole sur de nombreuses plateformes, mais de façon tout exemplaire chez Dunham, qui se fragilise en répétant le récit de son agression, mais qui, du même geste, se redonne une puissance d'agir puisqu'elle ose se placer « dans une pratique de réitération ou de reformulation immanente au pouvoir, et non dans une relation d'opposition externe au pouvoir[36] ».

L'intertexte est agissant, comme l'ont montré de nombreux travaux[37]. Il peut participer de la création d'une atmosphère, de l'avancée de la diégèse ou de l'approfondissement d'une thématique. Il peut être une forme d'hommage, de démonstration d'amour pour celui ou celle que l'on cite ou pastiche. Mais comme Barbara Havercroft le note en s'attardant aux proses d'Annie Ernaux et de Chloé Delaume, c'est lorsque l'intertexte devient « susceptible de transformer le sujet de la narration en un agent qui critique, qui questionne, qui ébranle le *statu quo* et les idées reçues, en faisant varier le sens du discours d'emprunt[38] » qu'il se fait le plus redoutable. Par l'itération de figures comme celle du bain ou de la robe à motif vichy que Dunham dépose dans ses diverses productions comme autant de petites pierres à suivre pour retrouver la sortie, elle devient comme cette petite fille qui (se) répète — encore et encore — qu'elle aime cela pendant qu'on transgresse son corps, mais qui, du même geste, se protège. Car, à force de répétition se libère toute la charge de sa colère. Et alors, l'évènement se transforme en autre chose : un récit de fiction qui peut, à son tour, servir à remuer l'inertie et le silence qui entourent les histoires des corps de femmes que l'on prend sans demander :

> Un après-midi, je fais le pitch d'une version de l'affaire Barry [à l'équipe de *Girls*]. [...] Je suis persuadée que tout est ma faute et de 50 manières

---

36. Butler, *Ces corps qui comptent*, p. 30.
37. Pensons aux explorations qu'en a fait la revue *Tel quel* dans les années 1960, entre autres à travers les réflexions de Julia Kristeva et Philippe Sollers, mais aussi aux recherches de Gérard Génette (*Palimpseste. La littérature au second degré*, 1982), Laurent Jenny (« La stratégie de la forme », 1976) ou encore, plus récemment, celles de Tiphaine Samoyault (*L'intertextualité. Mémoire de la littérature*, 2001).
38. Hamel, Havercroft et Lefort-Favreau, *Politique de l'autobiographie*, p. 279.

différentes. [...] Cependant, je sais que, à aucun moment, je n'ai consenti à être traitée de cette manière, ni ne l'ai autorisé à être brutal, à se planter dans mon corps sans barrière de protection. Je ne lui ai jamais accordé cette permission. Au plus profond de moi-même, j'ai cette certitude et c'est elle qui m'a empêchée de sombrer[39].

Cette mise en fiction dont elle use pour donner sens aux transgressions qu'a vécues son corps — fin de la virginité et agression sexuelle —, Dunham s'en sert encore une fois pour raconter la relation malsaine qu'a entretenue avec elle un de ses professeurs, alors qu'elle n'avait que 11 ans. Dans son livre, elle raconte comment cet enseignant, Nathan, lui accordait plus d'attention qu'aux autres élèves de la classe, l'appelant « ma Lena[40] » ; comment il l'invitait à manger avec lui le midi, en tête à tête ; ou comment il lui massait longuement la nuque pendant qu'il continuait de donner son cours au reste de la classe. Un jour, il lui confisque un billet d'un dollar avec lequel elle joue et lui dit qu'elle pourra le récupérer à la fin des cours. Lorsqu'elle se rend à son bureau pour le lui demander, il sourit, puis le plonge dans sa chemise, contre la peau de son torse. Devant l'immobilisme de Lena, l'enseignant le ressort et le lui lance en disant : « Bon sang, Lena. Tu parles beaucoup, mais il s'agit de passer à l'action…[41] » Des années plus tard, elle croise un homme dont la fille est dans la classe de Nathan. Lorsqu'elle tente de le mettre en garde, lui confiant les gestes inappropriés qu'il a eus envers elle, l'homme se fâche : « C'est une accusation très grave[42]. » Honteuse, et fâchée de l'être alors qu'elle est celle ayant vécu la violence, Lena n'insiste pas.

Écrit une seule fois, le récit de la transgression reste affligeant, certes, mais n'ouvre pas forcément de nouvelles significations. Or, cette histoire, Dunham la reprend presque mot pour mot dans un épisode phare de la dernière saison de *Girls*. Grâce à cette nouvelle itération, Dunham permet une nouvelle sémiosis. Dans celui-ci, Hannah est invitée dans le luxueux appartement du Upper West Side

---

39. Dunham, *Not That Kind of Girl*, p. 102.
40. *Ibid.*, p. 224.
41. *Ibid.*
42. *Ibid.*, p. 225.

de Chuck Palmer, un écrivain à succès dont elle admire le travail. Elle s'y rend pour discuter d'un article qu'elle a écrit sur les accusations d'agressions sexuelles qui sont portées contre lui par une série de jeunes autrices et chroniqueuses, dans lequel elle dénonce le fait qu'il use de son capital de célébrité pour profiter de jeunes étudiantes durant les tournées promotionnelles de ses livres. Se disant profondément heurté par l'interprétation d'Hannah, Palmer la reçoit pour lui donner sa version de l'histoire: « Je ne suis pas parfait. Je ne prétends pas l'être, dit-il à Hannah, j'ai une putain de libido et le contrôle sur soi d'un gamin[43]. » Ces mots, cette déculpabilisation... ce personnage masculin est familier, terriblement familier. Il est comme cet homme politique qui se servirait du mot-clic #NotAllMen[44] sur Twitter, cet homme d'affaires qui dirait que les fausses dénonciations d'agressions sexuelles sont courantes et détruisent la carrière des hommes, ou cette chroniqueuse qui soutiendrait que l'on vit dans un matriarcat[45]. C'est encore cet acteur célèbre qui demanderait à devenir le « poster boy » du mouvement #MeToo, bien qu'il ait été soupçonné d'abus sexuel sur sa fille alors qu'elle était petite[46]. Chuck Palmer incarne une masculinité toxique du fait qu'elle est déresponsabilisée (ce n'est pas la faute de tous les hommes) et essentialisée (les hommes n'y peuvent rien, ils ont des pulsions). Ce n'est pas pour rien que Dunham choisit d'orner les murs de l'appartement fictif de Palmer avec les nombreux prix littéraires qu'il a reçus, des portraits semi-réalistes de lui-même ainsi qu'une peinture de Woody Allen, sa tête coiffée d'une auréole dorée comme celle des saints du Moyen Âge, pointant un pistolet sur sa tempe. Car Chuck Palmer incarne cet artiste masculin dans la cinquantaine, à la

---

43 Dunham, *Girls*, s. 6, ép. 3, 09:32.
44. Ce mot clic se voulait une réponse aux vagues de dénonciation du mouvement #MeToo pour éviter que tous les hommes ne soient mis dans le même panier, mais qui servait surtout à détourner la conversation de son but initial : faire la lumière sur le caractère systémique des violences à caractère sexuel.
45. Denise Bombardier, « Le Québec : un matriarcat », *La Presse*, 7 mai 2018.
46. Emily Nussbaum, « The Cunning "American Bitch" Episode of "Girls" », *The New Yorker*, 27 février 2017.

Philip Roth[47], dont les écrits semi-autobiographiques l'ont porté aux nues, faisant de lui un héros national de la littérature. Pour Palmer, si les jeunes filles font la file devant sa chambre d'hôtel, c'est parce qu'elles ont besoin «de matériel pour écrire, [...] une histoire, une expérience[48]». Exaspérée, Hannah tente tant bien que mal de lui faire comprendre les dynamiques de pouvoir à l'œuvre, mais l'écrivain se défile en soulignant les zones forcément grises de la sexualité, ce qui fâche Hannah pour de bon: «J'en ai plus que marre des zones grises[49].» C'est alors qu'elle lui raconte, comment, enfant, un de ses professeurs a profité d'elle, répétant les mêmes détails que dans le chapitre «Et vous trouvez ça marrant?» de son livre: le fait d'être préférée aux autres élèves, les massages de la nuque, et la honte lorsqu'un autre homme ne la croit pas, des années plus tard. Palmer rétorque qu'il est désolé qu'une telle chose lui soit arrivée, mais qu'il comprend désormais son attitude devant ses frasques sexuelles. Hannah ne le laisse pas finir. Elle ne le laisse pas l'enfermer dans ce cliché qui le disculperait de toute responsabilité. Le coupant dans son élan psychologisant, elle lui ressert sa propre rhétorique: «Regardez-moi. Je suis futée. Et remarquable. Et maintenant, j'ai une histoire[50].»

Plusieurs choses sont à l'œuvre dans cet épisode, mais la question des zones grises m'intéresse particulièrement parce qu'elle vient faire écho à l'intertexte qui se tisse dans l'ensemble de l'œuvre de Dunham. Au-delà de la référence à Woody Allen ou à Philip Roth, grâce à l'insertion de cette histoire du professeur et à la réplique finale de Hannah, on comprend rapidement que la vraie zone grise se trouve ailleurs qu'entre Chuck et ses victimes, ou qu'entre Chuck et Hannah[51]. Au fond, la seule

---

47. À la fin de l'épisode, Chuck remettra d'ailleurs à Hannah une copie de *When She Was Good* de Philip Roth, un roman dans lequel l'héroïne passe sa vie à tenter de sauver ou de réformer les hommes qui l'entourent, jusqu'à en mourir d'épuisement.
48. Dunham, *Girls*, s. 6, ép. 3, 10:43.
49. *Ibid.*, 13:51.
50. *Ibid.*, 15:34.
51. Cette zone grise entre Hannah et Chuck peut se penser en deux temps. D'abord parce que, vers la fin de l'épisode, Chuck tentera de profiter d'Hannah comme il l'a fait avec de nombreuses jeunes autrices avant elle. Mais aussi parce

zone grise qui compte est celle qui se trouve entre Hannah et Lena, dans la multiplication des voix de la créatrice et des images dont elle entoure son corps : de Lena à Hannah, mais aussi en passant par Anna (le personnage que crée Hannah dans ses cours de création littéraire lorsqu'elle va étudier en Iowa dans la cinquième saison), Aura (protagoniste de *Tiny Furnitures*) et Ella (protagoniste de *Creative Fiction*); voilà où s'étend la vraie zone grise. Or, cette fois, elle ne représente pas une menace. Elle n'est plus un espace dans lequel on peut blesser sans impunité. Au contraire, cette zone grise réinventée autorise la narratrice à s'énoncer comme elle le souhaite, dans les décors qui lui plaisent. Elle la rend responsable de la narration, rappelant à tous les Palmer de ce monde que les femmes — les créatrices — n'attendent pas que les hommes leur déballent leur vie comme on ouvre une braguette pour avoir des histoires à raconter. Elles sont aux commandes de leur propre narration. Dans leurs chairs, sur leur peau, au creux de leur ventre se trouvent déjà toutes les histoires du monde.

Dans ces instants, Dunham se fait plus intime que jamais. Qu'elle se place en narratrice non fiable ne brise en rien son lien avec son lecteur; au contraire, il me semble que, par cela, elle évite le piège de l'injonction de véracité si prédominante dans ce genre d'écrits. Elle confie qu'il lui arrive de manipuler les faits et pourtant, elle ne trahit en aucun cas le véridique. Plutôt, elle en redessine les contours

---

que le personnage de Chuck et celui d'Hannah partagent des traits communs, surtout en ce qui a trait à leur rapport à l'écriture autobiographique, d'abord, mais aussi à la sexualité. Tous deux, ils ont eu des comportements sexuels discutables. En effet, à certains moments au cours des saisons précédentes, Hannah a elle aussi imposé sa nudité ou sa sexualité aux gens autour d'elle : elle a flirté avec un patron, elle a montré sa vulve à un autre, elle a presque forcé un petit ami à recevoir une fellation alors qu'il n'en voulait pas, etc. Par contre, là où ce genre de comportements fait de Palmer un personnage abusant de son pouvoir, cela n'est pas le cas pour Hannah, qui se retrouve rarement en position dominante. Plus souvent qu'autrement, ces situations se soldent en échecs cuisants et font d'elle le dindon de la farce. Ainsi, le moment de la rencontre entre Chuck et Hannah montre le décalage existant entre les deux personnages dans leur approche respective de la sexualité, tournant en quelque sorte la page sur cette part d'ombre d'Hannah.

en rejetant « la fiction du moi comme maître des circonstances[52] » et rappelle qu'être contrainte « de répéter la blessure, ce n'est pas nécessairement être contraint[e] de la répéter de la même manière, ou de demeurer entièrement au sein de son orbite traumatique », mais que « la force de répétition dans le langage pourrait être la condition paradoxale par laquelle une certaine puissance d'agir [...] est tirée de l'impossibilité du choix[53] ». En se présentant à son lectorat comme imparfaite, faillible, dans la multiplication de ses récits de trauma, il me semble qu'elle expose combien il ne faut pas confondre « le dire vrai » et « les discours de vérité[54] », suggérant que nous abordions l'exigence d'authenticité autrement que comme une épée de Damoclès, prête à tout moment à dérailler ou à être compromise, invalidant d'un même mouvement la parole de ceux ou celles qui s'en seraient portés garants. Le contrat d'authenticité que suppose une écriture autobiographique gagne à être envisagé *grâce à* — et non *en dépit de* — ses imperfections et ses incohérences puisque c'est par elles que nous pouvons « envisager une réalité sociale selon d'autres critères que ceux que cette réalité énonce[55] ». En ce sens, être authentique, « c'est donc dire que la vérité [...] n'est rien en dehors des procédés, des expériences et des détours qui y mènent[56] ». C'est en ce sens que le texte se lit comme intime et qu'il détient le potentiel de refuser ce que Fœssel nomme l'« apologie spectaculaire des sentiments[57] ». Quand Dunham avoue ses travestissements de narration ou quand elle se donne le droit de réécrire encore et encore la même histoire, remettant invariablement son corps en scène et en jeu, le dire l'emporte sur le dit, la tentative sur la réussite, et l'intime se met à « servir de critère à un comportement authentique[58] ». Ce faisant, Dunham démonte l'attendu et le présupposé d'un texte comme le sien qui devient alors la source potentielle d'un regard critique sur le monde. Elle passe

---

52. Butler, *Ces corps qui comptent*, p. 132.
53. *Ibid.*
54. Fœssel, *La privation de l'intime*, p. 62.
55. *Ibid.*, p. 61.
56. *Ibid.*, p. 62.
57. *Ibid.*, p. 148.
58. *Ibid.*, p. 62.

d'image à sujet pour devenir agente. Les figures récurrentes qu'elle sème un peu partout dans ses productions culturelles construisent sa posture féministe, mais servent également à rappeler qu'à Hollywood comme dans les univers fictionnels, c'est encore la loi du plus fort qui règne, et que cette loi est encore résolument masculine : c'est celle du professeur, celle de l'écrivain connu, celle de l'amant d'un soir, mais aussi celle du patron, du conjoint ou du décideur politique.

CHAPITRE NEUF

AMY SCHUMER : REPRENDRE LES RÊNES DU RIRE

> La vraie mesure d'une femme reste de savoir si elle peut, oui ou non, encaisser une blague — de la même façon qu'un « vrai » homme sait encaisser un coup de poing.
>
> Ann Marie Ryan, *Missing the Joke*

S i l'itération du corps et des expériences qu'il traverse permet aux féministes pop de se constituer comme sujet en se réappropriant leur mise en récit, son travestissement et sa profanation par l'humour est une autre façon d'enrayer le rite de confirmation craint par Amossy puisque, comme le note Linda Mizejewski, le corps féminin est devenu, dans la culture pop *mainstream*, l'endroit où les féminismes « peuvent s'exprimer, se réfléchir, mais aussi être contestés[1] ». Déjà, dans son exploration de la figure de la femme ingouvernable, Kathleen Rowe remarque qu'ingouvernance et humour au féminin se partagent des caractéristiques, particulièrement en ce que ces phénomènes sont construits autour « d'une structure commune de liminalité et d'inversion[2] ». En effet, de la pratique du stand-up à la participation aux émissions de variété en passant par le jeu un peu caricatural du sitcom, les humoristes sont de celles qui se donnent littéralement « en spectacle ». Impudique, l'humour autorise la féministe pop à jouer avec son image, ce qui, en retour, lui permet de dessiner un nouvel horizon quant aux représentations du corps féminin dans le show-business. Bon nombre de féministes pop ont cimenté leur célébrité grâce à une posture s'articulant à l'intersection des enjeux du féminisme et des codes de l'humour. Je pense bien sûr à Tina Fey, à Amy Poehler et à Amy Schumer, dont les pratiques artistiques se façonnent au sein de l'industrie de la *comedy* étatsunienne, mais aussi à Mindy Kaling ou à Lena Dunham, dont les productions sont résolument humoristiques. Mais on pourrait aussi penser à des artistes comme Sarah Silverman, Rachel Dratch, Kristen Wiig, Kate McKinnon, Phœbe Robinson, Amy Sedaris, Mo'Nique, Margaret Cho, Chelsea Handler, Wanda Sykes ou Jenny Slate. Certaines jouissent d'une célébrité internationale, certaines œuvrent plutôt sur les scènes locales, mais toutes articulent leur féminisme à même la scène humoristique nord-américaine, posant ainsi — nous le verrons — un geste déstabilisant *de facto* un certain *statu quo*.

Il y a 14 ans, la chercheuse Lucie Joubert, réfléchissant à la place restreinte occupée par les femmes sur la scène humoristique du Québec, posait ce constat: « Prendre la parole, et à plus forte raison utiliser cette parole pour faire rire la galerie, courir le risque d'être ridicule, tout cela rompt avec l'image figée, codifiée, de la féminité[3]. »

---

1. Linda Mizejewski, *Pretty / Funny: Women Comedians and Body Politics*, Austin, University of Texas Press, 2014, p. 6.
2. Rowe, *The Unruly Woman*, p. 19.
3. Lucie Joubert, *L'humour du sexe: le rire des filles*, Montréal, Triptyque, 2002, p. 18.

Dix ans avant elle, la chercheuse étatsunienne Regina Barreca tirait à peu près les mêmes conclusions, rappelant que l'humour ne joue pas les mêmes rôles — émotionnel, social — pour toutes et tous : « Pour la plupart des femmes, l'humour est quelque chose que nous ne sommes pas sûres de savoir comment utiliser parce qu'on nous a répété que nous n'en avons pas[4]. » Conception éculée s'il en est une, elle a pourtant encore la couenne dure : en humour — comme en salle de classe, lors d'une assemblée politique ou dans la vie quotidienne — on aime les femmes posées, tout en retenue. Silencieuses. Celles qui sortent des rangs dérangent puisqu'elles ébranlent l'injonction pérenne du « sois belle et tais-toi ».

De fait, l'histoire humoristique des États-Unis reste résolument masculine. Que l'on remonte jusqu'au début du cinéma et à ses inventeurs des ressorts physiques du rire (Charlie Chaplin, Buster Keaton, Mack Sennett, Harold Lloyd), que l'on pense aux figures notoires de l'humour juif (Woody Allen, Larry David, Billy Cristal, Jerry Seinfeld, Adam Sandler), aux noms de la scène afro-américaine (Richard Pryor, Eddie Murphy, Dave Chappelle), aux stars de la comédie de type « *man child*[5] » des années 1990 (Jim Carrey, Will Ferrell, Brendan Fraser, Steve Martin, Seth Rogen, Adam Sandler) ou aux têtes d'affiche des *late night shows* (Jimmy Fallon, Jay Leno, David Letterman, Conan O'Brien, John Oliver, Jon Stewart), force est de constater que les grands noms de l'humour aux États-Unis sont synonymes de « grands hommes de l'humour ». Et pourtant, nous dit-on, les noms à l'affiche dans les galas d'humour, les différentes comédiennes participant aux ligues d'improvisation ou aux émissions de type *Saturday Night Live*,

---

4. Regina Barreca, *They Used to Call Me Snow White... But I Drifted. Women's Strategic Use of Humor*, New York, Viking, 1991, p. 11.
5. Sous-genre florissant dans les années 1990 et continuant de rencontrer un fort succès populaire aujourd'hui, la comédie de type « *man child* » présente les mésaventures de personnages masculins se comportant comme des adolescents niais et maladroits. Depuis le succès unilatéral fulgurant du film *Dumb and Dumber* en 1994 qui a lancé la carrière de Jim Carrey, ce genre de films a continué d'accumuler plus de 100 millions au box-office dans les dix dernières années avec des films comme *Wedding Crashers, The 40-Year-Old Virgin, Knocked Up, Step Brothers, Ted, 21 Jump Street*, etc.

et celles diffusant leurs spectacles d'humour sur Netflix prouvent que les femmes conquièrent aujourd'hui massivement la scène humoristique. Enfin, clame-t-on, les humoristes féminines sortent de l'ombre et reprennent la place qui leur est due tout en brisant les codes figés de la féminité. À ce chapitre, les États-Unis constituent effectivement une pépinière de talents au féminin. Les humoristes féminines ont su profiter de la multiplication des espaces de diffusion, que ce soit du côté de la télévision (câble, spectacles de variétés, chaîne spécialisée comme *Comedy Central*) ou des *comedy club* (qui ont proliféré). Or, si on y regarde de plus près et qu'on se met à compter (ce que les chercheuses finissent toujours par faire lorsque vient le temps d'étudier la place ou la représentation des femmes dans les diverses strates de la culture pop), les chiffres montrent que non seulement les têtes d'affiche des soirées d'humour sont encore majoritairement masculines[6], mais que les personnes s'identifiant comme hommes forment la grande majorité des consommateurs d'humour. À cela s'ajoutent des producteurs, réalisateurs et propriétaires de salles qui sont plus nombreux au masculin. Et du côté des salles de rédaction de différentes séries télévisées humoristiques, il n'en est pas autrement… Vraiment, la scène humoristique nord-américaine rappelle que, si l'on est prêt à laisser

---

6. En juillet 2017, dans le cadre d'une chronique radiophonique, je me suis intéressée à la programmation du Festival Juste pour rire / Just For Laughs, l'un des plus grands festivals d'humour au monde qui se tient à Montréal et qui rassemble des humoristes du monde entier, de langues anglaise et française. D'ailleurs, nombre d'humoristes masculins et d'humoristes féminines des États-Unis sont venus y lancer leur carrière, comme Amy Schumer, qui a fait ses premières armes au Café Cléopâtre, sur la rue Saint-Laurent. Pour cette mouture 2017 anglophone et francophone, en considérant seulement les spectacles d'humoristes en solo ou en duo (en excluant donc les galas rassemblant plusieurs humoristes et les variétés comme les comédies musicales ou les pièces de théâtre humoristiques, par exemple), j'ai compté un total de 45 spectacles pour les programmations francophone et anglophone. Parmi ceux-ci, 31 spectacles étaient présentés par des humoristes masculins contre trois — trois ! — spectacles par des humoristes féminines. Du côté des galas, huit étaient animés par des humoristes masculins contre un seul animé par deux humoristes féminines (le seul, d'ailleurs, qui présentait à peu près une parité homme-femme dans ses têtes d'affiche).

une (certaine) place aux femmes sur les planches, il faudra qu'elle demeure sagement balisée et que ses occupantes restent justement cela : des femmes. Laisser parler les femmes, soit. Mais entre elles.

Lorsqu'il est question d'humour et de genre, les idées reçues sont légion et difficiles à déconstruire : une femme drôle, c'est forcément une femme laide[7] ; elle fait des blagues parce qu'elle ne peut séduire, parce qu'elle possède — c'est obligé — un physique ingrat. Et puis : une femme qui parle fort, c'est une femme vulgaire, trop sexuelle ; c'est une femme qui ose se donner en spectacle alors qu'elle devrait se tenir sagement dans son coin. Si l'on suit cette logique, il est inconcevable que l'état « humoriste » corresponde à l'état « femme » (du moins, tel qu'il se déploie, stéréotypé, dans l'imaginaire de notre société nord-américaine), et « le corollaire serait alors que les belles femmes pourraient se refuser à faire de l'humour pour ne pas porter atteinte à leur image[8] ». Le fait de dissocier ainsi les codes de la féminité des

---

7. En 2007, Christopher Hitchens, un journaliste réputé, publie dans le *Vanity Fair* un article intitulé « Pourquoi les femmes ne sont pas drôles » dans lequel il cherche à montrer en quoi l'humour au masculin est plus incisif, plus persuasif, plus intelligent et — surtout — plus naturel que l'humour au féminin. Le fait d'être drôle, écrit-il, est un trait de sélection naturelle, comme le fait d'avoir de bonnes dents ou une taille avantageuse. Hitchens reconnaît qu'il existe des femmes drôles, mais spécifie que, lorsque c'est le cas, elles ont tendance à être « costaudes, gouines ou juives, ou un genre de combo des trois », caractéristiques qu'il considère comme masculines. Dès lors, les humoristes qui s'adonnent à ce genre d'humour sont plus masculines que féminines, de toute façon… En réponse à son article, Alessandra Stanley monte un dossier dans lequel la photographe Annie Leibovitz croque le portrait d'humoristes telles que Tina Fey, Amy Poehler, Sarah Silverman dans des poses de vamp, avec des décolletés plongeants, langoureusement allongées sur des sièges de limousines ou dans des chambres d'hôtels aux lumières tamisées. En plus de réfuter l'argument principal de Hitchens — les femmes drôles sont laides —, la journaliste et les humoristes qu'elle rencontre dénoncent combien la question de l'apparence constitue l'une des entraves les plus significatives à la parité en humour. (Christopher Hitchens, « Why Women Aren't Funny », *Vanity Fair*, 1er janvier 2007 ; Alessandra Stanley, « Who Says Women Aren't Funny ? », *Vanity Fair*, 3 mars 2008.)
8. Joubert, *L'humour du sexe*, p. 18.

codes de l'humour a pour vicieuse conséquence que les humoristes féminines ne soient jamais reconnues comme étant à la fois l'une et l'autre, laissant le champ libre aux humoristes masculins (qui, de toute façon, sont considérés comme des « humoristes » tout court). Elles n'ont pas prononcé leur première blague qu'elles sont vouées à l'échec : trop femmes pour être humoristes ou trop drôles pour être femmes.

À leur époque, Carol Burnett, Phyllis Diller et Joan Rivers avaient bien compris cette dynamique. En endossant des personas peu attrayantes ou désagréables, elles court-circuitaient d'office les reproches qui pourraient leur être adressés et pouvaient s'adonner à un humour grivois sans risquer d'être remises à « leur place ». Pervertir les codes de la féminité leur donnait plus de liberté pour jouer avec les codes de l'humour. Mae West a construit une grande part de sa carrière sur ce précepte, s'amusant à rire des paramètres de la féminité et de la masculinité traditionnels. Des années plus tard, Amy Schumer fait le même pari en décidant d'ignorer les critiques qui seront orientées vers son apparence physique :

> Maintenant que mon travail, mes relations, mes gazouillis, mon corps et mes sandwichs sont analysés publiquement, je suis fière de m'être moi-même affichée comme une humaine ordinaire et imparfaite avant que quiconque ne le fasse. Je m'affiche déjà comme une salope, alors ceux qui me haïssent devront trouver quelque chose de nouveau[9].

Il reste qu'avant même d'avoir ouvert la bouche et risqué d'être discréditées pour ce qu'elles diront ou ne diront pas, « c'est en tant que *femmes*, justement, et non pas en tant qu'humoristes, que [les humoristes féminines] sont d'abord entendues[10] ». Dès lors, prises dans cette économie humoristique réductrice pour les femmes et dans laquelle le pouvoir d'achat revient encore aux hommes, elles se voient contraintes de faire preuve de prouesses rhétoriques et se tournent alors souvent vers l'autodérision, tant et tellement que Barreca comprend ce type d'humour comme étant le plus traditionnellement féminin[11]. S'il possède ses vertus (le repli stratégique permet parfois des

---

9. Schumer, *The Girl with the Lower Back Tattoo*, p. 310-311.
10. Joubert, *L'humour du sexe*, p. 25.
11. Barreca, *They Used to Call Me Snow White... But I Drifted*, p. 23.

victoires qu'on n'espérait plus), l'autodérision est risquée puisqu'elle ne met personne d'autre en danger que l'énonciatrice. Prenons par exemple une humoriste qui offre un segment de stand-up à propos d'une aventure d'un soir durant laquelle son partenaire lui ferait des remarques — rendues comiques — sur son sexe ou sur sa difficulté à la contenter sexuellement. En construisant sa blague à partir d'un regard traditionnellement masculin, peu importe le comique avec lequel l'énoncé sera transmis, elle se range du côté du discours dominant selon lequel la vulve est honteuse en plus d'être complexe à satisfaire[12]. Si l'on rit, c'est encore et toujours aux dépens d'une personne que nous identifions comme femme. De l'humoriste, d'abord, mais de toutes les autres personnes possédant une vulve. Ainsi, malgré le nombre croissant de femmes ayant rejoint les rangs de l'humour, il semblerait qu'il existe — une fois de plus — un deux poids, deux mesures quand il est question de thématiques humoristiques. En tant que femmes, il leur est permis de faire rire, certes, mais pas en parlant de n'importe quoi : « C'est correct d'être drôle si tu es une femme, tant que la seule chose dont tu ris, c'est de toi-même — ou d'autres femmes[13]. »

---

12. Durant le colloque « L'humour Sens dessus dessous » organisé par l'Observatoire de l'humour en collaboration avec l'École nationale de l'humour et l'Association des professionnels de l'industrie de l'humour, qui a eu lieu en 2013 à Montréal et qui rassemblait praticiens et théoriciens de l'humour, les propos qu'a tenus l'humoriste québécoise Lise Dion à propos de son numéro portant sur la sexualité au féminin me paraissent exemplaires à ce chapitre : « Dans mon numéro sur le point G, en gros, je dis aux hommes de ne pas s'en faire s'ils ne le trouvent pas du premier coup, puisque moi même, je le cherche encore. » Ici, l'humoriste réitère le discours dominant selon lequel le sexe des femmes est si complexe que de chercher à le satisfaire s'apparente à entreprendre la traversée d'un désert ou à partir en quête du Graal. (François Lévesque, « Colloque de l'humour — Le rire a-t-il un sexe ? », *Le Devoir*, 28 novembre 2013.)
13. Nancy A. Walker, *A Very Serious Thing: Women's Humor and American Culture*, cité dans Barreca, *They Used to Call Me Snow White… But I Drifted*, p. 24.

Stand-up et pouvoir

Dans un portrait qu'elle fait d'Amy Schumer, la journaliste Monica Heisey explore les facteurs ayant contribué à son succès fulgurant sur la scène humoristique étatsunienne et conclut que la raison de son succès réside dans le fait qu'elle a su esquiver la discussion autour de l'amabilité qui accable généralement les célébrités féminines[14]. Quelle est-elle, cette amabilité que la journaliste remarque chez l'humoriste ? Selon Monica Heisey, si Amy Schumer sait se rendre aimable — désirable —, c'est qu'elle respecte les conventions en développant sa persona et son humour autour du trope de la « hard-drinking party girl[15] », qui plaît à son auditoire longtemps majoritairement masculin, plutôt que d'élaborer une personnalité scénique qui serait sous le signe de la confrontation. Or, comme elle en témoignera à de nombreuses reprises en entrevue, ce personnage qu'elle met en place dans ses créations (et qu'elle s'est d'ailleurs réapproprié *après* qu'elle en a été affublée par les médias à la suite de ses premières blagues à thématiques sexuelles) n'a que peu à voir avec sa personnalité « réelle », mais ouvre toutefois la porte à beaucoup de libertés de la part des intervieweurs, fans ou collègues de plateau. Le vieux cliché se répète : une femme charnellement épanouie est une femme disponible pour la conquête, pour la domination. Schumer en évalue toute l'ampleur

---

14. Monica Heisey, « Amy Schumer : Comedy's Viral Queen », *The Guardian*, 28 juin 2015.
15. Le trope de la « hard-drinking party girl » ou « drunk party slut » pourrait se traduire par « fille fêtarde » ou « fille de party ». La fille fêtarde est un peu fainéante, insouciante, chaotique, désinhibée, toujours prête à boire ou à faire la fête. Peu pudique et sans inhibitions, elle canalise un fort désir sexuel qu'elle dirige souvent vers le protagoniste masculin, mais elle en est rarement le « love interest » (l'objet d'amour). En bref, elle représente cette belle fille à la répartie salace qu'on aime désirer, avec qui on rêve de passer une folle nuit d'aventures irréfléchies, mais qu'on laisse derrière, au petit matin, une fois la fête terminée. Dans l'univers de la comédie, on peut penser, par exemple, au personnage récurrent de « Drunk Girl » qui apparaissait dans les sketchs de *Saturday Night Live* de 2001 à 2003 : des yeux à demi fermés, des paroles confuses et incompréhensibles, des jurons et, souvent, un soutien-gorge dévoilé en fin de sketch.

lorsqu'elle part en tournée promotionnelle pour le film *Trainwreck* (2015), qu'elle scénarise et dans lequel elle joue le rôle principal d'une célibataire sexuellement aventureuse, redoutant la monogamie et l'engagement : « Le *slut-shaming*[16] était hors de contrôle. [...] Certains intervieweurs m'approchaient l'air de dire : *Bon... Tu abordes des thématiques sexuelles dans ton film, alors je peux te dire tout ce que je veux*. Ça m'a donné envie de me laver pour le reste de mes jours[17]. »

Or, Amy Schumer ne tolère pas les débordements et les manquements que justifieraient, prétend-on, les personnages qu'elle incarne, et quoi qu'en dise Heisey, je crois que c'est là qu'elle se rend malgré tout inaimable. Elle construit son rôle pour mieux s'en extirper, pour mieux le récuser et en exposer les rouages. Ainsi, quand son éditrice lui fera le commentaire qu'elle paraît « trop détestable » dans le premier jet de son livre, elle lui répondra simplement : « Je n'essaie pas d'être aimée[18]. » Elle refuse le jeu tel qu'il a toujours été joué. Elle ne sera pas la fêtarde invétérée qu'on laissera cuver son vin, le lendemain de la fête, seule ; celle dont on aura vaguement pitié bien qu'elle nous ait permis d'oublier nos vies mornes le temps d'une nuit. Elle réécrit le trope : elle s'amuse jusqu'au bout de la nuit, sans personne pour lui dicter quoi dire, que faire, quand arrêter, et elle ne le fait pour personne d'autre qu'elle-même. En fait, Amy Schumer rappelle constamment aux hommes qui la consomment que son corps n'est pas à leur disposition. C'est cette limite qu'elle impose à nouveau, lorsque, en tournée à Stockholm pour un spectacle solo, elle expulse sans aucune hésitation un spectateur qui lui manque de respect. Ce soir-là, un homme faisant partie du public lui coupe la parole en plein monologue d'ouverture en criant « Montre-nous tes boules ! ». Amy Schumer s'interrompt, identifie le tapageur pour que toute la foule voit bien à qui elle s'adresse et lui répond, d'un ton faussement mielleux :

---

16. Formée à partir de *slut* (salope) et *shame* (honte), l'expression *slut shaming* n'est pas évidente à traduire parce que ses équivalents français — « putainisation », « victimisation des salopes », « antiplotisme » — n'englobent pas toutes ses composantes d'humiliation, de stigmatisation et de choc.
17. Schumer, *The Girl with the Lower Back Tattoo*, p. 267.
18. Emma Brockes, « Amy Schumer : "I'm Not Trying to Be Likable" », *The Guardian*, 27 août 2016.

« C'est vraiment mignon, mais si tu cries à nouveau, tu vas te retrouver à hurler "Montre-nous tes boules" dans le stationnement, parce qu'on va te jeter dehors, enfoiré[19]. » Quand il hurle malgré tout une seconde insulte sexiste, Schumer appelle la sécurité, qui montrera alors le chemin de la sortie au perturbateur pendant que l'humoriste confiera, à son public ravi : « Je vais montrer mes boules quand ça me chante[20]. »

Cet incident, en apparence pourtant banal, mérite d'être regardé de plus près afin de saisir en quoi Schumer, en gérant la situation de la sorte, déjoue les règles habituelles du jeu. Il faut savoir que riposter aux personnes chahuteuses du public (les « hecklers ») fait partie de la tradition du stand-up ; qui plus est, un soir de spectacle, le talent d'un ou une humoriste sera officieusement évalué par rapport à la rapidité et à la qualité de sa répartie lors de ces interruptions : que ce soit des retardataires, une personne avec un rire distinctif ou une personne tapageuse, ces éléments perturbateurs doivent être désamorcés avec brio par celui ou celle qui se donne en spectacle. Or, ce genre d'interventions est doublement périlleux pour une humoriste féminine. D'abord, il faut rappeler que les femmes sont depuis des lustres la cible du rire : ironistes, satiristes, humoristes ; la féminité a le dos large. Dès l'instant où une humoriste monte sur scène, elle conteste son statut d'*objet* de la blague pour se positionner en *sujet* faisant rire, et, « de spectatrices de l'humour des autres, elles deviennent *productrices*, parties prenantes de cet humour[21] ». Car susciter le rire, c'est posséder un pouvoir. L'humoriste — masculin ou féminin — exerce une influence sur son public. Le sujet qui fait rire détient toutes les cartes dans son jeu, et même quelques frimes. Il connaît les blagues, il sait où se dirige le sketch. Il donne le coup final — le *punch line* —, il enfonce le clou de la blague à la force, à la vitesse et à la profondeur qu'il désire. Si l'humour peut servir à briser le silence, ce qui lui confère un pouvoir libérateur, n'oublions pas qu'il peut aussi se transformer en pouvoir d'oppression lorsqu'il est utilisé, à l'inverse, pour faire taire,

---

19. Amy Schumer, *Amy Schumer Gets Heckled in Stockholm*, YouTube, 1er septembre 2016.
20. *Ibid.*
21. Joubert, *L'humour du sexe*, p. 24. Je souligne.

comme lorsqu'on dira à cette femme à qui on a tenu des propos ou des gestes déplacés: « Voyons, ce n'était qu'une blague. » C'est donc sans surprise que l'humour et la prise de pouvoir se partagent des qualités encore traditionnellement associées à la masculinité — la hardiesse, la dominance et l'assurance — que l'on valorise moins chez une humoriste. Et celles qui osent s'en revendiquer risquent davantage que leurs collègues masculins, car leur pouvoir est altéré du simple fait qu'elles sont des femmes. Avant même d'avoir parlé et d'être évaluées pour ce qu'elles diront ou ne diront pas, elles seront toujours entendues pour ce qu'elles *sont*. Là où les humoristes masculins font de l'humour universel, les humoristes féminines font de l'humour « de (bonnes) femmes[22] ». Dès lors, lorsqu'une femme fait rire, elle transgresse et se met en danger: « L'humour est un acte agressif en soi; faire rire une personne veut dire exercer un contrôle — un pouvoir, même. Or, une femme ne peut pas paraître trop agressive ou elle perdra au change[23]. »

---

22. Bien sûr, les choses ne sont pas aussi caricaturales que cela, mais, malgré les avancées faites en matière d'inclusivité en humour, il arrive encore que cette manière de concevoir la comédie s'actualise. Comme le remarque Tad Friend dans son portrait de la comédienne Anna Faris, le fait d'être drôle est le premier critère pour évaluer la compétence ou le savoir-faire des acteurs de films comiques, mais pas pour les actrices. Il illustre son propos en citant de nombreux moments où le talent humoristique de Faris ne suffisait pas à faire décoller sa carrière et conclut en racontant comment un agent lui a avoué que l'atout principal de Faris était que les hommes la désiraient. (Tad Friend, « Funny Like a Guy: Anna Faris and Hollywood's Woman Problem », *The New Yorker*, 11 avril 2011.) Plus près de nous, le fiasco entourant l'annonce des Galas 2017 de Juste pour rire expose tristement ce *double standard* en humour. Cette année-là, on a annoncé que les galas montréalais seraient rassemblés sous la thématique « Décortiquer les composantes du rire » dans laquelle l'humour dit « féminin » s'est vu confiné à une simple sous-catégorie au même titre que « engagé », « absurde » ou « stand-up ». Ainsi, les humoristes féminines se trouvaient reléguées à un seul genre d'humour: ni absurde, ni engagé, ni stand-up; juste « féminin ». Ainsi, l'actualité a tôt fait de nous rappeler que, si l'on est prêt à laisser une (certaine) place aux femmes dans l'industrie de l'humour, il faudra que celle-ci demeure bien balisée, cantonnée, et que ses occupantes restent justement cela: des femmes.
23. Barreca, *They Used to Call Me Snow White… But I Drifted*, p. 19.

Que risque-t-elle de perdre, au juste ? Son intégrité, sa popularité, son succès, sa carrière ; elle risque tout cela si elle s'aliène son public qui n'est pas sans pouvoir, lui non plus. Au pouvoir de faire rire s'oppose celui de décider de rire ou de ne pas rire. Et c'est en ce sens que la qualité d'improvisation des humoristes féminines les place sur la corde raide : rater son coup, c'est rappeler au public — qui ne rit pas — qu'il n'est pas qu'en présence d'une humoriste, mais que cette personne qui se tient devant lui est avant tout une femme. Une femme qu'il faudrait peut-être remettre à sa place.

Regina Barreca témoigne d'ailleurs d'un cas très semblable à celui d'Amy Schumer à Stockholm, mais dont l'issue est malheureusement différente. Au milieu des années 1990, l'humoriste Lara Kightlinger, qu'on a pu voir à *Saturday Night Live* ou dans *Will & Grace*, a elle aussi dû gérer un chahuteur durant un de ses spectacles de stand-up. Il lui criait « Enlève ton chandail ! » à répétition. Après l'avoir ignoré pendant un moment, Kightlinger s'est tournée vers lui et lui a dit, poliment : « Écoute, je sais que c'est nouveau pour toi, de voir une femme qui n'est pas derrière un plexiglas, mais il va falloir que tu te contrôles[24]. » Dans le cas de Schumer comme dans le cas de Kightlinger, nous sommes en présence d'un homme, membre du public, qui s'acharne à rappeler à une humoriste son statut de femme en lui exprimant son désir de la dénuder — ici, tant figurativement que littéralement — de son statut de sujet parlant, pour la ramener vers son statut d'objet sexué et sexuel. Or, ce soir-là, la riposte n'a pas le même effet, comme en atteste Barreca. Au contraire, le public s'est retourné contre Kightlinger, l'accusant de mettre un spectateur sur la sellette. C'était lui qui lui avait ordonné d'enlever son chandail ; c'était elle qui dépassait les bornes[25]. L'humoriste est punie pour avoir joué en oubliant la règle d'or : « Il faut tenir compte des hommes et des femmes lorsqu'on est à la fois comique et femme[26] », car la femme demeure celle dont il faut rire. On a l'impression que le public de Kightlinger lui susurre : *ça t'apprendra à essayer de rire de quelqu'un d'autre que toi.*

---

24. *Ibid.*, p. 156.
25. *Ibid.*
26. Joubert, *L'humour du sexe*, p. 27.

Il va sans dire que les réactions distinctes des publics sont emblématiques du nombre d'années séparant la performance de Kightlinger de celle de Schumer. De 1995 à 2016, c'est une éternité en matière de perception des femmes en humour. Mais au-delà de cet écart, les évènements n'ont pas été gérés de manière similaire. Là où Kightlinger s'engage dans ce qui est attendu d'elle — répondre avec le plus d'esprit possible au perturbateur, comme le veut la tradition — et échoue, Schumer s'extirpe du rire, se sort de la représentation pour exposer clairement qu'elle ne tolérera pas d'autres incartades de ce type. Elle refuse le piège qui lui est tendu — dont le nom anglais de « booby trap » devient tristement ironique dans ces deux cas où on exige des humoristes qu'elles exhibent leur poitrine : si elle réplique trop gentiment, l'homme a le dessus et elle capitule devant ce genre d'agression ; si elle répond trop rudement, elle risque de se mettre à dos son public en humiliant l'un des siens, comme l'a vécu Kightlinger. Cette circonstance, on la connaît trop bien. C'est celle de cette femme — vous, moi — qui travaille dans un bureau où les employés majoritairement masculins font des blagues déplacées à ses dépens pour voir comment elle jonglera avec la situation. C'est celle de cette adolescente — vous, moi — qui joue dans une équipe sportive mixte et qui doit tolérer les commentaires sexistes de ses coéquipiers pour rester la « cool girl » qui est « one of the boys »[27]. C'est ce qui menace toutes celles qui osent

---

27. Ces deux expressions ne possèdent pas vraiment d'équivalent francophone. La première est difficile à traduire à cause du caractère unique que revêt le mot *cool* en anglais. Pour cette raison, je la traduirais simplement par la « fille cool ». La seconde pourrait se traduire par « la fille de la gang », mais une telle traduction évacue l'idée d'être une fille — seule — parmi les garçons — en groupe homogène. Pour éviter cet effacement, il faut se résoudre à user de paraphrases et choisir une formulation plus longue telle que « elle est un gars comme un autre » ou « elle est comme un gars de la bande ». Parfois considérées comme étant équivalentes même en anglais, ces deux expressions gagnent à être nuancées. Je m'inspire de la définition que donne l'écrivaine Gillian Flynn de la « *cool girl* » pour y arriver. Selon la lecture qu'elle en fait, la fille cool, même si elle est appréciée de ses amis masculins, ne perd jamais son statut d'Autre. On n'oublie jamais qu'elle est une fille : « Être la fille cool signifie que je suis une femme sexy, intelligente et drôle ; qui adore le football,

sortir des espaces qui leur ont été alloués. *Si vous voulez envahir ce territoire qui est le nôtre depuis toujours, vous devrez respecter nos règles, semblent-ils nous dire*[28]. Amy Schumer n'attend pas que son public décide si elle gagne ou si elle perd. Plutôt que d'affronter l'élément perturbateur, elle le supprime. Elle reprend contrôle de la salle. Elle reprend contrôle du rire. Elle refuse de subir et de se taire : elle pointe du doigt. Et pour cela, soudain, elle plaît moins.

---

le poker, les blagues grivoises, et roter ; qui joue aux jeux vidéo, bois de la bière bon marché, adore les trips à trois et le sexe anal ; qui enfonce des hot-dogs et des hamburgers dans ma gorge comme si j'organisais le plus grand *gang bang* culinaire au monde, tout en conservant un deux de taille ; parce que les filles cool sont, par-dessus tout, sexy. Sexy et compréhensives. » (Gillian Flynn, *Gone Girl*, New York, Crown Publishers, 2012, p. 98.) Par opposition, la fille de la gang, elle, ne devient jamais vraiment l'Un, mais est dérobée de son statut d'Autre : jamais complètement un gars, jamais complètement une « vraie » fille.
28. Barreca, *They Used to Call Me Snow White… But I Drifted*, p. 74.

CHAPITRE DIX

LE CORPS COMIQUE : POUR L'AMOUR DU BAS-VENTRE

> Un peu de mauvais goût, c'est comme une agréable pincée de paprika.
>
> Dorothy Parker

Dans *Le rire de la Méduse*, Cixous rêve d'une « autre langue[1] » qui associerait le sujet féminin à l'idée d'un rire se faisant l'avertissement d'une reprise de liberté, d'un refus de capituler, d'une entrée en pouvoir. Grâce à la création d'une parole féminine dangereusement rieuse, Cixous espère « tordre la vérité de rire » pour

---

1. Marta Segarra, « Présentation de *Le Rire de la Méduse et autres ironies* », Paris, Galilée, 2010.

« mettre en pièce les bâtis des institutions[2] » et ainsi en finir avec les systèmes de pensée binaires et simplistes. Par contre, elle souligne qu'une telle effusion de puissance par le rire ne saurait exister sans son incarnation dans la puissance du corps :

> Il faut que la femme écrive par son corps, qu'elle invente la langue imprenable qui crève les cloisonnements, classes et rhétoriques, ordonnances et codes, qu'elle submerge, transperce, franchisse le discours-à-réserve ultime, y compris celui qui se rit d'avoir à dire le mot « silence »...[3]

Si je m'autorise à articuler la parole humoristique contemporaine — et nettement plus vernaculaire — des féministes pop à la langue rebelle et libérée de Cixous, c'est que je leur trouve des affinités dans la manière dont elles interrogent leur rire de femmes écrivantes pour comprendre comment il se lie à la force de leur corps. L'une et les autres, elles récusent l'omerta qui enveloppe le corps des femmes. Mais ce refus du silence — le fait d'arriver à en rire — n'est pas chose facile. Il ne suffit pas aux humoristes d'aborder des thématiques liées au corps pour enrayer des années de procédés comiques sexistes ni pour retrouver ce corps « de l'écriture » dont parle Cixous. Pour Gloria Kauffman, là se situe la différence entre « humour féminin » et « humour féministe » : puisque l'humour dit féminin aborde les inégalités de genre sans forcément tenter de les renverser, « l'humour féministe est fait d'espoir, alors que l'humour féminin est fait de désespoir[4] ». L'humoriste qui fait une blague sur ses menstruations sans en déjouer les stéréotypes habituels fait de l'humour féminin ; quand Sarah Silverman monte sur scène avec des pantalons beiges souillés de rouge à l'entrejambe et qu'elle déclare à son public, qui pense avoir tout compris, « j'ai fait du sexe anal pour la première fois ce soir », elle fait de l'humour féministe[5]. En abordant de front deux tabous du bas corporel féminin et en les ralliant sous le signe du sang, Silverman signe son refus d'être embarrassée par l'un ou par l'autre.

---

2. Cixous, *Le rire de la Méduse*, p. 59.
3. *Ibid.*, p. 55-56.
4. Gloria Kauffman et Mary Kay Blakeley, *Pulling Our Own Strings : Feminist Humor and Satire*, Bloomington, Indiana University Press, 1980, p. 71.
5. Mizejewski, *Pretty / Funny*, p. 101.

À mon sens, l'humour féminin exerce un potentiel subversif lorsqu'il refuse de se complaire dans la honte du corps dit féminin. Le corps en humour se fait politique lorsque, plutôt que d'être déprécié pour ce qu'il a d'imparfait ou encensé pour ce qu'il incarne de sacré, il se laisse profaner pour redevenir partie prenante du processus d'écriture. Lorsque, habité par le rire, il se met à dire autre chose que le silence et la honte qu'on lui a imposés. Même en humour, on n'aime pas voir les signes de la corporalité féminine. En effet, si le corps des femmes occupe de plus en plus de place — tant par la présence physique des humoristes sur la scène et à l'écran que par le contenu de leur matériel humoristique —, il reste trop souvent confiné à un traitement poli, tronqué.

Dans ses travaux sur le carnavalesque, Mikhail Bakhtine oppose au corps classique — complet, lisse, contenu — un corps grotesque caractérisé par son organicité; un corps tout en orifices, en sécrétions, en ouvertures et en protubérances. Ainsi, aux parties supérieures du corps — cérébrales, nobles et reliées à des émotions qui le sont tout autant — s'opposerait un « bas corporel » associé aux pulsions et fonctions vitales et mécaniques: manger, boire, déféquer, copuler, etc. Alors que le haut du corps représente la quintessence du savoir et de la raison, le bas du corps est le lieu de la matérialité, de la terre, de la salissure. Il est ce qui rabaisse l'humain, c'est-à-dire ce qui le ramène à la terre:

> Rabaisser, cela veut dire faire communier avec la vie de la partie inférieure du corps, celle du ventre et des organes génitaux, par conséquent avec des actes comme l'accouplement, la conception, la grossesse, l'accouchement, l'absorption de nourriture, la satisfaction des besoins naturels. Le rabaissement creuse la tombe corporelle pour une *nouvelle* naissance. C'est la raison pour laquelle il n'a pas seulement une valeur destructive, négative, mais encore positive, régénératrice: il est *ambivalent*, il est à la fois négation et affirmation[6].

En ce sens, sans que Bakhtine ne l'énonce clairement, de nombreuses fonctions corporelles exclusivement féminines s'envisageraient comme

---

6. Mikhaïl Bakhtine, *L'œuvre de François Rabelais et la culture populaire au Moyen Âge et sous la Renaissance*, trad. Andrée Robel, Paris, Gallimard, 1970, p. 30.

grotesques : « Le corps grotesque est avant tout le corps [dit] féminin, le corps *maternel* qui, par le biais des menstruations, de la grossesse, de l'accouchement et de l'allaitement, participe de façon unique au drame carnavalesque du "devenir", du dedans-dehors et du dehors-dedans, de la mort-dans-la-vie et de la-vie-dans-la-mort[7]. » Pour Kathleen Rowe, cette conception du bas-ventre capturée par Bakhtine participe de l'omerta et du silence qui entourent les corps féminins dans les arts, puisqu'elle réitère la vieille tradition philosophique selon laquelle le féminin serait associé à la matière et le masculin à l'esprit, ce qui voudrait dire que « les hommes transgressent par leur action, [alors que] les femmes transgressent par leur être, par la nature même de leur corps, et non en tant que sujets[8] ». Lucie Joubert abonde en ce sens quand elle souligne que certains sujets en humour se révèlent plus tabous que d'autres pour les femmes, surtout en ce qui a trait à ce qu'elle nomme un « humour du bas corporel », en reprenant la nomenclature bakhtinienne[9]. Et, aurais-je envie d'ajouter, du bas corporel spécifiquement féminin. Car s'il n'est déjà pas commun pour une humoriste de faire un sketch sur les flatulences à heure de grande écoute, il est d'autant plus rare qu'elle y fasse une blague de flatulences vaginales. Sarah Silverman témoigne d'ailleurs de cette omerta du bas-ventre dans son livre autobiographique en dénonçant les pratiques de censure de la chaîne Comedy Central, qui héberge son émission *The Sarah Silverman Show*. Elle remarque que, si les mots « pénis », « couilles », « scrotum », « queue » peuvent être utilisés sans limites, les mots reliés à la génitalité féminine comme « lèvres » ou « vagin » sont presque systématiquement censurés[10].

Le procès de l'apparence

Heureusement, parmi les foisonnantes incarnations que prend le corps dans les récits de soi des féministes pop, les représentations d'un

---

7. Rowe, *The Unruly Woman*, p. 33-34.
8. *Ibid.*, p. 34.
9. Joubert, *L'humour du sexe*, p. 39.
10. Sarah Silverman, *The Bedwetter : Stories of Courage, Redemption and Pee*, New York, Harper Collins, 2010, p. 189-190.

bas-ventre libéré de tout contrôle occupent une place non négligeable dans l'ensemble du corpus. Les récits d'endométriose de Dunham, bien qu'ils ne participent pas d'un registre comique, en sont un bon exemple, j'y reviendrai, tout comme l'humour de Sarah Silverman, dont le langage coloré lui vaut une cote 18 ans ou plus sur le réseau de télévision câblée. On pense bien sûr aussi aux différentes productions d'Amy Schumer, qui abordent presque toutes, d'une manière ou d'une autre, des thématiques propres au bas-ventre : maladies génitales, relations sexuelles, agressions, mésaventures scatologiques. Chez elle, la profanation de l'image de star passe par l'humour particulier dont elle entoure son corps. Dans ses stand-up tout comme dans sa série *Inside Amy Schumer,* ses deux films ou son livre, l'humoriste présente un corps charnel, à la limite du carnavalesque et du grotesque. Se jouant de la persona de « [la fille qui] déambule tout le temps avec un margarita dans une main et un godemiché dans l'autre[11] » — que de toute manière les médias ont tôt fait de lui coller à la peau —, elle ne se gêne pas pour décrire et exhiber fièrement ses chairs rebondies, ses postures les moins flatteuses, ses aventures sexuelles. Dans une défiance évoquant celle d'une Mae West ou d'une Joan Rivers, elle affiche une assurance inébranlable en son corps et en ses capacités, et en souligne les imperfections avant que ses détracteurs n'aient la chance de s'en saisir pour s'en servir contre elle. Elle conclut, non sans une pointe d'ironie : « Même moi, je confonds parfois ma persona de scène avec la personne raisonnable et sensible que je suis dans la vraie vie[12]. » Un peu à la manière de Dunham, elle s'amuse à exposer son corps atypique pour les normes hollywoodiennes[13] en matière de

---

11. Schumer, *The Girl with the Lower Back Tattoo*, p. 5.
12. *Ibid.*
13. Il est capital de répéter que ni Dunham ni Schumer ne présentent de physiques atypiques (déjà, qu'est-ce que cela signifie ?). Plutôt, c'est dans l'œil du show-business qu'elles sont considérées comme hors normes, comme l'étaient Roseanne Barr ou Phyllis Diller avant elles. Bien sûr, comme l'exprime avec justesse Roxane Gay, elles ne subissent pas les violences ou les exclusions quotidiennes que peuvent subir en société les personnes qui excèdent réellement ces normes, que ce soit par leur poids, leur âge ou la couleur de leur peau. C'est dire combien « le corps des célébrités constitue un standard inatteignable vers

beauté : des bourrelets ou un double menton mis en évidence, une préférence pour les vêtements peu flatteurs et sans forme, des expressions faciales caricaturales, etc.

Jouer ainsi, comme le fait Schumer, sur les codes de l'apparence physique dans une industrie où « les fluctuations de poids des célébrités sont suivies comme les cours de la Bourse, parce que, dans leur métier, leurs corps sont des actions, l'incarnation physique de leur valeur marchande[14] » est très significatif. L'une de ses stratégies humoristiques privilégiées est la création d'univers satiriques ou parodiques dans lesquels elle s'amuse à transformer des problèmes de société sérieux — souvent reliés à des enjeux féminins et féministes — en une version édulcorée et comique. Par l'absurde qui en ressort souvent, Schumer parvient ainsi à insister sur la critique qu'elle souhaite exprimer. Par exemple, dans le sketch « 12 Angry Men Inside Amy Schumer », présenté durant la troisième saison de la série *Inside Amy Schumer*, elle aborde de front cette idée d'un physique irrecevable pour l'industrie au sein de laquelle ses semblables et elle évoluent. Dans un pastiche du film *Douze hommes en colère*, réalisé par Sidney Lumet en 1957, dans lequel un jeune homme est jugé pour parricide, le personnage d'Amy se retrouve jugé pour savoir si elle est « assez sexy pour passer à la télévision ». En optant pour le film marquant de Lumet comme intertexte, Schumer fait un choix judicieux : elle montre, par l'absurde, l'importance démesurée que prend le corps des femmes dans le show-business. À l'instar des jurés du film original qui hésitent à se porter responsables de la mort d'un homme, un des jurés du sketch avoue qu'il hésite à tuer Schumer sans avoir un débat sérieux qui s'articulerait autour de faits et non d'opinions. Interloqué, un deuxième juré dit : « Que veux-tu dire... mettre un terme à sa vie ? » Laconique, on lui répond : « Bien... son apparence. Donc, sa vie[15] », donnant le ton pour

---

lequel, néanmoins, nous devons tendre » (Roxane Gay, *Affamée : une histoire de mon corps*, trad. Santiago Artozqui, Montréal, Édito, 2017, p. 141) : jeunesse, minceur, blancheur.
14. Gay, *Affamée*, p. 141.
15. Amy Schumer et Daniel Powell, *Inside Amy Schumer*, New York, Jax Media, 2013-2016, s. 3, ép. 3, 03:30.

le reste de l'épisode. Les 12 hommes se lancent alors dans une longue délibération quant à la présence de traits physiques ou de caractère chez l'accusée qui la rendraient indésirable et qui justifieraient sa condamnation. Ce sont les faits. On la compare à Mindy Kaling et à Lena Dunham, on souligne au passage le manque d'humour de leur série respective, avant de conclure qu'elles sont de toute façon aussi attirantes que des bélugas. Quand un juré proteste en faisant remarquer à ses collèges que, dans les séries produites par Kaling, Dunham ou Schumer, de nombreux comédiens ne sont pas non plus très beaux et ne méritent pourtant pas la mort, on remet les pendules à l'heure : « Mais nous n'avons pas besoin de penser à les baiser[16]. » Les jurés s'attaquent ensuite à sa manière de parler (« Quand une femme parle comme un charretier, ce n'est pas sexy. C'est contre nature[17]. ») et à sa liberté sexuelle (son godemiché, encore humide, est amené comme preuve à conviction).

C'est justement l'arrivée du jouet érotique qui fait basculer le sketch. Les 12 jurés sont d'abord ébranlés par ce phallus qui trône au centre de la table ; ils se sentent menacés dans leur virilité. Mais rapidement, le jouet devient catalyseur, et s'ouvrent alors des discussions sur la sexualité, le genre et le corps féminin de moins en moins conservatrices. Après de longues heures de délibération, les jurés finissent par s'entendre : Amy Schumer est « assez sexy pour le forfait de base du câble[18] ». Au-delà du soin apporté au pastiche (le noir

---

16. *Ibid.*, 05:13.
17. *Ibid.*, 09:26.
18. *Ibid.*, 18:02. Je ne peux m'empêcher de voir dans cette blague un clin d'œil au fait que la télévision a permis à bon nombre d'humoristes féminines d'accéder à une carrière substantielle. Je pense bien sûr à Lucille Ball (*I Love Lucy*) et Roseanne Barr (*Roseanne*), qui ont ouvert la voie en ce sens, mais aussi à celles qui ont suivi, comme Margaret Cho et Ellen DeGeneres, qui, grâce aux sitcoms dans lesquels elles jouaient, ont pu développer suffisamment de notoriété pour lancer leur propre émission (*The Cho Show* et *Ellen*). Je pense aussi à Tina Fey, qui a évité le cul-de-sac que constituent les rôles d'épouse et de petite amie généralement réservés aux femmes en comédie et qui a créé l'une des émissions les plus marquantes de la télévision grand public des 20 dernières années, nous offrant le tout aussi légendaire personnage de Liz

et blanc, les traits de caractère des jurés, l'arc narratif, la typographie des titres, etc.), Schumer capture avec justesse la misogynie ordinaire à laquelle se confrontent les femmes, qu'elles soient célèbres comme Dunham, Kaling et elle-même, ou qu'elles soient anonymes, comme toutes ces autres femmes sans noms — petite amie d'école, épouse, femme de chambre — que les jurés méprisent durant le sketch. Plus encore, Schumer y arrive en alliant habilement la facture lente et immersive du film de Lumet à son esthétique habituelle, c'est-à-dire un humour très frontal où le consensus tacite adopté par la société — les femmes doivent être belles pour aspirer à une qualité de vie — se retrouve si exagérément parodié — une femme mérite la mort parce qu'elle fait du huit de taille — qu'il en perd tout fondement. Au passage, elle écorche aussi l'imaginaire stéréotypé de la masculinité. Durant le sketch, plus les discussions se déplient, plus les jurés s'émancipent. Leurs désirs se libèrent. Ils n'ont plus à désirer un seul type de femme (mince, blonde, discrète), ni même une femme tout court (il se glisse un délicieux sous-texte homoérotique tout au long du sketch qui culmine lorsqu'un juré crie à un autre «fuck you» et que celui-ci lui répond «Est-ce que tu le penses vraiment? Est-ce que tu veux vraiment me baiser [*fuck me*]? Ou tu n'es qu'une agace[19]?»). Amy Schumer ne se contente pas de dénoncer la binarité qui oppose la beauté à l'humour, elle s'en sert comme d'un dispositif pour tourner au ridicule les idées reçues sur le désir, les normes de beauté et la misogynie ordinaire du milieu du show-business.

Ainsi, le corps n'est jamais loin avec Amy Schumer, surtout pas le bas du corps. Si Dunham choisit de commencer son livre avec un chapitre sur sa virginité, Schumer ouvre le sien avec «Une lettre ouverte à mon vagin», dans lequel elle s'adresse directement à sa vulve. Omniprésente, la corporalité du bas-ventre n'est pas esthétisée, léchée, aseptisée comme on a l'habitude de nous la présenter. Au contraire, Schumer aime lui redonner toute son organicité, avec tout ce que cela

---

Lemon (*30 Rock*). Plus que le cinéma ou le théâtre, l'arrivée de la télévision dans les foyers nord-américains a contribué à créer des rôles diversifiés pour les artistes féminines, particulièrement en comédie.

19. *Ibid.*, 12:15.

entraîne : « Les vagins sont supposés avoir l'air de vagins et sentir comme des vagins. Gardez pour vous vos lingettes aux drôles d'odeurs, magazines féminins. Je vais garder ma noune avec son odeur naturelle de bouillon de poulet, merci beaucoup[20]. » Elle ne se contente pas d'en parler brièvement ou en surface ; comme pour le reste de sa persona, tout se joue dans la démesure et l'excès. Durant son spectacle *Live show* qu'elle a présenté en tournée mondiale, elle décrit de long en large l'odeur et l'aspect de sa vulve après une longue journée d'exercices, dans un segment qui dure 30 bonnes minutes. Elle commence par feindre de s'excuser de ses « imperfections », comme le veut le discours entourant le sexe féminin : « Parfois, nos chattes vont sentir mauvais. Désolée. C'est la vérité. Nous sommes tellement désolées d'être nées sur cette terre. Nous sommes tellement désolées d'être nées avec des vagins. Mon dieu, nous sommes tellement désolées… En plus, ils saignent une fois par mois. Nous sommes tellement désolées[21]. » Le comique jaillit ensuite de la surenchère de détails explicites et de la gestuelle grotesque de l'humoriste sur scène, mais aussi de son refus clair et net de considérer cela comme une tare, lorsqu'elle tourne ce réflexe d'autoflagellation au ridicule :

> Mais vous savez quoi ? C'est correct. Ce n'est pas grave. C'est la vraie nature d'une chatte. […] Nous sommes élevées à avoir honte de nos corps. As-tu déjà couché avec un gars qui vienne dans ta bouche et te demande « Est-ce que ça a bon goût ? » Non ! Ça ne leur viendrait jamais à l'esprit. Parce que, chers hommes, vous n'avez pas été élevés à vous détester, à questionner chaque parcelle de votre corps[22].

À l'image de l'ensemble de sa comédie, dans ce segment où la vulve occupe toute la place, nous ne sommes plus là pour faire son procès ou rire de ce qu'elle a de honteux (comme c'est souvent le cas lorsque la génitalité assignée féminine est convoquée en humour), mais plutôt pour retrouver la légitimité d'un tel corps à travers le récit de celui de Schumer.

---

20. Schumer, *The Girl with the Lower Back Tattoo*, p. 253.
21. Amy Schumer, *Amy Schumer Live*, Montréal, Centre Bell, 17 février 2017.
22. *Ibid.*

Exhiber ce bas-ventre qu'on ne saurait voir

Dans un autre registre, mais de façon tout aussi exemplaire, la série *Broad City*, créée par Ilana Glazer et Abbi Jacobson, se démarque par l'intelligence, l'irrévérence et l'impudeur avec lesquelles le corps féminin et ses fonctions mécaniques sont traités. Un peu à la manière des œuvres de Dunham, *Broad City* va puiser dans les vies de ses deux créatrices pour construire les caractères et les aventures de ses deux protagonistes, et, au fil des saisons, la complicité est telle entre les deux femmes que les frontières entre la réalité et la fiction s'estompent.

Deux New-Yorkaises sans grandes ambitions ni moyens financiers, Abbi et Ilana se contentent d'être radicalement amies. Entre elles, aucun tabou n'est toléré, surtout pas en ce qui a trait à leur corps ou à leur sexualité. En fait, à aucun moment, les corps d'Ilana et d'Abbi ne sont condamnés, jugés ou évalués. Au contraire, la série propose un imaginaire du corps de la jeune femme qui se place au-delà de toutes contraintes — sociales, culturelles, individuelles et sexuelles —, mais le met en place de façon désintéressée, carrément désinvolte. Comme chez Dunham, la nudité est omniprésente, mais cette fois, elle n'est pas pléthorique : elle est extrêmement banale et banalisée. *Broad City* rend le corps féminin quotidien, commun. Il est simplement *là*. Par exemple, dans le premier épisode de la deuxième saison, Ilana et Abbi se sauvent d'une canicule new-yorkaise pour profiter de l'air conditionné d'un magasin Topshop. Pendant qu'Abbi essaie un jean dans une cabine, elle discute avec Ilana, qui se trouve dans la cabine adjacente, scène classique entre deux amies qui effectuent des emplettes. Perchée sur la jambe droite et le pied gauche appuyé sur le miroir, la vulve bien en vue, Ilana se perce ce que l'on imagine être — pour l'avoir toutes fait — des poils incarnés dans l'entrejambe en affirmant : « La lumière est dingue ici[23] ! » C'est tout. La focalisation de la scène ne se dirige pas vers sa nudité ni sur son sexe[24]. Les deux amies échangent sur tout et sur

---

23. Abbi Jacobson et Ilana Glazer, *Broad City*, Los Angeles, Paper Kite Productions, 2014-2019, s. 2, ép. 2, 03:34.
24. Il faut dire que la série est diffusée sur la chaîne Comedy Central qui possède des politiques strictes quant à la nudité à l'écran, ce qui fait que les organes génitaux et les seins féminins sont pixélisés. Cela n'empêche pas

rien, et la pilosité d'Ilana est un sujet parmi les autres. Le phénomène se reproduit au cours des saisons à de nombreuses reprises, entre autres dans les scènes récurrentes (devenues iconiques) qui montrent les deux amies se parler en vidéoconférence de leur appartement respectif, alors que leurs deux corps, eux, s'occupent aussi de leurs fonctions : depuis la toilette, dans le bain, pendant une épilation, nues dans la chambre, en train de s'habiller, en train d'avoir des relations sexuelles avec une tierce personne. Elles se parlent et se regardent poser tous ces gestes. Et moi, avec elles.

Les corps d'Ilana et Abbi ne sont pas contenus, retenus. Ils sont tout le temps là. Nous en sommes bombardées, mais jamais de manière voyeuse, violente ou sexualisée. Sans participer complètement de l'esthétique du grotesque ou du carnavalesque qu'explore Schumer, Jacobson et Glazer autorisent leur corps à prendre toute la place. Chez l'une comme chez les autres, une telle corporalité est d'autant plus subversive qu'elle est assignée féminine, considérant que le corps qui

> sue, urine, pète et défèque avec le triomphalisme inhérent au carnaval est à peu près absent des œuvres de femmes [...]. Toute manifestation du genre constitue une atteinte au « décorum », à cette « façade de la féminité » que la femme, en toutes circonstances, doit préserver et qui la tient à distance de son corps[25].

Cette ligne éditoriale de la série devient tout à fait assumée lors de la scène d'ouverture de la troisième saison qui nous montre les protagonistes dans leurs salles de bain respectives durant ce qui semble être le déroulement d'une année. Pendant que les mois défilent, elles s'adonnent en parallèle à diverses activités qui ont tantôt tout à voir

---

les deux réalisatrices de se positionner contre l'oblitération du bas ventre féminin en humour. Par exemple, pour ce plan, les responsables de la chaîne exigeaient que les pixels soient de la même couleur que la peau d'Ilana, ce à quoi les deux réalisatrices se sont opposées avec véhémence, obtenant gain de cause (et des pixels plus foncés évoquant les poils pubiens). Glazer dira, en entrevue : « Nous n'avons pas des vagins de bébé. Je suis une adulte. J'ai des poils pubiens. Donne-moi une touffe. » (Jimmy Kimmel Live, « Abbi Jacobson & Ilana Glazer on Where They Buy Their Weed », *YouTube*, 2016.)
25. Joubert, *L'humour du sexe*, p. 48.

avec le lieu dans lequel elles se trouvent — passer un test de grossesse, prendre un bain, débloquer les toilettes, effectuer un autoexamen des seins — tantôt rien à voir avec celui-ci — tricoter, pratiquer le yoga, lire la biographie d'Hillary Rodham Clinton, dormir, danser. Chose certaine, la série se réapproprie un lieu dont les femmes sont ordinairement évacuées. Abbi et Ilana occupent sans pudeur cet espace qui, lorsqu'on nous le présente à l'écran, est souvent réservé au rituel de la mise en beauté — maquillage, coiffure, etc. — ou au rituel de la maternité — donner le bain, surveiller la toilette — et, parfois, au rituel de l'amour lorsque l'ensemble reste bien cadré et effectué dans une douche propre qu'on ne remarquera pas. Dans ce cas-ci, les deux cuvettes de toilette jouent un rôle déterminant. Elles ne sont pas dissimulées ou évitées. Au contraire, elles trônent au centre de la pièce, complices des deux protagonistes. Elles nous rappellent que les filles de *Broad City* pètent, urinent, suent, saignent, vomissent, ont les sous-vêtements qui se prennent entre les fesses, se fouillent dans le nez, baisent, mangent, jouissent, dansent, fument, ont du poil et un anus. Lorsque des femmes laissent s'exprimer de telles fonctions corporelles d'ordinaire associées à la masculinité, elles transmettent leur refus de gouvernance. En acceptant de perdre le contrôle du corps, elles reprennent le contrôle de leur énonciation :

> Tandis que les garçons et les hommes peuvent utiliser de manière contrôlée ces fonctions corporelles « incontrôlables » pour se rebeller contre l'autorité, une telle possibilité n'est généralement pas accessible aux femmes. Mais si elle entrait dans le répertoire de ce qu'est le féminin, cela génèrerait un grand pouvoir, car elle *minerait directement le caractère sacré* du corps féminin[26].

Il me semble que c'est exactement cela qu'accomplissent les filles de *Broad City*, épisode après épisode : elles démontent l'aspect sacré du corps. En déjouant nos attentes quant au corps féminin et à ses représentations, elles lui redonnent une certaine banalité — une certaine universalité, aurais-je envie de dire[27]. Tous ces comportements que l'on

---

26. Rowe, *The Unruly Woman*, p. 64. Je souligne.
27. Dans une entrevue, les deux réalisatrices soulignent d'ailleurs que cette désacralisation du corps féminin est au cœur de la création de la série dès le départ. Quand la journaliste souligne qu'elle a rarement croisé des

tolère, voire pardonne au masculin, Abbi et Ilana se les réapproprient pour mieux les exacerber : dans un épisode, Ilana enfouit des sachets de marijuana dans son vagin et, pour éviter d'être démasquée par la sécurité de l'aéroport, elle enduit son pantalon de sang menstruel ; dans une autre scène, Abbi et Ilana se réclament haut et fort de leurs flatulences durant leurs cours de yoga ; et finalement, dans un autre épisode, Abbi montre fièrement ses hémorroïdes à une vétérinaire qu'elle est pourtant venue consulter pour un chien dont elle a la garde, mais qui s'est empiffré de chocolat, etc. Comme le remarque Petersen, « si un mec faisait n'importe quelle de ces choses, son geste serait considéré comme "épique" ou "légendaire", ou alors on dirait simplement qu'il s'agit d'une "soirée relaxe" avec les gars. Quand une femme le fait, c'est de l'ingouvernance au plus haut degré[28] ». Alors que Dunham arrive à cette profanation en réitérant le récit des assauts que subit le corps, les féministes pop comme Amy Schumer, Abbi Jacobson et Ilana Glazer le font en se réappropriant un imaginaire du bas corporel sans retenue ni compromis. Une telle écriture du corps devient le dispositif énonciatif faisant dérailler l'éthos de star qui se met en place dans les écrits autobiographiques des féministes pop, empêchant le retour vers l'éthos initial qu'entraîne le rite de confirmation. Se construit alors un espace où le corps des femmes peut exister en étant juste un peu moins contrôlé, juste un peu moins normé, juste un peu moins désincarné. Juste un peu moins sacré.

La profanation comme trajectoire

Depuis un moment, je louvoie autour de l'idée de profanation. Dans l'usage commun, profaner signifie que l'on porte atteinte à une chose.

---

personnages féminins aussi à l'aise de parler de leurs fonctions corporelles, Glazer rétorque que, pour elle, il était urgent que les représentations du féminin à la télévision reflètent ce que partagent réellement les femmes entre elles, dans l'intimité de leurs relations, ce sur quoi Jacobson renchérit : « Peut-être que peu de femmes à la télévision agissent comme nous — mais un grand nombre de femmes que nous connaissons agissent de cette façon. » (Sara Stewart, « *Broad City* Stars Dish on Marijuana and NYC », *The New York Post*, 30 octobre 2014.)
28. Petersen, *Too Fat, Too Slutty, Too Loud*, p. 51.

Par un acte d'irrévérence ou de transgression, on la dépouille de son caractère sacré, on la rend à un emploi qui redevient commun, temporel, terrestre. Pour le philosophe Giorgio Agamben, il s'agit de ramener à l'usage commun ce qui avait été séparé par le rite pour être placé dans la sphère du sacré : « Alors que consacrer (*sacrare*) désignait la sortie des choses de la sphère du droit humain, profaner signifiait au contraire leur restitution au libre usage des hommes[29]. » Ainsi, la profanation n'est pas simplement la perte de l'état sacré. C'est l'espace qui s'ouvre grâce à la chute qu'elle entraîne : « Sacré et profane représentent ainsi, dans la machine du sacrifice, un système à deux pôles, dans lequel un signifiant flottant passe d'un niveau à l'autre sans cesser de se rapporter au même objet[30]. » La profanation est trajectoire. Ainsi, pour qu'elle advienne, il ne faut « pas seulement abolir et effacer les séparations, mais apprendre à en faire un nouvel usage, à jouer avec elles[31] ». Lorsque les féministes pop — Glazer, Jacobson, Schumer, Dunham ou les autres — se jouent des conventions et se plaisent à mettre leur corps en jeu et en joue, lorsqu'elles exposent leur nudité au grand jour, lorsqu'elles explorent leur sexualité avec autrui, lorsqu'elles partagent la défaillance de leur corps et — surtout — lorsqu'elles nous font rire : elles jouent. Elles libèrent alors « la possibilité d'une forme particulière de négligence qui ignore la séparation ou, plutôt, en fait un usage particulier[32] » grâce à cette part d'intime et d'humour qu'elles y glissent. En ce sens, ce que dit Anne Helen Petersen des personnages d'Ilana et d'Abbi me semble tout à fait s'appliquer à d'autres de leurs contemporaines, faisant d'elles des maestros de la profanation :

> Si une jeune fille « bien comme il faut » ne sacre jamais, ignore ses fonctions corporelles et possède une libido exclusivement activée par le désir d'un homme, alors Abbi et Ilana incarnent un manifeste d'inconvenance : elles enfilent les grossièretés comme les gammes sur un piano[33].

---

29. Giorgio Agamben, *Profanations*, Paris, Payot & Rivages, 2006, p. 95.
30. *Ibid.*, p. 105.
31. *Ibid.*, p. 115.
32. *Ibid.*, p. 98.
33. Petersen, *Too Fat, Too Slutty, Too Loud*, p. 60-61.

Grâce à l'étude du récit autobiographique intime qu'elles offrent de leurs corps — ces corps qui refusent de se voir harnacher, qui débordent au propre et au figuré —, on discerne plus clairement en quoi les féministes pop s'inscrivent en filiation avec la figure de la femme ingouvernable de Rowe. Qu'elles soient une simple figure d'analyse ou femmes de chair, toutes elles refusent la socialisation des corps féminins[34] que décrit Pierre Bourdieu dans *La domination masculine* qui fait que « la féminité se mesur[e] à l'art de "se faire petite"[35] ». Leurs corps sont trop gros, trop nus, trop exubérants, trop sexuels. Dans le sillage de Méduse et de toutes les femmes ingouvernables à sa suite, les féministes pop savent, par moment, profaner à outrance, c'est-à-dire ne plus se soucier des séparations — de genre, de classe, de sexe — le temps d'une anecdote, le temps d'une blague. Dans leurs récits de soi, elles jouent, déjouent, détournent, réinventent. Et, plus que tout, ne se font pas petites.

Or, qui joue risque de perdre. Agamben nous met en garde par rapport à la décadence potentielle du jeu comme organe de la profanation. Si ce jeu offre la possibilité de libérer l'humanité de la sphère du sacré, cela ne signifie pas que celle-ci ait disparu pour de bon ni qu'elle soit abolie sans espoir de résurgence. En dépit du jeu et de la séparation qu'il a engendrée, il peut être tentant — rassurant — de retourner vers l'objet sacré. Mais alors, on risque de s'embourber dans une toute nouvelle liturgie : « Dans le jeu, […] il [l'humain] recherche désespérément et obstinément exactement le contraire de ce qu'il pourrait y trouver : la possibilité de retrouver l'ancienne fête perdue, un retour au sacré et à ses rites[36]. » Alors, la profanation s'enraye ; l'objet est sacralisé de nouveau sans qu'un nouvel usage ait réellement été créé. La profanation n'aura pas lieu. Elle a échoué.

À ce chapitre, un épisode désormais culte de la première saison de *Broad City* me paraît exemplaire dans la façon qu'il a d'éviter ce piège

---

34. Se tenir droite, ne pas écarter les jambes, ne pas élever la voix, garder les yeux baissés, rentrer son ventre, montrer un visage avenant, etc. (Pierre Bourdieu, *La domination masculine*, Paris, Seuil, 1998, p. 43-50.)
35. *Ibid.*, p. 47.
36. Agamben, *Profanations*, p. 100.

que décrit Agamben. Abbi parvient finalement à obtenir un rendez-vous galant avec son voisin de palier, Jeremy, qui l'obsède depuis quelques épisodes. Après avoir discuté pendant un certain temps, les deux voisins se déplacent vers le lit et commencent à s'embrasser. Mais alors, tout bascule. Abbi, voulant inverser la position des corps, demande: « Tu veux qu'on change…? Qu'on essaie d'autres trucs[37]? » Jeremy se relève, fébrile, et sort de sa commode un godemiché qu'il tend à sa partenaire avec comme seule directive: « Dans le cul[38]. » Voyant l'air interloqué de sa partenaire, il réalise, penaud: « Oh non! Tu voulais dire changer de positions[39]… » Abbi, bonne joueuse, se dirige vers la salle de bain pour enfiler l'objet, d'où elle téléphone à Ilana pour lui demander conseil. En entendant que sa meilleure amie a la chance de pénétrer le garçon sur qui elle a jeté son dévolu, elle se met à danser spontanément en plein milieu du magasin où elle se trouve, incapable de contenir sa joie et son excitation. Quand Abbi lui avoue hésiter devant l'inconnu de la manœuvre sexuelle, Ilana la somme de se ressaisir: « Ça n'arrive qu'une fois dans ta vie! À la fac, je dormais toujours avec un gode ceinture au cas où l'occasion se présenterait, et toi, on te l'apporte sur un plateau d'argent[40]! »

Pour profaner, il faut jouer, martèle Agamben. Dans cet extrait, l'ensemble de l'action repose sur un quiproquo, un jeu de langage, pourrait-on dire. Lorsque Jeremy complète l'ellipse de sa partenaire en comprenant « tu veux qu'on change de rôle », la profanation se met en marche et tout s'inverse, en commençant par les rôles genrés. En acceptant de porter le jouet sexuel et d'y prendre plaisir, Abbi renverse les codes habituels de performativité du genre. Elle rejette ainsi toute « production ritualisée, […] tout rituel réitéré sous la contrainte et à travers elle, à travers la force de l'interdit et du tabou[41] ». C'est donc dire qu'elle s'extirpe de la « performance » qu'on attend d'elle — être pénétrée — afin de pénétrer à son tour,

---

37. Jacobson et Glazer, *Broad City*, s. 2, ép. 4, 06:45.
38. *Ibid.*
39. *Ibid.*, 07:10.
40. *Ibid.*, 08:32.
41. Butler, *Ces corps qui comptent*, p. 105.

et participe ainsi de l'ingouvernance qu'espère Rowe en renversant les rôles genrés[42]. Alors que la culture pop représente trop souvent le sexe anal comme quelque chose d'émasculant lorsque vécu par les hommes, ici, la série recadre la pratique sexuelle comme quelque chose d'agréable pour les deux partenaires, mais en insistant sur le fait qu'elle est particulièrement glorieuse et enviable pour la femme, comme l'illustre la danse jubilatoire d'Ilana. Cette célébration de la pénétration anale de l'homme par la femme m'apparaît en soi intéressante considérant que les tropes de la pornographie hétérosexuelle traditionnelle suggèrent d'ordinaire la situation inverse, c'est-à-dire la pénétration anale comme quelque chose que reçoit (subit) la femme, sans qu'elle y prenne grand plaisir. Et lorsqu'on nous présente la femme s'adonnant à des jeux sexuels anaux, il s'agit généralement de deux femmes s'amusant avec des jouets sexuels ensemble, mais toujours pour le plaisir de l'homme, que celui-ci figure avec elles à l'écran ou qu'il soit de l'autre côté, en train de les consommer. Dans cet épisode, l'expérience est approchée comme une pratique agréable, enrichissante et sexuellement satisfaisante *pour* Abbi. D'ailleurs, Ilana dira à Abbi que « [son] rêve se réalise » de savoir que sa meilleure amie pénétrera incessamment « le mignon cul poilu de Jeremy » et lui promettra de penser à elle en « le labourant comme une déesse »[43]. Il est fantastique qu'Ilana parle d'Abbi en train de « labourer » — au sens de « pénétrer » — Jeremy, champ lexical d'habitude réservé pour décrire le rôle soi-disant excessivement passif des femmes dans la

---

42. D'ailleurs, sur la couverture de son best-seller, Tina Fey joue elle aussi sur ce renversement. On l'y voit, posée à partir du buste, le visage sobrement maquillé, sereine. Contemplative, elle appuie sa joue contre sa paume, mais sa main est en fait une énorme main d'homme. De fait, des épaules jusqu'au nombril, sa tête semble reposer sur un torse d'homme : manche de chemises roulées révélant d'énormes avant-bras poilus, cravate au cou et montre au poignet. En choisissant cette esthétique pour illustrer son livre au titre déjà révélateur — *Bossypants* —, Fey expose l'imaginaire que nous avons des femmes en position de pouvoir. Les mains velues et disproportionnées rappellent de façon déconcertante que nous avons tendance à penser la femme « qui porte les culottes » comme *monstrueusement* masculine.
43. Jacobson et Glazer, *Broad City*, s. 2, ép. 4, 08:59.

reproduction. Enfin, la femme obtient à son tour la chance de sortir aux champs et de traverser la terre fertile de son sillon !

Après sa nuit avec Jeremy, Abbi rejoint Ilana et sa famille à la shiv'ah[44] de sa grand-mère. C'est dans ce lieu que la profanation complète sa trajectoire. Dès qu'elle arrive sur les lieux, Abbi est bombardée de questions par sa meilleure amie qui, fébrile, oublie toutes les règles de bienséance prescrites dans ce contexte funéraire. Quand Abbi lui confirme que tout s'est bien déroulé, qu'elle y a pris plaisir, Ilana hurle « C'est le plus beau jour de ma vie[45] ! », perturbant ainsi les prières des proches endeuillés. Mais elle n'a rien à faire des regards désapprobateurs autour d'elle. L'instant suivant montre les deux amies, entourées des parents et du frère d'Ilana. Alors que les rites de deuil se poursuivent autour d'eux, ils sont trop occupés à discuter des jouissances entourant la pénétration anale pour en respecter les codes : ils rient, s'exclament, se réjouissent. Toute la cérémonie en est perturbée. Le père d'Ilana a même une illumination en comprenant que le sexe anal n'est pas réservé aux hommes homosexuels. Son épouse lui promet qu'ils remédieront à la situation, ensemble.

Pour Agamben, la profanation par la création d'un nouvel usage n'est « possible qu'en désactivant un usage ancien, en le rendant inefficace[46] ». Dans cette fin d'épisode, la profanation est donc complète : non seulement l'acte profanatoire sexuel l'emporte sur les rites sacrés du deuil, mais le retour à l'état initial n'est envisageable pour aucun protagoniste. Abbi et Ilana ne sont plus seules à refuser la liturgie du culte sacré de l'hétéronormativité. Devant le visage épanoui d'Abbi, plus personne ne désire retrouver « l'ancienne fête perdue » où les hommes pénétraient et les femmes étaient pénétrées. La sexualité comme ils l'envisageaient auparavant n'est désormais plus enviable.

---

44. Dans le judaïsme, période de deuil observée par les proches de la personne décédée.
45. Jacobson et Glazer, *Broad City*, s. 2, ép. 4, 12:44.
46. Agamben, *Profanations*, p. 113.

« *En corps* » et encore, refuser la honte

Lorsque les stars racontent leur bas corporel dans toutes ses imperfections (cicatrices, vergetures, handicaps), dans toutes ses pertes de contrôle (pilosité, maladies, flatulences vaginale ou anale), dans toutes ses actions ordinaires (uriner, saigner, s'épiler, jouir), elles démontent l'aspect sacré du corps féminin. Elles démontent l'idée selon laquelle « une jeune fille bien doit se faire voir avant de se faire entendre[47] », autre manière de formuler le « sois belle et tais-toi » de mon enfance qui exige des jeunes filles qu'elles s'en tiennent « sinon au silence intégral, du moins à la parole retenue, soignée, contrôlée, et au sourire, signe d'acquiescement tranquille à l'interlocuteur[48] ». Montrer, dire, raconter ou rire le bas corporel féminin est une manière de ne plus se laisser réduire au silence. Ne pas redouter de se souiller la langue et de descendre vers ce « bas de l'humour », qui est « libidineux, scatologique, dément, vaginal, réactionnaire, vulgaire[49] », ce n'est pas seulement jouer à profaner le corps et ses représentations, c'est aussi participer à la désacralisation de la parole féminine que l'on préfère douce, retenue, discrète. Comme l'écrit Rowe, que l'on veuille condamner les femmes qui parlent trop ou trop fort, celles qui mangent trop ou trop peu, celles qui s'exhibent trop mal, n'est pas une coïncidence, puisque ces comportements évoquent une incapacité à contrôler la bouche, « une bouche qui consomme (de la nourriture) et produit (de la parole) avec excès[50] ». Les femmes qui ouvrent la bouche dérangent : elles ne sont pas de bonnes filles, celles qui agissent comme il se doit, celles qui gardent les lèvres jointes et les genoux bien serrés, leurs orifices sagement cois jusqu'à ce qu'on leur commande de les mettre à disposition. Comme pour leur sexe, la bouche ouverte des femmes gêne parce qu'elle exhale leur refus de toute gouvernance, leur perte de contrôle délibérée. À leur bouche débordante, vorace, excessive répond leur sexe gourmand, curieux, insatiable. Une femme qui prend la parole, c'est tout à la fois une femme qui rit, qui crie, qui pleure, qui baise, qui dévore, qui

---

47. Joubert, *L'humour du sexe*, p. 16.
48. *Ibid.*
49. *Ibid.*, p. 37-38.
50. Rowe, *The Unruly Woman*, p. 37.

urine. Qui jouit. Une femme qui prend la parole, c'est un corps entier qui se redonne droit de cité. En ce sens, l'écriture du bas corporel des féministes pop a tout à voir avec leur resubjectivation, d'abord, mais aussi avec leur agentivité, tout particulièrement lorsqu'elle se rend intime et que les profanations qui s'y déroulent enraillent le rite de confirmation qui risque de renforcer le star-système plutôt que de le morceler. Ces profanations sont d'autant plus puissantes qu'elles ont lieu du côté du star-système, justement. Ce sont des facettes des stars qu'on ne veut pas voir. Les journaux à potins travaillent fort à faire tomber les idoles (tout en entretenant leur image) en les photographiant dans des postures ou des situations dévalorisantes.

Pensons à Britney Spears et à sa lente descente aux enfers amplement documentée par les magazines vers la fin des années 2000: ses sorties dans des discothèques sans sous-vêtements, son évanouissement dans une boîte de nuit de Las Vegas, ses problèmes de consommation[51]. Son corps défaillant a été exposé encore et encore, jusqu'au point de rupture, le 16 février 2007, où, incapable de faire un déplacement sans être suivie par une horde de paparazzis, Spears entre dans un salon de coiffure de Tarzana, en Californie, s'empare d'un rasoir électrique et rase l'entièreté de ses cheveux sous les flashs des photographes. Le personnel du salon de coiffure rapportera ensuite qu'elle aurait dit : « Je veux que personne ne me touche. Je suis fatiguée que tout le monde me touche[52]. » En quelques heures, son crâne rasé et son visage passant du sourire au désarroi étaient sur toutes les tribunes. L'idole était tombée. Mais comme le remarque la chroniqueuse India Ennenga, le geste d'éclat de Spears de 2007 revêt aujourd'hui un caractère annonciateur :

---

51. Le documentaire *Framing Britney Spears*, réalisé par Samantha Stark en 2021, revient sur l'ascension vers la célébrité de la chanteuse américaine alors qu'elle était encore très jeune. On y brosse entre autres un portrait consternant du rôle joué par les médias durant cette période de la carrière de la pop star. On y montre l'omniprésence aliénante des paparazzis, les questions déplacées des journalistes sur sa virginité, la fausse bienveillance des gens de son entourage…

52. Samantha Stark, *Framing Britney Spears*, New York, Left/Right Productions, 2021, 33 :10.

Ça paraît maintenant avant-gardiste : elle a immolé son propre personnage. En effet, elle a revendiqué son identité comme étant plus qu'une simple marchandise. En s'attaquant à son apparence (ses cheveux, racine de sa féminité), elle a attiré l'attention sur la manière dont notre société étiquette les femmes[53].

À l'époque, on a analysé le geste de Spears comme l'aveu de sa déchéance la plus totale. Or, à la lumière des textes de Rowe, de Barreca ou même de Cixous, on réalise combien le fait de raser ainsi ses longs cheveux et d'offrir au monde entier l'image de son crâne dénudé — grotesque de ne plus répondre aux codes du genre qui devrait être le sien —, permet à Spears de faire table rase et d'annuler le contrat qu'elle a signé avec le gouvernement spectaculaire. La culture toxique des tabloïds l'aura poussée jusque dans ses derniers retranchements, alors, en se servant d'eux, elle tire sa révérence, elle orchestre sa propre chute. Son visage en une des tabloïds ne traduit pas une perte de contrôle ; il exsude plutôt son refus de capituler. L'arrivée massive des réseaux sociaux a permis aux féministes pop qui animent cette réflexion d'accéder plus directement à ce que Britney Spears a su faire en se servant des journaux à potins : reprendre le contrôle de leur mise en scène. Par exemple, Amy Schumer a exposé — en photo et en récit — son tatouage honteux de type « *tramp stamp*[54] » avant qu'un paparazzi ne s'en charge ; Beyoncé et son équipe de presse ont entrepris des démarches pour faire disparaître les photos disgracieuses de son visage contorsionné prises durant le spectacle de la mi-temps du Superbowl 2016[55]. Indépendamment des résultats obtenus (les photos

---

53. India Ennenga, « Toward a More Radical Selfie », *The Paris Review*, 27 novembre 2018.
54. Terme péjoratif sans équivalent français satisfaisant qui fait référence à un tatouage (pas nécessairement osé) au bas du dos de jeunes femmes et qui n'a généralement pas grand intérêt esthétique.
55. Je me demande si ce n'est pas pour cette raison que, aussi communs soient-ils, ces corps déformés, vieillis, imparfaits ne se retrouvent jamais dans les sections de type « Les stars sont des gens comme nous » des revues à potins. Pour ces sections, on préfère des éléments qui ne sont pas reliés au corps, justement : cette star fait les courses, celle-ci va chercher ses enfants à la garderie, celle-là paie du parking puis met de l'essence et celle-là porte un

de Beyoncé se trouvent bien évidemment encore partout sur le Web), ces deux exemples montrent qu'en décidant de reprendre les rênes de la mise en récit de leurs corps faillibles, certaines célébrités posent non seulement un geste féministe, mais elles refusent que le pouvoir qui les a portées aux nues soit l'instigateur de leur chute. Si elles tombent, ce sera selon leurs paramètres.

Qu'elles soient riches ou pauvres, célèbres ou anonymes, il n'est pas anodin qu'on tente de museler les femmes, de les empêcher de parler ou de rire trop fort, de leur dire qu'elles ne sont pas drôles, de contrôler comment elles montrent leur corps. Quand on répète jusqu'à satiété que « ça ne passera pas dans la bouche d'une fille », que « ce n'est pas élégant chez une femme » ou que « les femmes n'ont pas d'humour », on les garde à dessein dans l'ignorance de leur capacité tout en les réduisant au silence. On leur refuse d'inventer une langue dans laquelle elles pourraient se « rire du silence », comme le dit Cixous, et « tout casser, […] faire sauter la loi en l'air[56] ». En les gardant dans le silence, on les immobilise dans la honte — de leur corps mais de leur parole, aussi : « *En corps* : plus que l'homme […], les femmes sont corps. Plus corps donc plus écriture[57]. »

Or, la honte — comme le rire — est question de connaissance. Pour l'une comme pour l'autre, il faut *savoir* : comprendre sa faute comme on comprend une blague. Mais la connaissance dans le rire offre une prise de pouvoir. Pour provoquer le rire tout comme pour le laisser jaillir, il faut être de connivence. Pareillement, pour que la honte d'être femme nous habite — pour que nos sexes nous paraissent défectueux, nos voix trop aiguës, nos idées trop futiles, nos chairs trop abondantes — il faut connaître « notre » faute, c'est-à-dire que la nature de notre tare nous soit montrée pour ce qu'elle est : mauvaise, ignoble, impardonnable. Immémoriale. Bourdieu ne dit-il pas dans *La domination masculine* que « la reconnaissance de la domination suppose toujours un acte de connaissance[58] » ?

---

casque en vélo. Ce sont des moments d'un quotidien ordinaire, certes, mais qui demeurent désincarnés — désincorporés.
56. Cixous, *Le rire de la Méduse*, p. 59.
57. *Ibid.*, p. 57.
58. Bourdieu, *La domination masculine*, p. 62.

Et si la connaissance par le rire annihilait la connaissance par la honte ?

Dans le mythe qu'on m'apprenait dans mes cours de catéchèse, Adam et Ève ne ressentaient pas de honte devant leur nudité dans le jardin d'Éden simplement parce qu'ils ne la *connaissaient* pas. Ne pas savoir leur nudité les empêchait de la connaître comme une faute. Ce n'est qu'après avoir goûté au fruit de l'arbre de la connaissance du bien et du mal qu'ils s'embarrassent devant leur sexe dénudé. Ils *savent*, désormais. Et pour les avoir entraînés vers la connaissance, Ève est punie : les écritures la condamnent à enfanter dans la douleur et à désirer un mari qui la dominera. Elle paie cher sa curiosité, sa soif de savoir.

Et si, une fois encore, on réécrivait le mythe ? Je veux me délester des histoires étouffantes de mon enfance. Si Ève n'avait pas été bannie du jardin parce qu'elle n'était plus assez pure pour y vivre, mais plutôt parce qu'elle avait doublement compris : sa nudité et la fausse importance qu'on lui donne ? Que devant son sexe enfin exposé elle avait éclaté d'un rire si libérateur et si puissant que chaque chose et chaque être s'en étaient trouvés ébranlés ? Comme j'aime penser à Méduse qui sort de son antre sans jeter un regard à Persée, riante et magnifique, j'aime imaginer qu'Ève refuse d'être mise dans l'embarras par sa nudité, par son propre corps et qu'on veut la punir justement parce qu'elle a osé rire de son Créateur et de ses interdits dérisoires. Et que, depuis, ce sont toutes les Ève à sa suite qu'on cherche à réduire au silence, à garder dans l'ignorance, pour éviter qu'elles *sachent* et que, fortes de cette connaissance, elles ébranlent les murs du jardin du *statu quo* avec leurs éclats de rire et leur corps nu, glorieux et fier. En découvrant son sexe, Ève a déployé sa gorge et retrouvé la voix et, comme Méduse, elle « n'est pas mortelle. Elle est belle et elle rit[59] »

Cixous promet qu'il suffit qu'on ose regarder Méduse en face pour réaliser qu'elle n'est pas mortelle. Alors, je les regarde, mes Méduses modernes, ces *bad feminists*, ces femmes ingouvernables, ces exilées du jardin, ces *nasty women*. Dans toutes leurs insuffisances et toutes leurs contradictions, dans leur grotesquerie, malgré tout, elles me font

---

59. Cixous, *Le rire de la Méduse*, p. 54.

rire. Et comme le rappelle Bakhtine, « le rire suppose que la peur est surmontée. Le rire n'impose aucun interdit, aucune restriction. Jamais le pouvoir, la violence, l'autorité n'emploient le langage du rire[60] ». Juste ça, alors, ce n'est pas rien.

Je suis arrivée au féminisme en me taisant. Grâce aux féministes pop, je l'habite désormais en riant.

---

60. Bakhtine, *L'œuvre de François Rabelais*, p. 98.

CHAPITRE ONZE

SPECTACULAIRE DOULEUR

> Lorsqu'elle tombe amoureuse, n'importe quelle écolière peut faire appel à Shakespeare ou à Keats pour s'exprimer ; mais qu'une personne souffrante tente de décrire un mal de tête à son médecin et le langage aussitôt lui fait défaut.
>
> Virginia Woolf, *De la maladie*

L'été de mes 11 ans, j'ai un coup de foudre pour un roman jeunesse qui raconte l'histoire d'amour passionnelle entre Sara et Serge, deux adolescents convaincus d'avoir rencontré l'âme sœur à l'âge de 12 ans. Leur idylle prend brusquement fin quand Serge est frappé de plein fouet par une voiture venant en sens inverse dans la rue alors qu'il courait ramasser un ballon perdu. Il meurt sur le coup, devant son amoureuse impuissante. Sara est dévastée. Sa douleur est sans nom. Cet été-là, j'emprunte le roman à plusieurs reprises à la bibliothèque municipale. Comme Sara, je suis une adolescente amoureuse. Chaque rentrée scolaire, je tombe délicieusement sous le joug d'une nouvelle âme sœur que je passe l'année à désirer en secret. Mais si j'aime autant ce roman, ce n'est pas seulement parce que je suis amoureuse de l'amour; c'est parce qu'une part de moi rêve de devenir cette fille éplorée dont le grand amour meurt.

Je suis convaincue que les filles aiment mieux lorsqu'elles souffrent.

J'ai 16 ans, peut-être 17. Je vais au HMV pour acheter le DVD de *Moulin Rouge*, suivant le conseil de mon amie Daphné qui m'a confié que c'était l'une des histoires d'amour des plus grandioses qu'elle n'ait jamais vue. Daphné et moi, on aime être amoureuses ensemble. On peut marcher durant des heures dans les rues de son quartier en parlant des amours qui nous triturent le cœur. De retour du centre commercial, je m'empresse de visionner le film dans la tranquillité de ma chambre, grâce à une petite télévision reçue pour mon anniversaire. À mon tour, je suis transportée par l'intensité de l'histoire d'amour entre Christian, le beau poète sans-le-sou, et Satine, la sublime courtisane du cabaret parisien. Comme tous les hommes venus regarder performer Satine, je suis subjuguée par sa beauté fragile: sa peau diaphane, ses lèvres vermillon, son corps paré d'étoffes opalines et de rangées de diamants. Mais sous sa peau se dissimule un mal incurable: quand Satine est prise d'une quinte de toux, quelques gouttelettes de sang souillent son mouchoir immaculé, trahissant la maladie qui la ronge de l'intérieur. L'amour entre Christian et Satine est impossible, voué au tragique: Satine va mourir. Satine *doit* mourir.

Vers la fin du film, pendant que la vie expire de ses lèvres écarlates et qu'elle gît dans les bras de son amoureux sur un tapis de pétales de roses, un filet de sang, aussi rouge que ses lèvres, s'échappe du coin de sa bouche. Satine se meurt et, parce qu'elle se meurt, elle se met à vivre. Sa maladie est sa raison d'être. En s'abandonnant à elle, Satine peut renaître — transfigurée — au cœur des mots de Christian, chargé d'écrire leur histoire. Satine est à Christian ce qu'Eurydice est à Orphée. Alors, en muse funeste, Satine n'en finit plus de mourir. Les sanglots gutturaux de Christian envahissent ma chambre, et moi, je pleure en silence. Je ferme le téléviseur. J'essuie mes joues humides. Je rejoins ma mère qui plie du linge dans la pièce d'à côté et je lui demande quelle est la maladie qui fait qu'on tousse du sang. Je m'imagine déjà en morte tragique.

Je suis maintenant convaincue qu'on aime mieux les filles lorsqu'elles souffrent.

À partir de ce moment, j'entretiens une fascination pour les belles femmes malades ou mourantes. Tragédiennes passives de mon quotidien, elles m'enjôlent par la superbe de leur vie en train de se consumer. Dans les films que j'aime, dans les chansons tristes que j'écoute en boucle, dans mes livres... elles apparaissent partout. De Chloé et son nénuphar dans *L'écume des jours*, en passant par la douceur chrétienne de Jamie Sullivan dans *A Walk to Remember* ou par les folies libératrices de Sara Deever dans *Sweet November*... Plus elles se suivent, plus elles se ressemblent : beautés diaphanes dont la vie perdue sauve l'âme d'un amoureux en quête de sens. Les femmes souffrantes imaginaires qui m'entourent semblent vouées à un unique destin : mourir pour mieux redonner souffle à cet Autre qui les regarde disparaître. À cette époque, j'aspire à la même chose.

Bien des années plus tard, alors que je m'intéresse aux écrits de Susan Sontag sur la photographie dans le cadre de ma maîtrise, je tombe par hasard sur ses réflexions autour de la maladie. Sontag montre combien, dans les récits de la fin du 18e siècle et du début du 19e siècle, les incarnations féminines du corps tuberculeux — un corps pâle, mince, alangui et rendant son dernier souffle dans la fleur de l'âge — sont synonymes d'une nouvelle aristocratie et d'un nouvel idéal de beauté à atteindre : « L'agonie devint romantique [...] [et] l'air tuberculeux [...] devint symbole d'une attirante vulnérabilité, d'une sensibilité supérieure[1]. » Parallèlement, le corps languissant de la bourgeoise invalide devient une panacée inespérée pour le corps médical, qui se presse de l'étudier sous toutes ses coutures[2]. Au moment où je lis ceci, je n'en fais pas grand cas. La tuberculose. Voilà une maladie à laquelle je n'avais pas songé depuis le soir où ma mère m'en avait appris l'existence alors que je la questionnais sur le mal mystérieux qui avait séparé les amants du Moulin Rouge. Le visage

---

1. Susan Sontag, *Illness as Metaphore*, New York, Oxford University Press, 2009, p. 29.
2. Barbara Ehrenreich et Deirdre English, *For Her Own Good: Two Centuries of the Experts' Advice to Women,* New York, Random House, 2005, p. 119.

blême mais lumineux de Satine danse devant mes yeux. Un mot si laid qui fait de si belles victimes.

Aujourd'hui, songeant aux mots de Sontag, je me rappelle de la beauté surnaturelle de la courtisane, dont l'ensemble du récit dépend. Aurais-je aimé l'histoire de Satine sans sa souffrance quasi céleste?

Un après-midi que je réalise des recherches sur des interviews de stars, je tombe sur un extrait vidéo d'Avril Lavigne à *Good Morning America*. L'animateur interroge la chanteuse sur le combat médical qu'elle mène depuis les derniers mois et qui l'a forcée à annuler sa tournée. Fondant en larmes, elle lui confie l'enfer qu'elle a traversé avant d'obtenir un diagnostic clair pour la maladie de Lyme qui la terrasse depuis quelques mois : « Je voyais tous les spécialistes imaginables. Les meilleurs docteurs. Et c'était si stupide. Ils me disaient : "Pourquoi n'essaies-tu pas de sortir du lit, Avril? De jouer un peu de piano[3]." » Malgré le traitement théâtral, un peu ampoulé, de la vidéo (les plans rapprochés sur les larmes de la chanteuse, le regard contrit de l'animateur, le montage entrecoupant l'entretien de photos de fans qui lui envoient des messages d'appui), je suis frappée par le caractère commun de la structure de son récit : d'abord, la conviction que quelque chose ne tourne pas rond en elle ; puis, la rencontre violente avec le scepticisme du corps médical et l'impossibilité à recevoir un diagnostic ; enfin, sa propre prise en charge de la douleur par la recherche d'un spécialiste de la maladie de Lyme. D'ailleurs, dans l'entretien, Avril Lavigne passe très rapidement du « je » au « elles » anonyme, incluant toutes les personnes qui, comme elle, sont ignorées par la médecine : « Comme ils sont sans réponses pour elles, ils leur disent des trucs comme "vous êtes folles"[4]. » Dans les commentaires sous la vidéo, les témoignages des fans se multiplient et viennent se confondre avec le récit de la star. J'ai soudainement les larmes aux yeux. Il y a à peine quatre ans, c'était mon amoureuse qui se sentait devenir folle devant des médecins qui refusaient de voir ce qu'il y avait d'inquiétant dans ses pertes de mémoire et sa fatigue extrême. Au lieu de se préoccuper de la

---

3. ABC News, « Avril Lavigne Opens Up About Her Struggle With Lyme Disease », *YouTube*, 29 juin 2015.
4. *Ibid.*

tache qui grossissait sur son tibia, on lui a prescrit des antidépresseurs. Je l'ai regardée sortir du bureau du neurologue en pleurs, convaincue qu'elle était dépressive, sans le savoir. *Il a peut-être raison, Sandrine... C'est peut-être juste ma tête qui est triste*? Les larmes que je verse devant l'interview d'Avril Lavigne n'ont rien à voir avec celles que m'aura soutirées la mort tragique de Satine. Elles ne sont pas déclenchées par la tristesse du récit. Elles sont... vraies. Ces larmes proviennent d'un lieu trop profond, trop intime en moi pour être autre chose que vraies.

Nous sommes en 2017. Je suis plongée dans la rédaction de ma thèse de doctorat. Mon amie Fanny travaille comme infirmière dans une communauté crie au nord du Québec. Elle dévore une quantité impressionnante de livres pour emplir ses soirées et ses congés solitaires. Elle me partage souvent des lectures qu'elle fait et qui lui semblent en lien avec ce qu'elle sait de mes recherches. Le climat est dur; les quarts de travail, exigeants. La fatigue s'accumule. Dans nos conversations virtuelles, entre les photographies qu'elle prend de pages de livres dans lesquelles elle a surligné des passages juste pour moi, elle m'écrit son épuisement, cette douleur qui s'installe au creux de son ventre, entre ses os, partout. Elle voit des médecins, en vain. Ils ne trouvent pas. Ils n'écoutent pas. Puisqu'elle est déjà sous antidépresseurs depuis quelques années, ils ramènent tout vers cela: sa «faiblesse» a le dos large. Fanny me confie qu'elle a été forcée de ralentir ses lectures. Elle n'a plus de concentration ni d'énergie. Les mois s'enchaînent, les symptômes se multiplient, mais toujours rien qui ne satisfasse suffisamment la médecine occidentale. À la fin de ses vacances, incapable de s'imaginer retourner travailler durant de longues heures à l'hôpital, elle se résout à demander un congé de maladie, convaincue qu'elle n'aura besoin que d'un ou deux mois de repos avant de s'y remettre. Elle rentre à Montréal pour changer d'air. Un jour, elle rencontre enfin une médecin qui reconnaît quelque chose dans le récit qu'elle donne de son mal. Le diagnostic tombe: fibromyalgie. Fanny ne regagnera pas le Nord. Son congé ne prendra pas que quelques mois. Un après-midi, je vais lui rendre visite dans l'appartement de Notre-Dame-de-Grâce qu'elle loue à un prix ridiculement cher parce qu'elle n'a pas l'énergie de chercher un autre logement. Elle me sert du thé, puis retourne se blottir sur le champ contre une bouillotte. *Je suis tellement décrisse, Sandrine*. Je la regarde. Elle n'a rien de Chloé, Jamie, Sara, Satine, ces héroïnes agonisantes. Aucune lumière n'émane de son visage endolori. Son corps, rompu de fatigue, n'a rien de sublime. Elle n'est transcendée par aucun destin plus grand qu'elle. Elle n'a personne d'autre à sauver qu'elle-même. Elle se tient là, éreintée, sans rien comprendre aux signaux que lui envoie son corps. Soudain, elle se lève d'un coup et saisit un livre dans sa bibliothèque. *Tiens, pour ta thèse, peut-être*. Elle me tend *The Empathy Exams*, de Leslie Jamison. On discute un moment, puis je la quitte pour qu'elle puisse se reposer. Remontant la rue Monkland et ses commerces huppés, je me dis que, finalement, on n'aime pas *toutes* les femmes qui souffrent. On aime seulement celles qui se racontent — ou sont racontées ? — selon certains paramètres bien définis. Les autres, on préfère autant qu'elles disparaissent dans leur appartement trop cher où elles ne gêneront plus le bon déroulement du monde. Le livre de Fanny est précieusement déposé dans mon sac. Chaque jour, je le lis dans le métro en route vers l'université :

> La douleur des femmes les transforme en chatons et en lapins et en couchers de soleil et en déesses sordides drapées de satin rouge ; la douleur les pâlit et les ensanglante et les affame, les livre aux camps de la mort et envoie des mèches de leurs cheveux dans les étoiles. [...] La violence les rend célestes. [...] Nous ne pouvons détourner le regard[5].

★

Dans l'idée d'un féminisme pop qui puiserait sa puissance d'agir dans l'intime que ses tenantes acceptent de déployer dans le discours spectaculaire, je m'interroge à savoir ce que cela fait quand des figures fortement médiatisées comme Avril Lavigne mettent en récit leur douleur ou leur maladie. Dans cet univers du paraître et de la performance, qu'est-ce que cela entraîne d'avouer — d'écrire — son corps précaire, son corps incapable ? Les corps célèbres comptent-ils encore lorsqu'ils travestissent l'image qu'on attend d'eux, cette image qui constitue la seule monnaie d'échange valable dans l'économie spectaculaire ?

---

5. Leslie Jamison, *The Empathy Exams*, Minneapolis, Graywolf Press, 2014, p. 245.

Fœssel écrit que l'intime désigne « ce qui est plus intérieur que l'intérieur lui-même » et qu'il est « le site d'une profondeur exacerbée […] [qui] ne désigne pas seulement un lieu qui demeure caché à tous les regards, [mais qui] est la marque d'une proximité incomparable[6] ». Je lis ces mots et j'y vois aussi une définition de la maladie, du corps défaillant. La maladie n'est-elle pas ce mal qui ronge *de l'intérieur*, qui se loge à même l'intimité de nos organes, de nos gènes ? Et la douleur n'est-elle pas cette présence trop souvent invisible pour quiconque ne la subit pas — comme en témoigne l'enrageante réplique « tu n'as pas l'air malade ! » —, mais qui se fait en même temps extrêmement commune, signalant parfois la possibilité d'une rencontre — d'une proximité — entre celles ou ceux partageant la même affliction ? Et si la douleur et la maladie formaient le point de retranchement le plus profond de l'intime, et ce, tout particulièrement lorsqu'elles sont articulées depuis une énonciation médiatisée, spectaculaire ? S'il me faut penser la capitalisation de l'intime au sein d'un féminisme pop, il est important de ne pas faire l'économie des corps célèbres qui se mettent à souffrir, car que vaut une douleur performée si elle est livrée sous les projecteurs et les caméras du monde entier ? Comment travaille-t-elle à réécrire les narrations l'entourant habituellement ? Les féministes pop qui écrivent leur corps malade, leur corps en déroute, sont-elles en mesure d'offrir un contrepoids à ces imaginaires d'une féminité mourante mythifiée et d'une douleur glorifiée par le fait même qu'elle soit féminine ? Je me demande comment s'articulerait un récit de la maladie ou de la douleur énoncé à partir d'une culture du spectacle qui en éviterait la glorification et qui ne passerait pas par la reconduction d'un idéal féminin, tel que l'a décodé Sontag dans les représentations littéraires de la tuberculose. Si « la maladie nécessite des histoires[7] » comme l'écrit Arthur W. Frank, quels récits pouvons-nous faire de la douleur spectaculaire pour que celle-ci se fasse fertile, autant pour celles la vivant que pour celles la lisant ?

---

6. Fœssel, *La privation de l'intime*, p. 11.
7. Arthur W. Frank, *The Wounded Storyteller*, Chicago, University of Chicago Press, 1995, p. 54.

Entre fertilité, honte et douleur

Fertile. Voilà un terme bien féminin que je puise aux écrits de Leslie Jamison. Aux prises avec la relation ambiguë qu'elle entretient avec les questions de la douleur[8] et du féminin, l'écrivaine s'interroge sur l'impératif d'utilité entourant souvent la douleur dans notre société. Pour qu'une douleur soit socialement acceptable, il lui faudrait une raison d'être. Il faudrait qu'elle sache se rendre *fertile* : pour soi ou pour l'autre, la douleur doit servir, sinon, à quoi bon la subir ? Jamison montre combien on se méfie des douleurs qui nous paraissent exagérées ou inauthentiques, et combien on méprise les personnes qui se contentent de se complaire dans leur douleur sans en tirer quelque chose, que ce soit une motivation à aller de l'avant, de l'art, une maxime de vie, une vocation ou — à tout le moins — un bon récit. C'est d'ailleurs ce que reproche un inconnu à Jamison après qu'il l'a questionnée quant à l'origine d'une cicatrice sur son avant-bras. Quand elle lui répond qu'elle s'est bêtement brûlée sur une plaque à pâtisserie à la boulangerie où elle travaillait auparavant, il lui rétorque : « Tu dois trouver une meilleure histoire que ça[9] ! » Pour la personne qui ne souffre pas, la douleur de l'autre est tolérable, voire compréhensible, une fois passée par le filtre du récit. La douleur peut s'entendre si elle divertit. Mais qu'en est-il de la personne souffrante ? Comment ce récit participe-t-il de sa mise au monde comme subjectivité douloureuse ? Et doit-elle nécessairement devenir fertile, productive ?

Or, parler de douleur fertile connote davantage qu'une simple utilisation d'une souffrance. Parler de douleur fertile, c'est unir une fois de plus la douleur et ce qu'elle dissimule — la blessure, le trauma, la pathologie, la détresse, l'aliénation — à quelque chose de l'ordre du féminin. Déjà, dans un ouvrage de vulgarisation médicale de 1905, un médecin écrit : « Il est impossible de se faire une juste opinion des souffrances mentales et physiques qu'[une femme] doit fréquemment

---

8. À l'instar du mot « *pain* » en anglais qui convoque une série d'autres termes, le mot « douleur » servira, dans le cadre de ce chapitre, de concept englobant pour les nombreuses dénominations qui s'y rapportent : souffrance, maladie, cicatrice, trauma, blessure, détérioration, malaise, défaillance, etc.
9. Jamison, *The Empathy Exams*, p. 303.

endurer en raison de sa condition sexuelle, causées par les menstruations que le Père des Cieux a bien voulu rattacher à son état femme[10]. » De fait, depuis des décennies, la médecine moderne s'est affairée à démontrer que « les fonctions (biologiques) de la femme étaient pathologiques par nature[11] », contrecoup direct des approches qui ont guidé les pratiques médicales de la fin du 19e siècle au début du 20e siècle, qui considéraient la maladie comme un état normal pour la femme.

En parlant de douleur fertile, Jamison expose qu'encore aujourd'hui, il est ardu de se défaire de l'association entre pathologie et féminin. À l'instar de la terre des champs ou de l'utérus des femmes, il serait impératif que la douleur génère autre chose qu'elle-même, qu'elle se montre féconde, ce sans quoi nous ne saurions lui trouver de fonction sociale, économique ou sémantique. Inapte à remplir cette fonction primaire, elle ne serait bonne qu'à être rejetée dans l'ombre, oubliée des débats publics. La douleur comme une servante écarlate, condamnée à cause de sa fertilité, puis contrainte à performer inlassablement cette fertilité jusqu'à ce que la source se tarisse et qu'on l'envoie mourir au loin. La douleur comme une incarnation moderne d'Ève. Dans les écritures chrétiennes, la fertilité d'Ève advient en synchronisme avec sa condamnation à la douleur — physique et morale : « Dieu dit à Ève : "Je multiplierai les souffrances de tes grossesses ; dans la peine tu enfanteras des fils. Ta convoitise te poussera vers ton mari et lui dominera sur toi[12]." » Qu'importe la variante de l'Ancien Testament choisie, on retrouve la même punition, déclinée en fonction des mêmes menaces : peine, souffrance, domination. Voilà la douleur devenue naturelle pour le féminin. Et comme Adam, que l'on destine à fertiliser et à dominer sa compagne, la sexualité masculine devient, dans notre culture, synonyme de domination. Corollairement, la pénétration vaginale — et avec elle l'éjaculation masculine et l'orgasme qu'elle procure — est ce vers quoi tout doit tendre, indépendamment du plaisir de la partenaire, ce qui fait dire à Lili Loofbourow que « nous vivons dans une culture qui considère la douleur féminine comme

---

10. Ehrenreich et English, *For Her Own Good,* p. 121.
11. *Ibid.,* p. 120.
12. *La Bible de Jérusalem,* Paris, Éditions du Cerf, 1998, Genèse 3.16.

normale et le plaisir masculin comme légitime[13] ». C'est un peu comme si, depuis Ève, la fatalité de la fertilité était également devenue celle de la douleur *et* celle du féminin, dans une triade tout aussi cruelle qu'abrutissante.

En 2001, les chercheuses Diane E. Hoffmann et Anita J. Tarzian s'intéressent aux nombreuses recherches qui documentent déjà le biais genré existant dans le traitement de la douleur en Amérique du Nord. À la lumière de ce vaste bassin d'analyse étudiant autant la part biologique que psychologique, sociale et cognitive des patients, Hoffmann et Tarzian concluent que, si les hommes et les femmes semblent vivre la douleur et y répondre de manière différente, les femmes risquent davantage de recevoir un traitement inadéquat par rapport aux symptômes exprimés, à savoir que «leur douleur est plus susceptible d'être écartée comme étant "émotionnelle" ou "psychologique" et, par conséquent, "imaginaire"[14] ». Leur rapport indique que, à la suite du récit de leur douleur, les hommes reçoivent majoritairement des antidouleurs alors que les femmes se voient prescrire des sédatifs[15]. C'est donc dire que non seulement on destine le féminin à la douleur depuis qu'Ève a osé essayer d'accéder au savoir, mais que — d'un même geste aussi tordu qu'ironique — on refuse le récit de cette douleur à celles s'en revendiquant.

La tentation est forte, donc, pour les femmes, de rejeter toute relation à la douleur pour éviter d'être ramenées inlassablement à cette conception éculée de la féminité, pour ne pas risquer d'être enfermées une fois de plus dans le cliché. Lena Dunham, qui a largement documenté sa propre douleur chronique — j'y reviendrai —, explore à sa manière cette problématique dans *Girls*. Tout au long de la série, les filles de *Girls* souffrent constamment : déceptions, ruptures amoureuses, maladie mentale, un corps qui ne coopère pas… Et

---

13. Lili Loofbourow, «The Female Price of Male Pleasure», *The Week*, 25 janvier 2018.
14. Diane E. Hoffmann et Anita J. Tarzian, «The Girl Who Cried Pain: A Bias Against Women in the Treatment of Pain», *Journal of Law, Medecine & Ethics*, vol. 29, 2001, p. 21.
15. *Ibid.*, p. 13.

pourtant, elles refusent d'être cette douleur, et ce, dès la première saison. Vers la fin de celle-ci, Hannah et Marnie en arrivent à un point de leur amitié où elles ne peuvent plus cohabiter. Elles se connaissent trop bien ; elles savent comment se faire du mal. Durant une violente dispute où chaque adversaire puise dans les secrets de l'autre pour l'humilier, Marnie finit par dire à Hannah : « Je ne te supporte plus. Tu crois que le monde entier a envie de t'humilier. Tu es comme une putain de grosse plaie laide[16]. » Hannah lui rétorque immédiatement : « Tu es la plaie ! » Pendant un moment, Hannah et Marnie se renvoient la faute — « Je ne suis pas la plaie, tu es la plaie ! », « Non, toi tu es la plaie ! » —, jusqu'à ce que le fil ténu tissé de souvenirs qui les unissait se brise, créant une faille entre les deux amies qui prendra plusieurs années — et six saisons — pour se colmater. Personne ne souhaite être la blessure, même pas Hannah, qui doit pourtant être l'une des protagonistes les plus mélodramatiques de la télévision contemporaine. Pour Leslie Jamison, les filles de *Girls* ne sont pas donc blessées, elles sont « postblessées » : « Ces femmes savent que l'être-blessé est exagéré et surfait. Elles se méfient du mélodrame, alors, à la place, elles restent soit indifférentes soit moqueuses[17]. »

Si cet état s'applique à certaines des *girls* — Jessa et Marnie, par exemple, dont l'arc narratif se déploie sous le signe de la fuite ou du détachement —, il ne me semble pas réellement coller au personnage d'Hannah qui, au contraire, se vautre dès qu'elle le peut dans la douleur. Pour elle, cette dernière est synonyme de réconfort. C'est misérable qu'Hannah se sent en terrain connu. Combien de fois, au fil des saisons, préférera-t-elle sa douleur aux réalités du monde extérieur ? Jusqu'au tout dernier épisode de la série, Hannah place ses difficultés au-dessus de celles des autres. « Je souffre émotionnellement », crie-t-elle à sa mère, qui lui rétorque, blasée : « Tu sais qui d'autre souffre émotionnellement ? Tout le monde, bordel ! Et toute leur vie[18]. » Mais Hannah s'en moque. Elle n'a pas honte de souffrir. Elle n'a pas honte de le dire. Elle n'a pas honte de le montrer ni de le mettre en scène. Elle n'a pas honte que les

---

16. Dunham, *Girls,* s. 1, ép. 9, 23 :01.
17. Jamison, *The Empathy Exams*, p. 316.
18. Dunham, *Girls,* s. 6, ép. 10, 16 :38.

autres pensent qu'elle exagère. Dans la douleur comme dans la joie, la création, l'échec, le plaisir, l'amitié ou l'amour, Hannah Horvath est sans compromis. À mon sens, à travers le personnage d'Hannah, Lena Dunham amorce le travail qu'elle continuera dans ses essais autobiographiques autour de la question de la douleur au féminin. En proposant de porter à l'écran une jeune femme dont la douleur n'est ni fertile ni honteuse, Dunham déconstruit du même coup le double discours auquel on ramène souvent la douleur au féminin. Non seulement Hannah n'est pas une souffrante sympathique — elle se plaint et se complaît dans sa plainte —, mais elle fait très peu pour mettre à profit sa douleur. Elle préfère s'en draper et s'en servir comme barrière protectrice contre le monde. Elle n'est pas une bonne amie, lui reproche Marnie. Elle n'est pas une bonne fille, lui reproche sa mère. Elle n'est pas une bonne amoureuse, lui reproche Adam. Elle n'est pas une bonne mère, se reproche-t-elle. Elle ne sera pas non plus une bonne souffrante.

Délaissant les *girls* de Dunham trop blasées à son goût, Leslie Jamison réfléchit plutôt à une douleur féminine qui refuserait sa fétichisation grâce au personnage emblématique de Carrie White. Pour Carrie, cette adolescente du roman éponyme de Stephen King (1974) qui étouffe entre une mère ultrareligieuse et des camarades d'école cruels, la douleur prend la couleur des premières menstruations. Quand elles surviennent après le cours d'éducation physique dans les vestiaires, Carrie est admonestée de tous côtés : d'abord, sa professeure la réprimande d'être bouleversée par un évènement aussi naturel ; puis, de retour à la maison, sa mère la frappe pour la punir de porter en elle la faiblesse d'Ève. Ridiculisées à l'école et honnies au foyer familial, les règles de Carrie supportent tout le poids de la faute originelle tout en servant de métaphore à la douleur au féminin : impérativement signes de fertilité, elles se doivent de demeurer honteuses. Or, comme le remarque Leslie Jamison, Carrie s'empare de cette honte originelle de la fertilité pour la transformer en arme : « Elle ne se débarrasse pas du saignement ; elle se fait baptiser par lui. Elle ne se blesse pas ; elle blesse tous les autres[19]. » Carrie, comme métaphore de la douleur au

---

19. Jamison, *The Empathy Exams*, p. 314.

féminin, nous permet d'imaginer une mise en récit de la souffrance qui va au-delà des stéréotypes habituels, mais sans pour autant ignorer son existence ou cesser de la représenter. Les personnages de Carrie et d'Hannah semblent offrir deux manifestations diamétralement opposées de la douleur au féminin, mais à mon sens, l'une et l'autre sont cruciales à la déconstruction du mythe qu'aborde Jamison. De la même manière qu'il n'existe pas qu'*un* féminisme, la douleur ne saurait se penser comme quelque chose d'univoque. Elle gagne à se démultiplier. Dans la multiplication, peut-être, l'absolution.

Comme Jamison, je crois que la douleur n'a pas à être fertile. Mais je suis par ailleurs convaincue que, parfois, elle le *devient*, malgré tout, grâce à la multiplication des récits qu'elle engendre dans son sillage. C'est un paradoxe que je suis prête à accepter. Mais une douleur exprimée depuis le succès, depuis la richesse, depuis la renommée parvient-elle à se faire plurielle ou n'est-elle destinée qu'à être l'itération d'un seul et unique récit ?

La douleur des gens célèbres

Pour Arthur W. Frank, la diffusion de récits de corps souffrants et malades sont cruciaux parce qu'ils participent activement à la construction d'un imaginaire collectif de la maladie. Qu'ils prennent la forme de récits officiels publiés — comme l'autobiographie d'une femme en rémission du cancer du sein — ou l'aspect de témoignages officieux — des discussions sur un forum portant sur l'endométriose, par exemple —, ils génèrent un espace de réflexion autour de « la-maladie », d'abord, mais également autour de maladies — au pluriel —, ce qui permet de démultiplier et de complexifier la rhétorique sociale entourant ces enjeux : « Un récit de douleur publié n'est pas la douleur elle-même, mais il peut devenir l'expérience de cette douleur[20]. » Avec le temps, certainement, à force d'être racontés et lus, certains récits deviennent plus tolérés, sinon plus tolérables. Leur tracé narratif, pourrait-on dire, nous est familier. Symptôme, traitement, dangerosité… nous en reconnaissons les signes. Nous savons quelles étapes elles font

---

20. Frank, *The Wounded Storyteller*, p. 22.

traverser au corps. Et, dans une certaine mesure, nous savons ce qui nous attend lorsque nous plongeons dans leur lecture.

Quand ma belle-mère a été diagnostiquée d'un cancer du sein, certains proches bienveillants lui ont offert des livres relatant le combat de personnes — connues ou non — aux prises avec le même cancer qu'elle dans l'espoir de l'aider à mettre en mots ce qu'elle vivait. Les livres se sont accumulés sur sa table de chevet, intouchés. *Je n'ai pas envie de les lire*, m'a-t-elle dit un jour, *je sais ce qui s'en vient*. Derrière ces mots, cinq petits mots — « ce qui s'en vient » — se cachaient d'innombrables visites chez l'oncologue, la table d'opération, le liquide toxique, la perte de cheveux, les douleurs articulaires, la peau brûlée, les nausées, mais aussi la peur, l'abattement, l'épuisement, la colère. La maladie bouleverse le futur qu'on s'était dessiné. Dans le cas de ma belle-mère, malgré le bouleversement premier, l'abondance de récits existant déjà sur le cancer du sein lui donnait l'impression que sa route était tracée d'avance. Et si elle lisait le récit d'une femme en rémission et qu'elle se mettait à espérer le même sort ? Et si elle lisait le récit d'une femme ayant succombé au cancer et qu'elle perdait tout espoir ? À cet instant-là, elle n'était plus en charge de son propre récit, et ce sentiment avait à la fois quelque chose de rassurant et d'effrayant.

Filtrés à travers la lunette grossissante du star-système, de tels récits prennent une proportion démesurée du simple fait qu'ils sont portés par des personnalités dont l'aura médiatique est déjà considérable. Si certaines maladies semblent aujourd'hui occuper l'avant-scène, c'est souvent parce qu'une célébrité — politique, sportive, hollywoodienne — a offert son nom, son image et son argent au service de sa cause[21]. Le cas de Michael J. Fox illustre à merveille cette mécanique. Avant que l'acteur ne partage son expérience personnelle et décide de s'engager financièrement et publiquement pour combattre la maladie de Parkinson, celle-ci attirait peu d'attention, tant du côté du public que de celui des laboratoires scientifiques ou des compagnies pharmaceutiques.

---

21. J'écris ceci tout en gardant en tête que, dans de nombreux cas, les célébrités finissent par obtenir une forme de rémunération quelconque en retour, que celle-ci prenne la forme de cachets liés à des conférences ou, simplement, de gain de popularité.

Or, une fois que l'acteur de la célèbre série *Back to the Future* endosse la cause, la maladie de Parkinson se met à exister aux yeux du public et de l'industrie. Elle devient visible. À son tour, elle est baignée par la lumière des projecteurs. L'allocution sentie que Fox livre devant le Sénat américain en 1999 met en lumière ce rapport entre célébrité et maladie. L'acteur s'adresse, passionné, à une salle pleine à craquer de sénateurs manifestement émus. Pourtant, l'année d'avant, quand le Parkinson's Action Network avait tenté le même exercice, la moitié des sièges étaient vides et la cause avait engendré bien peu d'émoi[22]. Pour l'historien et médecin Barron H. Lerner, c'est une constante dans les récits de maladie de célébrités. Une fois leur condition rendue publique, on attend d'elles qu'elles réagissent d'une certaine manière :

> Tout comme les célébrités peuvent influencer nos goûts en matière de vêtements, de nourriture ou de style, elles peuvent aussi montrer comment être un·e patient·e accompli·e et, de plus en plus au fil du temps, comment être un·e militant·e de la maladie accompli·e. […] Mais ce qui est le plus saisissant, c'est combien leurs récits [de la maladie] se conforment à des *modèles prévisibles*[23].

Ainsi, de la même manière qu'il y aurait une « bonne » façon d'être malades ou que certaines douleurs seraient plus « utiles » que d'autres, Lerner se demande s'il existerait une « bonne » façon de performer la maladie ou la douleur lorsqu'on participe aux sphères de la visibilité. Les stars seraient responsables de « gérer » leur maladie, mais également la manière dont son récit se propage.

Star parmi les stars, Selena Gomez est l'une des chanteuses pop les plus populaires de la dernière décennie. Bien sûr, sa renommée s'accompagne de la dose habituelle de rumeurs et de spéculations autour de sa persona dans les revues à potins ou sur les réseaux sociaux. C'est donc sans surprise que, lorsque son état de santé semble décliner, en 2012, les journaux à potins assurent qu'elle consomme des drogues dures et qu'elle est une adepte des centres de réadaptation. Est-ce « vrai »

---

22. Voir le compte-rendu qu'en dressent Mark Ebner et Lisa Derrick, « Star Sickness », *Salon*, 29 novembre 1999.
23. Barron H. Lerner, *When Illness Goes Public*, Baltimore, Johns Hopkins University Press, 2006, p. 270-271. Je souligne.

ou « faux » ? On s'en soucie peu, tant que ça fait vendre. C'est également sans surprise qu'en 2015, lorsqu'elle publie des photographies d'elle en maillot de bain, beaucoup d'usagers de Twitter ne se gênent pas pour juger sa fluctuation de poids. Jusque-là, rien de nouveau sous le soleil d'Hollywood. Selena Gomez répond à ses détracteurs en partageant de nouvelles photographies d'elle en bikini sur sa page Instagram, en soulignant qu'elle est heureuse et bien dans sa peau. Là encore, elle fait ce qui est attendu d'elle. Or, en octobre 2015, dans une entrevue dans le magazine *Billboard* d'abord, puis durant une rencontre sur le plateau d'Ellen DeGeneres, Selena Gomez change le cours de son récit en confiant qu'elle combat le lupus, une maladie auto-immune, depuis près de trois ans. Elle avoue qu'au moment où les tabloïds annonçaient qu'elle consommait des drogues, elle était en fait en chimiothérapie, et que sa prise de poids était directement liée aux médicaments qu'elle prenait.

Quand mon amie Fanny apprend que j'en suis à écrire autour de la mise en récit de la douleur chez les stars et plus particulièrement chez les féministes pop, elle m'envoie un message pour me parler du cas de Selena Gomez. *Pourquoi elle n'a rien dit, à ce moment-là ? Elle était shootée à la cortisone, tout le monde la traitait de grosse, mais elle a préféré endurer le bullying plutôt que de dire qu'elle avait le lupus… Pourquoi ?* Ce n'est que plus tard que je trouverai les mots de Selena pour lui répondre, elle qui confiera en entrevue : « C'était très compliqué parce que, d'abord, je ne comprenais pas ce qui m'arrivait. Puis, c'est devenu quelque chose que je voulais garder privé jusqu'à ce que toute ma vie devienne soudainement publique[24]. » Mais les mots de Fanny, qui trahissent sa détresse, me restent en tête : je me demande si, avec la renommée des *people*, ne naîtrait pas une narration de la douleur tout aussi formatée que la vie de ceux et celles l'énonçant, ce qui contribuerait à l'élaboration d'un imaginaire restreint pour les gens « ordinaires », justement, aux prises avec cet imaginaire extraordinaire de la souffrance : « Désormais, les gens ordinaires sont supposés agir comme les célébrités malades — pas forcément en créant des fondations, mais en aquérrant des connaissances sur leur condition

---

24. Kendall Fisher, « Inside Selena Gomez's Rollercoaster Year After Revealing Her Lupus Diagnosis », *E! News*, 30 août 2016.

et en combattant leur maladie[25]. » Dès lors, le paradoxe d'une telle *peopolisation* de la douleur serait que — au cœur même de la maladie, la souffrance, c'est-à-dire quelque chose de l'ordre de l'imperfection, de la dégradation du corps et de l'esprit — se développerait malgré tout une nouvelle forme d'idéal à atteindre. Plutôt que de défaire un paradigme, la douleur « vedettarisée » ne ferait qu'en générer de nouveaux, tout aussi connotés : « La maladie, pourrait-on faire valoir, devient fétichisée[26]. » Un corps malade qui est aussi un corps célèbre participe donc de ce qu'Arthur W. Frank décrit comme un « corps en miroir » (« *mirroring body* »), c'est-à-dire un corps dont la représentation se calque sur les images véhiculées par la culture populaire plutôt que sur l'expérience réelle que le sujet peut en avoir[27].

La fétichisation de la douleur que redoute Leslie Jamison est ainsi magnifiée, extrapolée, du fait qu'elle s'envisage depuis un univers qui participe *déjà* du fétiche et du culte de l'image. Et alors, certaines histoires, et les maladies qu'elles font apparaître, commencent à circuler au détriment d'autres, devenant ainsi aimées — adorées, même — de la même façon dont sont adorées les personnalités en souffrant, et elles se fixent dans notre imaginaire en fonction de paramètres qui n'ont plus à voir avec l'expérience commune — ordinaire — de celles-ci, mais plutôt avec « les attentes de performance des autres qui constituent son public[28] ».

Sans surprise, il me semble donc que, là comme ailleurs, des rapports de force se mettent en place. Deux choses : d'abord, comme le note Lerner lui-même au début de son étude, les récits de maladie de personnes célèbres qui dominent dans l'espace public sont majoritairement ceux d'hommes blancs[29]; ensuite, s'il vrai qu'on s'est intéressé

---

25. Lerner, *When Illness Goes Public*, p. 271.
26. *Ibid.*
27. Frank, *The Wounded Storyteller*, p. 44.
28. *Ibid.*
29. Justifiant son corpus d'analyse, Barron H. Lerner écrit en introduction à *When Illness Goes Public* que « la majorité des personnes étudiées dans son livre sont des hommes blancs parce qu'un tel bassin est représentatif des individus ayant dominé, depuis longtemps, les sphères politique et sportive, ce qui les rendait plus susceptibles de devenir des patients connus du public »

aux récits de maladie des stars d'un point de vue sociohistorique en réfléchissant à l'impact que de telles prises de parole pouvaient avoir sur la santé publique[30], la part genrée de cette équation reste encore à explorer. Par là, j'entends non seulement qu'il semblerait que les cas de femmes malades captivent moins les chercheurs, les médias et le public, mais que les maladies — au sens large — souscrivant à cette conception éculée de la douleur «féminine» abordée plus tôt ont moins de chance d'attirer l'attention du simple fait qu'elles sont — justement — considérées comme «féminines[31]». Qui plus est, les

---

(p. 14). Si cette remarque se veut probablement consciencieuse et statistique, elle m'apparaît symptomatique des jeux de pouvoir à l'œuvre dans la constitution des divers canons de l'histoire officielle, que celle-ci soit artistique, politique ou, comme c'est le cas ici, sociomédicale. Lerner, qui amorce son étude avec Franklin D. Roosevelt, le premier patient célèbre, selon lui, continue en détaillant 12 cas de patients dont les vies se déroulaient, à un degré plus ou moins grand, sous l'œil du public et dont les maladies ont été largement couvertes par les médias. Parmi ces 12 cas, il n'en explore que quatre de femmes. Pourtant, le choix de malades emblématiques féminines ne manque pas. Pensons seulement à Zelda Fitzgerald, Judy Garland, Frida Khalo ou Sylvia Plath… Le choix que fait Lerner n'est pas aussi «représentatif» qu'il le soutient. Il contribue plutôt à l'effacement de l'histoire de celles qui sont constamment oubliées du simple fait de ne pas être blanches ou hommes, justement.

30. Je pense également aux nombreux articles s'attardant à l'influence qu'ont eu sur la santé publique des cancers hypermédiatisés comme ceux de Lance Amstrong ou de Kylie Minogue, ou de combats comme celui de Earvin «Magic» Johnson contre le sida.

31. Dans leur ouvrage passionnant revenant sur près de 150 ans de conseils médicaux prodigués aux femmes par des experts médicaux (du gynécologue au psychiatre en passant par le neurologue), Barbara Ehrenreich et Deirdre English montrent combien la féminité a longtemps été synonyme de pathologie (*For Her Own Good*, p. 147). À voir les maigres subventions ou la faible attention médiatique que reçoivent des conditions reliées aux organes traditionnellement associés au féminin (endométriose, post-partum, syndrome des ovaires polykystiques, crampes menstruelles, dyspareunie, etc.) ou le manque d'intérêt de la recherche scientifique à explorer les symptômes spécifiques des patientes considérées de sexe féminin dans certaines maladies (cardiaques, mentales, etc.), j'ai l'impression que le constat des deux chercheuses est malheureusement encore d'actualité. Par exemple,

affections qui participent de la douleur chronique ou du syndrome, et qui échappent au diagnostic clair de maladies telles que le cancer ou le sida, par exemple, ont — il me semble — quelque chose de «féminin», au sens où on finit par les considérer comme «normales». Devant l'impossibilité de la médecine à trouver des mots pour les circonscrire, elles deviennent la nouvelle norme des personnes en souffrant qui, peu à peu, se voient dénier la légitimité de leur récit de douleur. Comme Ève après la faute, comme Carrie avant le déluge de sang, ces personnes ne sont bonnes qu'à souffrir, faute d'être écoutées, faute d'être crues. On préfère les écarter, les marginaliser.

À la lumière de ce qui a été dit sur la maladie performée dans la sphère publique, quelle lecture donner des performances livrées par des stars comme Avril Lavigne et Selena Gomez en rapport avec celles offertes par des hommes du star-système comme Michael J. Fox ou Lance Amstrong (et son marketing du «Live Strong»), par exemple? Là où les seconds ont embrassé sans hésiter le modèle que décline Lerner en jouant la carte de prises de parole publiques optimistes à des fins motivatrices, les premières ont décidé d'abord et avant tout de s'en tenir au silence, au repli. Ce n'est que dans un deuxième temps, selon leurs préférences, qu'elles ont mis leur parole en circulation. Jusqu'à un certain point, on pourrait dire qu'elles ont — durant un moment — échoué à être telles que le public espérait qu'elles soient (et qui le leur a d'ailleurs bien rendu en les insultant sur les réseaux sociaux). Comme le personnage d'Hannah, elles n'ont pas été de bonnes malades; «elles échouent à être malades[32]», pour le dire avec Jamison.

---

des études commencent à sortir à l'effet que les femmes ne présenteraient pas les mêmes symptômes que les hommes devant une crise cardiaque. Avant celles-ci, personne n'avait cru bon étudier les maladies cardiaques sur un bassin autrement constitué que d'hommes blancs. La raison donnée pour justifier ce manque de diversité? Les hormones des femmes sont des données aberrantes. Qui plus est, ce manque de diversité se perpétue même lorsqu'on décide de considérer le corps féminin puisque sont souvent exclus des études ceux considérés comme hors normes, du fait qu'ils ne sont pas assez blancs, trop vieux, trop gros ou, tout simplement, non cisgenres.
32. Leslie Jamison, «Grand Unified Theory of Female Pain», *VQR*, vol. 90, n° 2, 2014.

Dramaturgie du corps célèbre et malade

Dans notre ère d'information en continu marquée par la multiplication des réseaux sociaux, les stars et les personnalités publiques ne sont plus seules à porter le fardeau de la visibilité de la douleur ou de la maladie, comme c'était le cas il y a une vingtaine d'années. Il y a fort à parier que l'intervention d'un Michael J. Fox serait moins cruciale à la reconnaissance de la maladie de Parkinson par le grand public aujourd'hui qu'en 1999. Les plateformes comme Instagram, TikTok ou Facebook permettent une mise en réseau inégalée de la douleur — physique, psychologique — qui trouve ainsi une nouvelle façon de se mettre en langage. De fait, les égoportraits témoignant d'une santé incertaine[33] occupent une telle place dans notre quotidien qu'ils se déclinent désormais comme l'une des incarnations du genre « autopathographique », terme référant à une autobiographie dont la trame narrative s'articule autour de l'expérience de la maladie ou du trauma. Or, comme le souligne Tamar Tembeck, tous les « égoportraits de mauvaise santé » ne proposent pas la même profondeur[34].

Afin d'étayer cette mise en garde, Tembeck prend en exemple les égoportraits publiés sur Instagram par certaines stars ayant fait un court séjour à l'hôpital. Sur ces photos partagées par, entre autres, Justin Bieber, Miley Cyrus ou Cara Delevingne[35], le passage à l'hôpital ne participe pas de leur récit personnel. À l'exception, parfois, de certains détails dans l'environnement entourant les célébrités — des

---

33. Je réfère ici à des égoportraits témoignant des diverses inscriptions de la douleur ou de la maladie sur un sujet : des photographies prises depuis des lits d'hôpital, des photographies des marques laissées sur le corps par la maladie ou ses traitements, des photographies prises en solidarité avec d'autres personnes malades (relayées par des mots-clics comme #NoMakeupSelfie (égoportraits sans maquillage), par exemple, créé en solidarité avec les gens aux prises avec un cancer), etc.
34. Tamar Tembeck, « Selfies of Ill Health : Online Autopathographic Photography and the Dramaturgy of the Everyday », *Social Media + Society*, vol. 2, n° 1, 2016.
35. Yahoo Celebrity UK, *Celebrities Take Sickbed #Selfies in Hospital*, 8 mars 2013.

appareils médicaux, un lit d'hôpital, une jaquette bleue —, le cliché ne se distingue pas du lot d'égoportraits partagés en d'autres temps, en d'autres lieux par l'une ou l'autre. Dès lors, en dépit des mots-clics tels que #Sick («malade») ou #HospitalGlam («glamour hospitalier») qu'elles accolent au cliché, ces célébrités ne s'attachent à aucune valeur explicite de la maladie. Pour le dire autrement, elles ne *sont* pas malades, du moins pas tel que se déplie le récit photographique offert. Au contraire d'explorations visuelles autopathographiques autour du cancer du sein comme celle de Jo Spence en photographie contemporaine ou celle que développe Karolyn Gehrig sur Instagram autour de la maladie chronique[36], ces photographies de stars ne contribuent pas à l'élaboration d'une performance de la douleur ou du trauma (ce que Tamar Tembeck appelle une «dramaturgie» de la maladie). Elles ne génèrent aucune réflexion quant aux relations qui existent entre la maladie et ses représentations. Elles épousent plutôt les codes de deux impulsions en apparence incompatibles: le fait de vouloir dire un état pathologique en même temps que montrer une image de perfection. En soi, cette dualité n'est pas impossible à réconcilier dans un médium comme le *selfie* puisque celui-ci est, par définition, une image de soi orientée par sa *publicité*, c'est-à-dire à la fois par l'impression que nous avons de notre identité et par l'image publique que nous désirons livrer de cette identité. En ce sens, on peut très bien se sentir malade tout en offrant un récit qui n'en témoigne pas sur les réseaux sociaux.

Néanmoins, pour Tamar Tembeck, c'est ce qui fait que ces égoportraits ne peuvent pas prétendre être des «mises en corps» («*embodiment*») de la maladie, terme qu'elle emprunte à Amelia Jones. Cette dernière, en dialoguant avec les réflexions de Maurice Merleau-Ponty sur la corporéité, explore comment certains autoportraits, grâce à la performance particulière du corps et du soi qu'ils proposent, deviennent le canal potentiel d'une «technologie de la mise en corps». Jones montre que les autoportraits qui parviennent à cet état de mise en corps fascinent le regard du fait, justement, qu'ils constituent une

---

36. Tamar Tembeck, *Performative Autopathographies: Self-Representations of Physical Illness in Contemporary Art*, thèse de doctorat, Université McGill, 2009.

« représentation » du corps qui est exacerbée à cause de leur dimension performative qui l'expose « comme absence, comme étant déjà mort — et, conséquemment, en intime relation avec la perte et la disparition[37] ». Dans ce déplacement, dans cette association qui s'ouvre avec ce qui a été perdu ou qui n'est plus, ils parviennent à devenir une interface par laquelle les subjectivités — et avec elles, le corps — peuvent entrer en relation.

Ce manque de référent au cœur même d'une photographie qui joue — soi-disant — à montrer la maladie est d'autant plus problématique que la douleur « — à la différence d'autres états de conscience — n'a pas de contenu référentiel. Elle n'est faite de rien ni ne sert à rien. C'est précisément parce qu'elle ne réfère à aucun objet qu'elle résiste à son objectivation dans le langage plus que tout autre phénomène[38] », écrit Elaine Scarry. Alors qu'on éprouve de la colère, du ressentiment ou de l'affection *pour* quelqu'un ; qu'on a peur *de* quelque chose ou qu'on hésite *devant* une décision, notre douleur est nôtre, et nôtre seule. Ainsi, c'est un double effacement qui se trame dans un *selfie* comme celui, par exemple, de Justin Bieber. Couché à demi nu sur son lit (qu'on devine à peine être un lit d'hôpital, d'ailleurs), la couverture suffisamment basse pour dévoiler les abdominaux et la ceinture d'Apollon, le bras négligemment déposé sur l'oreiller dans une allure de *pin-up*, la mégastar masculine fixe l'objectif, un petit sourire en coin, plus séducteur que jamais. Ici, la douleur est doublement mise à mal dans le langage : une fois du fait qu'elle appartienne seulement à celui la vivant, s'extériorisant difficilement, et une seconde fois d'être traduite dans une mise en scène qui ignore tous les référents qui pourraient ramener à la surface ce qui se tait en dessous — traces sur le corps, autour du corps, environnement, etc. Voilà pourquoi Tamar Tembeck ne croit ni au potentiel dramaturgique (raconter un récit de douleur) des égoportraits d'hôpital de célébrités ni à leur potentiel politique (montrer un corps malade pour ce qu'il est) : l'expérience de

---

37. Amelia Jones, « The "Eternal Return" : Self-Portrait Photography as a Technology of Embodiment », *Signs*, vol. 27, n° 4, 2002, p. 948.
38. Elaine Scarry, *The Body in Pain*, New York, Oxford University Press, 1985, p. 5.

la douleur est reléguée au second plan, derrière la toute-puissance du sujet et de sa renommée. Le *pathos* disparaît au profit du *bios*, plutôt que l'inverse.

Serait-il tout de même possible d'envisager une énonciation médiatique qui participe à la fois du spectacle et du dévoilement intime de la douleur ? À mon sens, la persona que construit Lena Dunham sur Instagram agit en ce sens. Contrairement aux égoportraits de stars pris en exemple par Tembeck, la présence Instagram de Dunham joue sur cette idée d'une mise en corps de l'idée collective que nous avons de la douleur — particulièrement de la douleur comprise comme féminine. Si, comme l'écrit David Le Breton, « sous le règne du regard, la surface devient le lieu de la profondeur[39] », alors l'exposition à répétition que fait Dunham de sa peau est assurément une manière de rendre visibles les douleurs et les marques que laisse l'endométriose en elle.

---

39. David Le Breton, « Signes d'identité : tatouages, piercings, etc. », *Journal français de psychiatrie*, vol. 24, n° 1, 2006, p. 18.

CHAPITRE DOUZE

LE CAS DUNHAM : RÉÉCRIRE L'ORIGINE

> Où sont les femmes, là sont les maux.
>
> Ménandre, *Les fragments*

La publication de *Not That Kind of Girl* est probablement l'une des premières fois où Dunham aborde publiquement l'endométriose, sans encore la nommer pour ce qu'elle est. Dans le chapitre « Qui a déplacé mon utérus ? », elle relate d'abord les crises menstruelles débilitantes qu'elle vit à l'adolescence et qui lui font manquer des cours, des évènements sociaux, des opportunités professionnelles. Son état de santé fragile semble apparemment sans cause — on lui répète que c'est normal d'avoir mal durant les menstruations —, ce qui l'amène à croire que si quelque chose ne tourne pas rond chez elle, c'est plutôt psychologiquement que physiquement : « Quand [mes règles] ont commencé, elles exerçaient sur moi une fascination morbide, comme si un accident de voiture se produisait toutes les trois semaines dans ma culotte. […] La douleur allait et venait, mais mon angoisse à ce sujet augmentait à la cadence d'un métronome. J'évitais d'aller voir le médecin, certaine que le diagnostic serait: "cinglée"[1]. » Comme de trop nombreuses personnes avant elle (et sans doute après elle), Dunham doute de la force et de la démesure de sa douleur utérine. Si elle ne parvient pas à endurer la douleur, c'est sûrement qu'elle n'en est pas digne: « J'ai commencé à associer la douleur dans mon bas-ventre à faiblesse et tristesse[2]. » Elle a honte. Plongée dans cette tourmente, elle se fait le serment de ne jamais se servir des menstruations comme d'un effet comique ou narratif, promesse qu'elle tiendra dans ses diverses réalisations[3]. Chaque fois qu'elle le fera, ce sera pour évoquer son corps à elle, directement, sans passer par l'entremise de la fiction, comme dans ce passage de son premier livre:

> Sur le dessin que [mon gynécologue] brandissait, on aurait dit des centaines de toutes petites perles se frayant un passage dans du velours rose velouté. Il a poussé la gentillesse jusqu'à me montrer des clichés pris au cours d'interventions par laparoscopies de cas plus graves que le mien. On aurait dit les vestiges d'un mariage: du riz éparpillé, du gâteau écrasé, un peu de sang[4].

Alliant le désenchantement d'une fin de soirée trop arrosée et la délicatesse d'un collier de perles enroulé dans du velours, Dunham dessine enfin un portrait de l'endométriose qui témoigne des dommages causés par la maladie dans le corps des personnes atteintes tout en conservant un regard bienveillant, indulgent, sur son propre corps qui trop souvent la trahit. Elle devra d'ailleurs annuler la tournée européenne de promotion de son livre parce qu'elle est aux prises avec une crise de douleurs aiguës.

En 2016, elle persiste dans la mise en récit de sa douleur en publiant dans *Lenny* un long texte intitulé « La plus malade des filles ». Cette fois, l'écriture se concentre exclusivement sur l'obtention du diagnostic d'endométriose. Dunham y déplore le manque d'empathie auquel se frottent les personnes souffrant de crampes menstruelles ou de maux du bas-ventre en général:

---

1. Dunham, *Not That Kind of Girl*, p. 164.
2. *Ibid.*, p. 163.
3. *Ibid.*, p. 162.
4. *Ibid.*, p. 167.

Même mes parents, éternellement compréhensifs et tolérants, paraissaient dubitatifs. Et qui aurait pu les blâmer? Je n'arrivais pas à prendre ma propre douleur au sérieux, alors comment une autre personne l'aurait-elle pu? [...] Quelle que soit la cause de ma douleur et de ma fatigue, j'ai raté 62 cours d'anglais en cinquième secondaire et j'ai été nommée la plus malade des filles de ma promotion. Lindsay et Sarah ont toutes deux décidé de ne pas m'inviter à leurs fêtes d'anniversaire juste au cas où je ne me présenterais pas. Je leur ai téléphoné en conférence à trois, sanglotant, mais incapable de me défendre autrement qu'en répétant la phrase «Je n'invente pas ma maladie»[5].

Pour Dunham, un poids immense se soulève lorsqu'elle entend le gynécologue prononcer le nom du mal qui l'affecte: «"Laissez-moi deviner", dit-il. "On vous a souvent enfoncé le doigt dans l'appendice." J'ai ri de soulagement avant même de l'entendre murmurer le mot endométriose. Il m'a renvoyée chez moi avec une prescription pour une nouvelle pillule contraceptive [...] et un nom potentiel pour ma douleur.[6]» Si la douleur échappe au langage, comme le suggère Scarry, alors le fait de pouvoir la nommer — soit en la décrivant, soit en obtenant un nom pour l'identifier — permet de se la réapproprier. Ce que fait Dunham en mentionnant à répétition l'endométriose — sur Instagram, en entrevue, dans ses écrits —, c'est lui redonner une importance politique. Faire circuler le mot «endométriose» l'autorise à exister *politiquement*, pour le dire avec Scarry[7].

En ce sens, ce que fait Michael J. Fox en 1999 pour rendre publique la maladie de Parkinson et ce que fait Dunham en 2014 pour sensibiliser le public à l'endométriose participe du même mécanisme. Par contre, avec Dunham, à la différence de l'allocution livrée devant le Sénat par Fox, la représentation de la maladie excède le contexte institutionnel. Elle se répand dans l'écriture d'abord, puis, rapidement, dans l'image pour devenir partie intégrante de la mise en scène de soi, de l'articulation de la subjectivité de Dunham comme femme souffrante, ce qui permet, d'un même geste, de dépasser la célébrité, l'unicité. Dunham n'est plus la porte-parole d'une maladie, sa défenderesse devant l'État,

---

5. Lena Dunham, «The Sickest Girl», *Lenny Letter*, 17 novembre 2015.
6. *Ibid.*
7. Scarry, *The Body in Pain*, p. 12.

reconnue et légitimée grâce à sa célébrité. À l'aide de l'énonciation intime et ancrée dans le corps qu'elle déploie dans l'écriture et par ses égoportraits, elle s'inscrit dans une communauté d'«*endogirls*[8]» qui la ramène — si ce n'est que brièvement — au commun, pour le dire encore une fois avec Giorgio Agamben. Mais c'est en échouant à être une bonne malade et à présenter le visage de la parfaite *endogirl* que Dunham se fait réellement intime, si l'on comprend l'intime comme cette ouverture vers la part précaire de soi[9]. En exposant un corps imparfait qui ne respecte pas ce qui est attendu des corps célèbres *et* malades pas plus qu'il ne respecte les étapes habituellement réservées aux corps souffrant d'endométriose, Dunham suggère une nouvelle narration de la douleur du bas-ventre dit féminin.

Au commencement, l'interruption

La maladie «signifie apprendre à vivre avec la perte de contrôle[10]», comme le note à répétition Arthur W. Frank dans son exploration sur les diverses façons de mettre en récit le corps malade. Il s'agit de jongler avec la contingence du corps, avec ses dérapages potentiels,

---

8. Surnom que se donnent les malades d'endométriose, qui s'est rapidement répandu sur le Web grâce aux réseaux sociaux. À l'aide du mot-clic #endogirl et d'une série d'autres (#endosisters, #endowarrior, #chroniclife, #spoonie, #chronicpain, #invisibleillness), un sentiment de communauté émerge entre les personnes vivant de l'incompréhension ou du jugement sur les plans social et médical, ce qui leur permet de partager leurs expériences, leurs remèdes, leurs incertitudes, leurs victoires. Comme l'écrit elle-même Dunham dans un essai sur la fréquentation de comptes Instagram qui a meublé ses longs mois de convalescence, de telles communautés rendent possible une certaine évasion, bien qu'elle soit clouée au lit par la douleur: «Aujourd'hui n'est pas une bonne journée. Je suis au lit, essayant de méditer pour faire taire la douleur, mais aussi la culpabilité qui vient avec le fait de comprendre tout ce que ton corps ne peut pas faire. Mais dans l'univers d'Instagram, je suis partout: un concert de Drake, un marché fermier, une plage. Je suis une idée, une camisole, un corps sans limites. Je suis entière, sauf pour cette chair sans importance.» (Lena Dunham, «The Picture of Health», *Lenny Letter*, 30 novembre 2016.)
9. Fœssel, *La privation de l'intime*, p. 143.
10. Frank, *The Wounded Storyteller*, p. 30.

ses incohérences, ses imprévus. Or, comme l'ont illustré les travaux d'Erving Goffman sur le stigmate, notre société exige de ses membres un niveau élevé de maîtrise des corps. La perte de contrôle doit être enrayée — corrigée — le plus rapidement possible, faute de quoi elle occasionne de la gêne, de la honte, du dégoût :

> On demande à l'individu stigmatisé de nier le poids de son fardeau et de ne jamais laisser croire qu'à le porter il ait pu devenir différent de nous ; en même temps, on exige qu'il se tienne à une distance telle que nous puissions entretenir sans peine l'image que nous nous faisons de lui[11].

Dunham ne se plie pas à cet impératif. Elle montre, expose et raconte son corps en déroute, et la honte initiale que cela lui incombe :

> J'allais au travail avec une douleur criante au ventre, des nausées et une incapacité à bouger un seul muscle. Empêcher une équipe de 100 personnes de faire son travail est beaucoup plus stressant que louper *Introduction à la tragédie grecque* à l'université, mais dans les deux cas j'ai ressenti une honte brûlante. Le genre de honte que ressent une personne avec un trouble anxieux qui lui en fait voir de toutes les couleurs. Le genre de honte qu'on ressent en tant que femme exposant une faiblesse[12].

Elle dénonce tout ce que le stigmate a d'absurde, de contraignant. Elle écrit comment, bien que quelques minutes la séparent d'une opération longue et intrusive durant laquelle on lui retirera un organe, elle ne se donne pourtant pas le droit de pleurer : « Je voudrais tellement pleurer, mais je sais ce serait mal vu. Mes sanglots pourraient aisément être interprétés comme des doutes, renversant le processus. Je suis déjà en deuil, mais je n'ai aucun doute[13]. »

Ce corps qu'Anne Helen Petersen décrit comme œuvre d'art manquée, Lena Dunham le porte comme une machine détraquée, prête à la trahir à tout moment. Mais la trahison n'arrive pas de n'importe où. Elle fomente au creux d'elle, dans l'utérus, cet organe que l'on

---

11. Erving Goffman, *Stigmate : les usages sociaux des handicaps,* trad. Alain Kihm, Paris, Minuit, 1975, p. 145.
12. Dunham, « The Sickest Girl ».
13. Lena Dunham, « In Her Own Words : Lena Dunham on Her Decision to Have a Hysterectomy at 31 », *Vogue*, 14 février 2018.

appelle matrice tant on aime croire qu'il est constitutif du corps qui l'abrite : « J'ai toujours su que mon utérus avait quelque chose qui ne tournait pas rond. Ce n'était qu'une intuition. L'impression que les choses n'étaient pas tout à fait normales là-dedans. Tout le système[14]. » L'utérus, organe trop longtemps envisagé comme le centre décisionnel des femmes, le lieu de leurs humeurs, de leurs désirs et de leur tare originelle ; l'utérus, la matrice de tous les commencements, l'origine dissimulée derrière l'origine du monde de Gustave Courbet ; l'utérus comme fondement premier, « comme si le Créateur, en créant le sexe féminin, *avait pris l'utérus et construit une femme autour de lui* », comme le déclare, lyrique, un certain Hubbard, professeur à New Haven, devant une assemblée médicale en 1870[15].

Au commencement était l'utérus, semble-t-on nous ressasser depuis qu'on a fait sa découverte anatomique. Pour Arthur W. Frank, le commencement absolu, le commencement sans commencement, l'éternité des gens souffrants est toutefois autre : « Au commencement était l'interruption[16]. » La maladie interrompt l'existence et, par la suite, s'impose comme une interruption perpétuelle. Pour Lena Dunham, cette interruption originelle ourdit au lieu de sa soi-disant origine matricielle — « sans aucune forme de compréhension scientifique de mes entrailles, j'imaginais un anneau rouge autour de chaque organe, une ligne ardente tailladant mon utérus et ma vessie, et sortant de mon corps avant de tomber au sol, comme si Keith Haring avait peint ma vulve[17] » — et menace de surgir à tout moment pour détruire tout ce qu'elle a créé. Au creux du bas-ventre se logent la douleur, la peur et le danger. Dunham a perdu le contrôle sur son corps. La vie telle qu'elle la connaissait s'est interrompue.

Mais Lena Dunham échoue aussi à être malade. Elle n'est pas la parfaite malade que notre société contemporaine espère : « J'y lis la

---

14. Dunham, *Not That Kind of Girl*, p. 158.
15. Ann Douglas Wood, « "The Fashionable Diseases" : Women's Complaints and Their Treatment in Nineteenth-Century America », *Journal of Interdisciplinary History*, vol. 4, 1973.
16. Frank, *The Wounded Storyteller*, p. 56.
17. Dunham, « The Sickest Girl ».

permanence de certains impératifs culturels : être stoïques et entretenir une relation à la douleur entièrement définie par la résistance. Ces impératifs font qu'il est honteux de ressentir un attachement à la douleur et une réceptivité à ses offrandes[18]. » Plutôt que de se tenir stoïque devant la douleur, Dunham en récuse l'obligation de fertilité en décidant d'extirper d'elle le symbole même de sa fertilité comme femme. Comme une Ève qui se met à rire ou une Méduse qui ne meurt pas, Lena Dunham rejette la malédiction en redessinant l'origine.

À la fin de l'année 2017, Lena Dunham disparaît des réseaux sociaux. Vers la mi-novembre, elle qui avait l'habitude de publier plusieurs photos par semaine sur son compte Instagram devient silencieuse, après le partage d'une phrase énigmatique qui se lit de façon mi-figue, mi-raisin quand on connaît le rapport que Dunham entretient avec la douleur et la maladie mentale : « Je vous souhaite un prompt rétablissement de votre maladie imaginaire[19]. » Sous l'image, un court texte pour la commenter : « De moi à moi, chaque jour[20]. » Quand elle réintègre les réseaux sociaux, environ deux mois plus tard, Lena Dunham annonce, dans un témoignage publié dans *Vogue,* qu'elle vient de subir une hystérectomie pour tenter de réduire les symptômes invasifs de l'endométriose qui ruinent sa vie professionnelle, amoureuse et sociale. En faisant le choix de se départir du seul organe auquel on ramène constamment les femmes — cet organe autour duquel des lois patriarcales s'invitent et se réinvitent invariablement — et de l'annoncer très publiquement par le biais d'une publication dans un magazine féminin consacré, Dunham ouvre le chemin vers une reconstruction du mythe et d'une certaine performativité de la féminité.

Si la douleur échappe au langage, comme le note Elaine Scarry, et que le langage est « producteur, constitutif, voire, pourrait-on soutenir, performatif, dans la mesure où cet acte signifiant délimite et trace les contours du corps[21] », on peut donc dire qu'il est impératif de

---

18. Jamison, *The Empathy Exams*, p. 333.
19. Dunham [@lenadunham], [Sans titre], Instagram, 17 novembre 2017.
20. *Ibid.*
21. Butler, *Ces corps qui comptent*, p. 42.

repasser *par* le corps pour performer et se réapproprier la douleur. La représentation de la douleur gagnerait à rester collée au corps, et c'est ce sur quoi joue inlassablement Dunham dans la présentation de son identité malade sur les réseaux sociaux. Elle y montre ses journées de convalescence, documente ses séjours à l'hôpital, le visage de ses soignants, détaille les cicatrices laissées sur son abdomen. Je pense en particulier à une série de trois photographies que Dunham publie neuf mois après son opération, sur lesquelles elle pose nue, sobrement assise sur ce qu'on devine être un lit. Les draps sont écrus; la tête de lit, d'un brun foncé. La qualité des clichés n'est pas bonne : il y a du grain dans l'image, le cadrage est croche, et la star est échevelée, le tout laissant croire qu'elle a pris ces photographies en solitaire, coinçant son téléphone entre deux coussins, sans la présence d'une seconde personne pour les recadrer, les perfectionner, les diriger[22]. Si on les fait défiler l'une à la suite de l'autre, les trois photographies nous donnent l'impression de « tourner » autour du corps dénudé de Lena Dunham puisqu'elles présentent, tour à tour, le devant de son corps, son profil, puis son dos. De profil ou de face, ses yeux ne quittent pas l'objectif ; Dunham nous invite à la regarder comme elle se regarde.

---

22. Encore une fois, je réitère qu'il n'est pas important de déterminer si c'est *réellement* le cas, si Lena Dunham était *réellement* seule dans sa chambre à poser nue dans la noirceur. C'est l'intime dans l'image et non son authenticité qui m'importe. Là où l'authenticité — c'est-à-dire cette injonction d'être ce que l'on est — reste « un concept vague et trompeur, [et] un idéal illusoire et trompeur puisqu'il enferme le sujet dans le fantasme de sa propre transparence » (Fœssel, *La privation de l'intime*, p. 57), l'intime, lui, permet d'échapper à cette idée étouffante d'une subjectivité pure, immuable, depuis laquelle il faudrait établir un regard critique sur soi et sur le monde. Au contraire, comme le suggère Fœssel, on gagne plutôt à se servir de l'intime — ce lien qu'on tisse vers l'autre pour qu'il pose un regard sur soi — comme d'un critère pour déterminer « un comportement authentique » (*ibid.*, p. 62). Ici, ce comportement authentique a tout à voir avec la performance de la douleur et des traces qu'elle a laissées sur le corps. C'est en ce sens que l'image que propose Dunham est intime, indépendamment du fait qu'elle soit authentique dans sa mise en scène.

Sur les trois photographies de Dunham, un petit détail — un *punctum*, dirait Roland Barthes[23] — perce. Parmi les nombreux tatouages ponctuant l'épiderme de la jeune femme, on réalise que l'un d'eux est encore un peu rougi. Les mots « RIP Judy[24] » tatoués en lettres cursives sur les côtes s'y devinent, malgré la faible qualité de l'image. « Judy », explique Dunham dans le texte adjacent aux photos, est le surnom que donnait un ami à son utérus. À cet instant, le tatouage se fait la trace d'une « réappropriation d'un corps et d'un monde qui échappent, [il devient] une limite symbolique dessinée sur la peau[25] ». Son tatouage marque *sur* la peau l'inscription d'un vide ailleurs, là-bas, *sous* la peau. Si la douleur est une perte de contrôle qui échappe momentanément au langage, le fait d'en tatouer le récit sur l'épiderme est une manière de reprendre symboliquement la parole et de cacheter ce balbutiement d'un sceau : *Voilà. Il s'est passé cela*. Ainsi que le rappellent les travaux de David Le Breton sur les marques que l'on appose volontairement sur le corps (piercings, scarifications, etc.), le tatouage — et le rite de passage qu'il entraîne — permet de recueillir dans la mémoire du corps un évènement fort, significatif. À défaut d'être en contrôle, ce qui s'écrit sur le corps devient « un objet à portée de main sur lequel la souveraineté personnelle est presque sans entraves[26] ». Ici, le rite du tatouage profane l'injonction sacrée voulant que la maladie au féminin demeure secrète ou contenue. La chair se métamorphose, sans possibilité de retour en arrière. Paradoxalement, Lena Dunham

---

23. Dans son essai *La chambre claire : note sur la photographie*, Roland Barthes exprime le souhait d'approfondir la photographie par l'affect, c'est-à-dire « non comme une question (un thème), mais comme une blessure » (Paris, Gallimard, 1980, p. 42). Son texte, qui se lit comme une véritable oraison funèbre à sa mère tout juste décédée, distingue deux éléments centraux à l'éveil d'une émotion devant une photographie donnée : le *studium* et le *punctum*. Alors que le *studium* participe de ce qui, dans une photo, éveille un intérêt humain, un intérêt général, parce qu'il s'ancre dans un système de codes, le *punctum*, lui, est fondamentalement ancré dans la subjectivité et la douleur.
24. Dunham, [@lenadunham], [Sans titre], Instagram, 15 août 2018.
25. Le Breton, « Signes d'identité : tatouages, piercings, etc. », p. 19.
26. *Ibid*.

grave sa peau sans rémission possible pour souligner, justement, le début de quelque chose de cet ordre — une rémission — au creux de son ventre. Pour cette raison, j'ai l'impression que son tatouage — et le fait de le montrer — a «valeur de mise au monde[27]», pour le dire avec David Le Breton.

Puis, le dénuement

Au-delà de cet élément qui nous invite à entrer dans l'image à défaut d'entrer sous la peau, ce qui me frappe quand je fais défiler en boucle ces trois photographies, c'est que je m'y reconnais. Le bourrelet du bas-ventre qui vient masquer le pubis, les veinules bleutées des cuisses, la profondeur du nombril, le double menton inévitable à cause de la prise de vue en contre-plongée, le creux dans la chair où se place la colonne vertébrale, sans que se distinguent les vertèbres... Si j'avais le courage de me photographier nue, voilà à quoi ressemblerait mon corps, me dis-je. Dunham me présente un corps qui n'a pas été filtré par le regard d'un Autre — que cet autre revête le visage d'impératifs culturels de beauté, d'un éditeur de magazine, d'un photographe professionnel, d'un ami, d'un parent, d'un assistant, d'un médecin —, et grâce à cela, je parviens à m'y trouver, à m'y lire. Déjà, juste cela, ce n'est pas rien, considérant que mon corps n'est pas celui que je vois le plus souvent dans les objets culturels que je consomme[28]. Pour Anne Helen Petersen, cet état brut du corps exemplifie la différence entre un corps «*nude*» («le nu») et un corps «*naked*[29]» («nu»), et est partie prenante de l'esthétique de Dunham:

> Le corps nu est brut, sans prétention, dépouillé; le nu est une nudité raffinée: adoucie, proportionnelle, agréable. Le corps nu devient «le nu»

---

27. *Ibid.*
28. Et encore, puisqu'il a le privilège d'être né blanc, d'être né cisgenre, d'être né sans handicaps physique ou mental, il reste parmi les corps les plus visibles, les plus racontés. Derrière lui s'effacent une série d'autres corps d'autant moins présents dans les imaginaires que nous propose la culture pop.
29. Petersen emprunte cette dénomination à Kenneth Clark, dans son ouvrage *The Nude: A Study of Ideal Art* (1956).

quand il est filtré à travers le regard d'un artiste — œil qui, dans l'histoire de la culture occidentale, a presque toujours été masculin[30].

En étant aux commandes de sa propre nudité — qui plus est une nudité ouvertement *en douleur* —, Lena Dunham permet de penser une nouvelle esthétique du corps dénudé en culture populaire, un corps qui n'est pas *un nu*, mais qui *est nu*, un corps qui me rappelle que «les corps des femmes sont dignes d'être représentés même quand ils ne sont pas placés, déformés ou autrement figurés à travers le regard masculin[31]».

À travers sa présence corporelle douloureuse *et* publique, Lena Dunham propose un corps dans lequel le mien a le droit de se voir, comme le sien s'est vu aussi dans celui de sa mère, avant elle. J'écris ceci en songeant aux réflexions que Dunham tisse dans son livre autour du travail d'artiste de sa mère, Laurie Simmons, particulièrement son exploration de l'autoportrait:

> L'appareil s'attache à ses défauts — le pli de gras sous ses fesses, son genou proéminent, l'énorme tache de naissance sur son avant-bras […]. Ma mère comprenait très bien le pouvoir de la photo. Visez ces hanches, dents, sourcils, chaussettes qui font des vagues sur les chevilles? Ils méritent d'être saisis, immortalisés. Je ne serai plus jamais aussi jeune, aussi seule, aussi velue. Vous êtes tous invités à mon show privé[32].

Chez l'une comme chez l'autre, le corps — matière d'abord privée et secrète — se dénude et se montre tel qu'il est, nu et à soi: «Être nu, c'est être soi-même. Poser nu signifie être dénudé devant les autres sans toutefois être reconnu pour ce que l'on est. […] La nudité brute ("nakedness") révèle. La nudité performée ("nudity") met en scène. Être nu, c'est être sans déguisements[33].» Et parce qu'il est ainsi — mis à nu —, le corps se fait intime. À l'image des photographies que Simmons développe dans sa chambre noire et qui apparaissent d'abord pour elle seule, avant d'être offertes pour le regard de toutes, les images du corps de Dunham sont des invitations intimes au sens

---
30. Petersen, *Too Fat, Too Slutty, Too Loud*, p. 212.
31. *Ibid.*, p. 213.
32. Dunham, *Not That Kind of Girl*, p. 145-146.
33. John Berger, *Ways of Seeing*, Londres, Penguin Books, 1997, p. 53.

où elles forment des surfaces — elles ouvrent des lieux — qui ne sont plus cachées aux regards, mais au contraire, deviennent « la marque d'une proximité incomparable[34] » pour celles qui veulent les lire :

> Quand on est nue, il est préférable d'être en contrôle de la situation. Ce que ma mère a toujours su, d'où son Nikon brandi bien haut, l'objectif tourné vers la glace. Elle sentait que, en collectionnant des informations sur son corps, elle préservait son histoire. Belle nue, imparfaite. Son expérimentation privée a ouvert la voie à mon expérimentation publique[35].

Dans leurs nudités distinctes, puis jointes, Dunham et sa mère trouvent une manière de se dire en isolant leur corps comme « une matière à part qui donne un état du sujet, [qui donne] le support à géométrie variable d'une identité choisie et toujours révocable[36] ». Par leur corps et le récit qu'elles en font, elles me donnent la possibilité de tracer le mien. Ce procédé devient d'autant plus fort qu'il s'attache à un corps douloureux, malade, comme celui de Dunham, combattant l'endométriose. Dans *La vie sexuelle* (1969), Sigmund Freud suggère que la douleur physique aurait un effet de détermination, c'est-à-dire qu'elle constituerait l'une des façons dont une idée du corps est acquise par le sujet[37]. Dès lors, quand Lena Dunham décide d'unir la matière de son corps au récit de sa douleur, elle rajoute une pierre à l'édifice des énonciations intimes qui échappent à l'aliénation du spectacle en se resubjectivant, en plus de proposer un récit de la douleur au féminin qui interfère avec sa réification.

Enfin, la remise au monde

Or, le récit que Dunham livre de son hystérectomie rappelle que ne se débarrasse pas de son utérus qui veut. Après de longs mois aux prises avec une douleur si intense qu'elle n'arrive plus à sortir du lit, Dunham demande à sa médecin traitante s'il serait possible de considérer

---

34. Fœssel, *La privation de l'intime*, p. 12.
35. Dunham, *Not That Kind of Girl*, p. 150.
36. Le Breton, « Signes d'identité : tatouages, piercings, etc. », p. 17.
37. Idée avec laquelle Judith Butler négocie dans *Ces corps qui comptent*, d'où je l'extrais.

l'ablation totale de son utérus. Cette dernière lui répond, laconique : « Attendons voir[38] ! » En mauvaise malade, Dunham n'entend pas suivre ce conseil. Elle sent qu'elle a suffisamment donné au chapitre de la passivité et de l'endurance. Deux jours plus tard, elle se rend donc aux urgences de l'hôpital et affirme : « Je ne partirai pas tant que […] mon utérus n'aura pas été arraché. Non, sérieusement, *prenez-la*[39]. » La suite de son texte relate le processus fastidieux et invasif auquel elle doit se soumettre pour que le corps médical accepte de se plier à une telle requête :

> Ils ne prennent pas cette demande à la légère, les docteurs. Les poursuites pour fautes professionnelles sont bien réelles, et les femmes sont attachées émotionnellement à leur utérus (chez moi, il s'agit d'une loyauté aveugle, presque délirante, *comme celle qu'on a envers un petit ami abusif*). Parfois, il leur faut un moment avant de réaliser que l'infertilité est devenue réalité. Le docteur veut la preuve qu'il opère une personne suffisamment déterminée pour donner son consentement sans le reprendre ensuite. Et, conséquemment […], j'écris un texte de 1000 mots justifiant pourquoi, dans les circonstances, je suis convaincue de pouvoir gérer la perte de mon utérus avant même d'avoir eu 32 ans[40].

Chez Dunham, l'utérus de la narratrice, qui passe dans ses mots d'une entité féminine — *prenez-la* — à un mauvais petit ami dont on ne saurait se déprendre, est présenté à la fois comme une bordure brûlante qui se répand pernicieusement sur tous ses organes et consume son for intérieur, et comme une matrice vide qui ne sera jamais autre chose que défectueuse. Ni fertile dans sa fonction première ni fertile dans la douleur qu'il génère, l'utérus de Dunham lui donne la possibilité « d'échouer à être malade ».

Ni féminin ni masculin, l'organe devient alors un seuil où s'enclenche le renversement de l'idée selon laquelle il serait la seule matière qui compte dans le corps des personnes identifiées comme femme, ce qui constituerait leur intelligibilité, pour le dire avec Judith Butler[41].

---

38. Dunham, « In Her Own Words ».
39. *Ibid.* Je souligne.
40. *Ibid.* Je souligne.
41. Butler, *Ces corps qui comptent*, p. 44.

Le corps qui compte (« *that matters* »), c'est celui qui ne se contente pas de faire simplement matière (« *to be material* »), comme un utérus qui existerait pour être fécond, pour s'enflammer ou pour marquer le féminin. Un corps qui compte, c'est celui qui sait également transmettre sa signification ou son importance (« *significance* »), celui qui se fait substantiel (« *matters* ») en se matérialisant, c'est-à-dire en signifiant quelque chose (« *to mean*[42] »), en montrant quelque chose d'autre. Ici, le geste que commet Lena Dunham a pour effet, en quelque sorte, de « répéter l'origine de façon à déplacer cette origine *en tant* qu'origine[43] ». L'utérus n'a plus à être le début et la source de tout — de la vie, de la douleur, de notre conception de la féminité : « Je choisirais d'être une femme. N'importe quel jour, à n'importe quel moment. Être une femme est la meilleure chose qui ne me soit jamais arrivée. […] Et je n'ai plus peur de mon corps. En fait, je l'écoute désormais quand il parle[44]. »

Par le délogement de son utérus, elle refuse la violence symbolique qui fait du ventre des femmes le lieu du sacré. Dunham se donne le droit de faire ce qu'elle entend avec sa douleur, que ce soit de la cultiver pendant des heures dans un lit alors qu'une production complète attend qu'elle se remette sur pied, ou que ce soit de tenter de l'enrayer en s'attaquant à la source du mal, aussi sacré soit-il : « Je décide de rester, je choisis ceci. Je dois l'avouer, c'est vraiment mon choix. Je n'en peux plus des traitements. Je n'en peux plus de la douleur. Je n'en peux plus de l'incertitude. Les médicaments entrent dans mes veines, et ma vision se trouble agréablement. Pour un moment, je n'aurai plus à ressentir[45]. » Lena Dunham abandonne et parce qu'elle abandonne, elle reprend contrôle en profanant l'organe sacré de son corps. Je vois quelque chose de l'ordre d'une résistance dans l'échec de Dunham, dans sa capitulation, dans la perte de son utérus. Son abandon total, l'exposition répétée de l'infertilité de sa douleur et — finalement — celle de son propre ventre ne tiennent pas lieu de défaites, mais

---

42. *Ibid.*
43. *Ibid.*, p. 58.
44. Dunham, « The Sickest Girl ».
45. Dunham, « In Her Own Words ».

deviennent ce que Ross Chambers appelle « un échec qui devient [...] un message accusateur[46] », en filiation avec l'idée de tactique chez Michel de Certeau. Cet échec métamorphosé en accusation dénonce ces discours — politiques, sociaux, médicaux, religieux — recouvrant les corps douloureux d'une chape de plomb moulée dans la même honte que celle dont on a tenté d'accabler Ève, Méduse, Carrie et toutes les autres : « Je vois rouge quand je pense au fait que l'accès au système de santé est un privilège plutôt qu'un droit dans ce pays, et que les femmes doivent travailler encore plus fort simplement pour prouver ce qu'elle savent déjà sur leur corps et sur leur santé. C'est humiliant[47]. » Sur la photo qui accompagne ce texte sur Instagram, Lena est allongée dans un lit d'hôpital. Elle soulève sa jaquette pour montrer les traces de la chirurgie. Sous les sous-vêtements d'hôpitaux, ses poils pubiens sont visibles. Sous elle, un piqué. Ses mains entourent son abdomen, dans une pose qui n'est pas sans rappeler celle d'une femme enceinte soutenant son ventre rond. Lena ne sourit pas.

Dans *Ces corps qui comptent*, Judith Butler se penche sur la matérialité du corps, sur les discours qui participent à sa construction. Au fil des pages, elle s'oppose encore et encore à un retour à l'essentialisme que justifierait une soi-disant antériorité de la matérialité du corps au discours. En encourageant le dialogue entre des notions comme celle de la formation imaginaire de la morphologie du corps chez Jacques Lacan ou celle de la perte du corps maternel chez Julia Kristeva[48], Butler montre combien les normes — sociales, esthétiques, politiques, etc. — contribuent à la constitution de la matérialité du corps, tout en concourant à en forger une certaine idée dans l'imaginaire collectif. Elle pose ainsi l'une des pierres angulaires de sa pensée du corps et de la place qu'il prend dans le discours : « Il ne s'agit pas de dire par là soit, d'un côté, que le corps n'est fait que de langage, soit, de l'autre, qu'il n'a aucun rapport avec le langage. Il

---

46. Ross Chambers, *Room for Maneuver: Reading (the) Oppositional (in) Narrative*, Chicago, University of Chicago Press, 1991, p. 146.
47. Dunham [@lenadunham], [Sans titre], Instagram, 17 octobre 2018.
48. Butler, *Ces corps qui comptent*, p. 69.

est constamment en rapport avec le langage[49]. » Il me semble qu'il en va de même avec la douleur. Tant qu'on se borne à l'envisager hors du langage, exclusivement dans le sens de la lésion, de la blessure physique ou comme le prolongement d'une altération organique, on risque de faire l'impasse sur les forces politiques et intimes qu'elle dissimule sous ses traces physiques :

> La douleur […] est la conséquence d'une relation affective et signifiante à une situation. Elle est toujours une question de signification et de valeur, *une relation intime au sens et non de seuil biologique*. Elle n'est pas celle d'un organisme, elle marque un individu et déborde vers son rapport au monde[50].

Avec ceci en tête, je retourne au triptyque partagé par Dunham. Sous les trois images, la jeune star écrit un long message qu'elle commence ainsi : « Neuf mois ont passé depuis mon hystérectomie. Je n'ai jamais célébré un anniversaire de neuf mois pour quoi que ce soit et j'ai compris la nuit dernière pourquoi ce chiffre me paraît si étrange — ça ne m'arrivera jamais comme je l'avais prévu[51]. » Lena Dunham a beau être une célébrité, la matérialité de son corps s'est inscrite dans le même héritage quasi millénaire que le mien, que celui de sa mère ou celui des *endogirls* qui commentent sous ses publications : celui d'un discours hégémonique de l'utérus comme déterminatif du féminin et — corrélativement — de la fertilité, de la transmission de la vie, de la maternité. À même les nouvelles frontières de son corps amputé, Dunham est confrontée à ce que Butler décrit comme « l'expérience vécue de la différenciation, celle-ci n'étant jamais neutre vis-à-vis de la question de la différence de genre ou de la matrice hétérosexuelle[52] ». Dans la mise en scène qu'elle rejoue de son corps dans ces trois photos, Lena Dunham déplace cette origine. Elle déplace la matrice. Elle en réécrit la signification. À sa place, un vide. Une impossibilité, « quelque part à l'intérieur […] dans cette vaste caverne d'organes

---

49. *Ibid.*, p. 79.
50. David Le Breton, *Expériences de la douleur : entre destruction et renaissance*, Paris, Métailié, 2010, p. 27. Je souligne.
51. Dunham, [@lenadunham], [Sans titre], Instagram, 15 août 2018.
52. Butler, *Ces corps qui comptent*, p. 77.

et de cicatrices[53] », qui n'est plus, ou plutôt qui se retrouve à vivre autrement, projetée sur la peau, grâce à des centaines de pigments d'encre tracés en lettres cursives. Ainsi, Lena Dunham ouvre non seulement la possibilité d'une mise en récit métamorphosée de la douleur — particulièrement la douleur du bas-ventre dit féminin —, mais elle rend surtout possible des interprétations plurielles du corps et du féminin, me rappelant que, comme la douleur, ceux-ci n'ont pas à *être* fertiles. Le féminin peut se matérialiser autrement. Il peut signifier différemment, exister au-delà. Pour Lena Dunham, la caverne d'organes et de tissus cicatriciels devient le lieu de la possibilité de son propre enfantement : « Joyeux jour de ma (re)naissance », conclut-elle.

---

53. Dunham, « In Her Own Words ».

CHAPITRE TREIZE

LE CAS NOTARO : SE RIRE DE LA DOULEUR

> Une lumière ici requiert une ombre là-bas.
>
> Virginia Woolf, *La promenade au phare*

Me voilà à parler de mise au monde, de possibilité de renaissance, alors que je tente justement de déconstruire l'impératif d'une douleur fertile qui serait corrélative à une idée sclérosée du féminin. Qu'aurais-je à gagner à m'inspirer d'un imaginaire de la maternité ? Peut-être est-ce pour éviter cet écueil que le sociologue David Le Breton choisit plutôt de parler de métamorphose[1] ? Il est vrai que, comme pour le réveil brutal de Gregor Samsa, le protagoniste de *La métamorphose*, de Franz Kakfa, qui, un matin, se découvre transformé

---

1. Le Breton, *Expériences de la douleur*, p. 71.

en cafard géant, les corps métamorphosés par la douleur ou la maladie créent «un avant et un après de l'expérience[2]». Ces corps, à l'image de la nouvelle enveloppe cafardesque de Samsa, déplaisent, gênent ou perturbent l'équilibre des vies qui les côtoient. On préfère les ignorer, les écarter ou les soigner — parfois jusqu'à l'acharnement — pour qu'ils retrouvent leur état initial qui, au fond, n'existe déjà plus. Puisque la douleur «amène à se défaire de soi[3]», il paraît urgent de sortir de «cette expérience de la désolation[4]» qu'est la souffrance pour chercher à se reposséder. Se refaire, le plus rapidement possible, à n'importe quel prix.

Or, je crois que l'idée d'une douleur comme métamorphose chez Le Breton gagne à se lire en deux temps, comme c'est le cas chez Franz Kafka[5]. Par là, j'entends que la douleur génère une première métamorphose — physique et morale — qui en cache une seconde, située par-delà le corps souffrant. Quand on se retrouve pris dans les tenailles de la douleur, on observe son corps se modifier et, avec lui, son esprit et le sens qu'il donne au monde. Mais lorsque cette douleur se montre au lieu de se plier aux impératifs sociaux qui, davantage que la douleur elle-même, causent l'exclusion ou la dépersonnalisation de l'individu, j'aime penser que, à la suite de la première perte de contrôle, on puisse imaginer qu'une deuxième métamorphose, potentielle, se dessine. Et que, cette fois, elle aurait plutôt à voir avec la mise en récit, la performance, l'extériorité de la première. Et que c'est l'une jointe à l'autre, l'une grâce à l'autre, qu'elles permettraient, justement, un certain retour à soi, sans pour autant que ce retour cherche à

---

2. *Ibid.*, p. 247.
3. *Ibid.*, p. 72.
4. *Ibid.*
5. Dans le roman, la première métamorphose, évidente, est celle que vit Gregor. Derrière celle-ci, la seconde, moins explicite, est celle qui sous-tend pourtant l'ensemble du récit: celle que traverse le reste de la famille Samsa. Car, dans *La métamorphose*, plus l'état de Gregor se modifie, s'altère, et plus son entourage change, lui aussi: son père, d'ordinaire faible et somnolent, devient énergique, tandis que sa sœur Grete, âme douce et innocente, devient indépendante et ne cherche plus à protéger son frère, qui meurt, abandonné, alors que Grete sort de chez elle et reprend contrôle de sa vie. La métamorphose de Gregor déclenche celle des autres personnages.

rétablir inéluctablement l'état initial; qu'il constitue une fin en soi sans nécessairement se faire le moyen, le canal vers l'achèvement d'une fertilité quelconque de la douleur.

Si l'on part du principe de Scarry selon lequel la maladie et la douleur échappent au langage au moment de leur phase la plus aiguë, la réappropriation du «fiasco narratif[6]» qu'est devenu le soi souffrant passe par sa mise en récit, que celle-ci prenne la forme de publications Instagram, de pages de journal intime, de performances, de créations artistiques... La deuxième métamorphose advient là, au cœur de ces espaces. C'est en ce sens que le récit de la douleur ou de la maladie se ressent, comme l'écrit Dunham, comme une sorte de mise au monde de soi. Puisque la douleur est une crise du soi, «l'incertitude que notre moi soit encore présent à nous regarder[7]», le fait de retrouver la voie vers ce soi-destinataire forme le début d'un renouveau.

La deuxième métamorphose serait dès lors une métamorphose racontante qui se situerait *à côté de*: à côté de la douleur, à côté du corps. Un état du soi qui témoignerait de la douleur sans l'ignorer, mais sans la réifier non plus. C'est la mise en scène d'un soi qui n'est pas le soi en tant que tel, mais un soi *racontant*. Ce qui voudrait dire que, sans forcément se rendre fertile ou utile, la douleur a le potentiel de générer un déplacement, comme c'est le cas avec l'hystérectomie de Dunham. Ce déplacement naîtrait dans une mise en récit, une mise en expérience de la douleur, et c'est ce qui fait conclure à David Le Breton que, devant la douleur, «lors d'expériences voulues, même radicales, si l'individu en conserve le contrôle il en fait une force de transformation de soi[8]».

La maladie comme mécanisme humoristique

Pour l'humoriste Tig Notaro, cette transformation passe par l'expérience de la scène. Elle décide de mener le récit de sa maladie jusque sur les planches. L'humoriste étatsunienne, connue pour son humour sarcastique, a l'habitude de se mettre en scène tout en conservant

---

6. Frank, *The Wounded Storyteller*, p. 55.
7. *Ibid.*, p. 56.
8. Le Breton, *Expériences de la douleur*, p. 248.

un visage impassible, peu importe le sujet abordé. Son calme et sa nonchalance à la limite du désintérêt font partie prenante du procédé comique qu'elle déploie. Son public est, en quelque sorte, toujours gardé à distance. Or, quand la maladie lui fait perdre toute inspiration, c'est le fait de risquer l'abolition de cette distance qui lui permet de se remettre au monde. Elle se redonne accès à son propre récit : « J'avais l'impression de renaître. Respirer était facile à nouveau. J'étais légère et ouverte à la vie. J'avais hâte de me tenir devant un public à nouveau[9]. »

En 2012, la carrière de Tig Notaro bourgeonne, mais sa vie personnelle se frappe à plusieurs écueils. D'abord, elle contracte une pneumonie. Les antibiotiques qu'on lui administre alors pour combattre la maladie fragilisent si fortement son système immunitaire qu'elle attrape la bactérie *C. difficile*, qui manque de la terrasser. Elle passe un séjour à l'hôpital et, à sa sortie, sa mère fait une chute et meurt subitement des complications. Puis, sa petite amie de longue date met fin à leur relation. À la même époque, Notaro est responsable d'une soirée d'humour intitulée *Tig Has Friends* qui a lieu chaque mois au club Largo, à Los Angeles. Devant l'imminence de la prochaine soirée et l'absence de temps et d'énergie de Notaro pour produire du nouveau matériel humoristique, son ami et gérant du club, Mike Flanagan, lui suggère d'écrire sur ses mésaventures des quatre derniers mois.

Après tout, comme le remarque Regina Barreca, il n'est pas rare que les humoristes féminines se rabattent sur des sujets traditionnellement réservés à la tragédie afin de se réapproprier la souffrance par l'humour. Comme l'autodérision, cette technique peut faire figure de moyen de défense[10]. Rire de ce qui afflige, oppresse ou blesse semble parfois l'unique réaction possible. C'est un rire de protection, un rire barricade. Ce rire, c'est celui que je retrouve chez Offred, dans *La servante écarlate,* qui — lorsqu'elle réalise le danger que représentent pour elle les rencontres secrètes avec le Commandant — réprime une envie de rire tellement forte, tellement puissante, qu'elle « bout comme une lave dans [sa] gorge » et menace de lui fêler les côtes[11]. Ce rire, c'est

---

9. Tig Notaro, *I'm Just a Person*, New York, Harper Collins, 2016, p. 209.
10. Barreca, *They Used to Call Me Snow White*, p. 32.
11. Margaret Atwood, *La servante écarlate*, trad. Sylviane Rue, Paris, Robert Laffont, 2017, p. 247.

celui d'Amy Schumer, qui décide d'exposer les pénibles défaillances corporelles de son père, gravement atteint par la sclérose en plaques. L'un de ces moments qu'elle rejoue sur scène sur le mode classique du stand-up est consigné dans son livre. Sur un ton plus intimiste, elle y raconte comment, un jour où son père l'accompagnait à l'aéroport, il a eu un malaise intestinal fulgurant, causé par la maladie :

> Quand nous sommes arrivés, j'ai sorti mon immense valise du coffre et je me suis frayée un chemin sans son aide. Cela a dû paraître étrange aux yeux des gens de voir cet homme bien bâti regarder sa fille de 18 ans trimballer sa valise gigantesque toute seule. Mais bon, ils ne pouvaient pas savoir qu'il était malade. [...] Nous avions encore beaucoup de chemin à parcourir quand mon père a pris un virage serré à droite et est parti tout droit vers le fond du couloir. Je me suis arrêtée et je me suis retournée pour voir ce qu'il faisait. Il m'a lancé un regard douloureux, a baissé ses pantalons, et son cul s'est mis à pisser de la merde durant environ 30 secondes. Trente secondes, c'est une éternité, en passant, quand tu regardes ton père exploser par les fesses comme un volcan en éruption. Penses-y. Un bateau-bateau. Ça fait juste un. Les gens passaient rapidement à côté de nous, horrifiés. Une femme a masqué les yeux de son enfant. On nous dévisageait. J'ai hurlé à une fille qui passait : « QUOI ?! On circule ! » Après qu'il a eu terminé, [...] j'ai opté pour un câlin au-dessus du corps. Je n'ai pas pleuré. Je n'ai pas ri. J'ai simplement souri et dit : « Je t'aime, papa. Je ne le dirai pas à maman. » J'ai commencé à marcher en direction opposée quand j'ai entendu : « J'ai dit que je t'accompagnerais jusqu'à la porte d'embarquement ! » Je me suis retournée pour voir s'il blaguait ; il ne blaguait pas. Nous avons marché. Jusqu'à la porte[12].

Dans une prose tendre, mais désopilante, l'humoriste puise parmi les moments de faiblesse d'une des personnes qu'elle chérit le plus au monde pour susciter le rire de son public. Mais ce procédé ne sert pas qu'à déclencher l'hilarité de ses fans ; c'est d'abord et avant tout une façon d'apprivoiser la douleur que représente le fait de voir son père — fort, fier, indépendant — devenir l'ombre de lui-même : « Il y a des moments dans ma vie qui sont tellement perturbants qu'ils me font rire — parce que c'est trop dur à digérer, sinon. [...] Je contemple ces évènements tristes de la vie et je ris devant leur horreur,

---

12. Schumer, *The Girl With the Lower Back Tattto*, p. 54-55.

parce qu'ils sont hilarants et parce que c'est tout ce qu'on peut faire devant des moments aussi douloureux[13]. » Ce rire, c'est aussi le mien, lorsqu'Amy Schumer répète, sur la scène d'un Centre Bell bondé, un de ces incidents humiliants qu'a vécu son père, et que je ne peux m'empêcher de penser à ma belle-mère, aux fois où j'ai dû, moi aussi, prendre soin de son corps qui refusait de s'en tenir aux convenances à cause de cette maladie affreuse qui le transforme en instrument de sa propre destruction. Ces rires ne sont pas *que* des rires. Ils se situent à l'intersection d'un sentiment d'impuissance, d'un grand soulagement et d'une connivence entre initiées. Qu'un tel rire prenne la forme de quelque chose qui craque et qui se casse à l'intérieur du corps, qu'il éclate, libéré, dans les gradins d'un amphithéâtre montréalais ou qu'il flotte sur le visage, sous la forme d'un sourire mi-amer, c'est un rire qui naît de la douleur tout en aidant à la rendre tolérable.

Or, Tig Notaro, constamment interrompue par la maladie et la souffrance depuis sa pneumonie, n'arrive pas à trouver la part de rire dans cette douleur : « J'étais un peu vexée que [Mike Flanagan] considère qu'il y avait de l'humour là-dedans. Où ça, de l'humour ? Je ne comprenais pas[14]. » Puis voilà qu'à 48 heures de la soirée d'humour au Largo, son médecin, qui lui avait fait passer des examens de routine, lui apprend qu'elle souffre d'un cancer du sein bilatéral. À partir de cet instant, devant l'absurdité des malheurs qui s'enchaînent, mais surtout devant l'expérience de la perte de langage ultime que constitue la possibilité de sa propre disparition, la seconde métamorphose s'enclenche chez Notaro :

> J'étais en pleurs sur le trottoir. J'aime tant faire du stand-up. Je voulais en faire une dernière fois. Ça paraît peut-être complètement insensé, mais dès que j'ai su que j'avais le cancer, tout m'a paru extrêmement drôle. J'ai retrouvé mon sens de l'humour parce que c'était tellement surréel. Et alors, j'ai commencé à écrire[15].

C'est ainsi que deux jours après son diagnostic de cancer, Tig Notaro monte sur scène et prononce les mots introductifs du nouveau

---

13. *Ibid.*, p. 56.
14. Kristina Goolsby et Ashley York, *Tig*, Netflix Productions, 2015, 00 :19 :38.
15. *Ibid.*, 00 :21 :38.

récit de sa douleur: « Bonsoir, allô ! J'ai le cancer, comment allez-vous ? Tout le monde passe une bonne soirée ? J'ai reçu un diagnotic de cancer[16]. » Elle se tait, laisse un temps de silence. Habitué à son humour décalé, le public s'écroule de rire. Puis le malaise s'installe graduellement dans la salle. Certains spectatrices et spectateurs toussent, d'autres chuchotent. Les gens commencent à douter: est-ce une blague ? Tig Notaro les rassure, sarcastique : « Ça va, ça va. Ça va bien aller. Bon, ça n'ira *peut-être* pas bien. Mais ce que je veux dire, c'est que *vous,* vous allez être corrects[17]. » Les rires reprennent de plus belle. La douleur est performée, la dure réalité de sa mort potentielle mise en scène.

En se servant de sa maladie comme ressort humoristique, Tig Notaro parvient à récupérer un certain contrôle sur sa vie en constante interruption depuis quatre mois. Jointe au rire, la douleur s'envisage comme une menace, mais aussi comme le bouclier pour se protéger de ses propres assauts : « Le rire advient quand on retrouve un certain recul sur les choses, quand on désamorce une situation de la même façon que l'on désamorcerait une bombe[18]. » Sur scène, Notaro devient la démineuse de sa douleur. Durant l'heure qui suit, se tournant vers ses souffrances récentes, Tig Notaro improvise presque la moitié du matériel qu'elle livre à son public, charmé. En effet, une grande partie de son monologue n'a pas été écrit. Il n'a pas été manipulé, modifié, altéré, filtré. Ensemble, l'assemblée et elle dessinent une nouvelle façon de performer la douleur. Au fil du récit de l'humoriste, certaines personnes se mettent à pleurer. À travers leurs émotions, Notaro se rend compte qu'elle prend la mesure de son expérience : « C'était très intense, parce que [leurs émotions] faisaient écho aux miennes. Genre, c'est en train de t'arriver *à toi*[19]. » En s'adressant à son public, c'est elle-même qu'elle retrouve comme public de sa propre histoire. Ce soir-là, entre les quatre murs du Largo, la douleur n'a pas fini d'advenir. Ce n'est pas un évènement du passé que tenterait d'articuler Notaro. Au

---

16. *Ibid.*, 00:21:56
17. *Ibid.*, 00:22:31
18. Barreca, *They Used to Call Me Snow White*, p. 33.
19. Goolsby et York, *Tig*, 00:22:44.

contraire, elle se tient directement au pivot entre l'avant et l'après. Et pourtant, déjà, elle invente une façon de faire exister la douleur *pour* quelqu'un d'autre qu'elle, ce qui me force à repenser l'affirmation de Scarry qui veut que la douleur n'ait pas de référent. En fait, pour Tig Notaro, on pourrait dire que c'est l'inverse : la maladie devient réelle, concrète, voire envisageable, à partir du moment où elle trouve le chemin de l'humour, de la scène, et qu'elle se met à exister par et pour le public.

Ce faisant, Tig Notaro donne un visage à la belle formulation de Arthur W. Frank, qui écrit que, si « au commencement [il y a] une interruption », alors « raconter une vie interrompue exige une nouvelle forme de narration[20] ». Si le commencement se déplace, si l'origine n'est plus celle qu'on croyait, si au commencement il n'y a plus le Verbe — il n'y a plus de verbes —, mais qu'il n'y a que la douleur, alors forcément, il faut accepter d'en recommencer le récit afin que se dessinent de nouvelles façons de le déplier vers l'autre et vers soi. Voilà ce que continue d'explorer Notaro dans son parcours humoristique. Après ce spectacle fondateur au Largo, elle subit une double mastectomie, puis traverse une longue rémission. Quand Notaro est apte à remonter sur scène, elle choisit de retourner sous les éclairages du Largo, lieu où elle a amorcé sa renaissance, et où Sarah Silverman, collègue et complice, la présentera d'ailleurs ainsi au public fébrile : « Mon dieu, je me souviens encore du jour de sa naissance. Le docteur l'a déposée sur ma bedaine, toute visqueuse, et j'ai simplement dit : "Tig. Elle s'appellera Tig[21]." » Tig n'a pas terminé de se remettre au monde.

Corps imparfait, corps libéré

Dans les mois qui suivent, elle écrit un spectacle, *Boyish Girl Interrupted*, dans lequel elle plonge sans aucun compromis vers cette idée d'une nouvelle narration. Adoptant un ton plus personnel que pour ses spectacles précédents, elle parle de ses débuts humiliants en humour, de sa fiancée, de sa famille, de sa double mastectomie sans

---

20. Frank, *The Wounded Storyteller*, p. 58.
21. Goolsby et York, *Tig*, 1:21:12.

reconstruction chirurgicale. Puis, vers la fin du spectacle, elle raconte un passage à la sécurité d'un aéroport, après sa mastectomie. Elle avoue au public qu'avant l'intervention chirurgicale, déjà, il arrivait souvent que les gens la confondent avec un homme dans des cadres officiels comme celui-ci. Si une telle confusion ne lui posait pas problème auparavant et qu'elle se contentait de réajuster le tir, elle confie combien, ce jour-là, elle prend un plaisir renouvelé à observer en silence le désarroi d'une agente de sécurité chargée de lui faire une fouille par palpation. Jouant le rôle de l'agente et d'elle-même, Notaro mime les gestes de l'agente, dont le protocole de sécurité exige qu'elle circonscrive bien le buste afin de vérifier qu'aucune menace ne s'y dissimule, pendant que l'humoriste demeure impassible, sans dire un mot. Devant son public hilare, Notaro continue d'imiter les allées et venues de l'agente, qui, à trois reprises, retourne vers son superviseur pour valider auprès de lui qu'elle est bien en train d'examiner une femme. Puis, le sketch tirant à sa fin, Notaro déclare, d'un ton posé, presque monocorde : « Le truc, c'est que... Je savais exactement ce qui était en train de se passer. Je savais que j'avais juste à parler... Et alors, elle saurait que *j'étais une femme*. Mais je ne voulais tellement pas l'aider... mais pas du tout[22]. » Habituée de jouer sur son androgynie en spectacle, Notaro pousse le jeu encore plus loin. Elle ne dit pas « je *suis* une femme », mais bien « j'étais une femme », non pas pour suggérer la perte de son identité de genre depuis l'opération, mais plutôt pour souligner l'absurdité d'avoir à en déclarer une à autrui — constamment — quand on n'y accorde soi-même que peu d'intérêt. Sans seins à exhiber comme preuve de sa féminité, comme Dunham-sans-utérus, elle est dorénavant devenue une femme dont le corps échappe aux normes du féminin, un corps hors normes, un féminin qui se décline à l'imparfait de l'indicatif. Notaro n'a pas besoin d'être ou de ne pas être « le-féminin », mais l'agente, elle, a besoin d'identifier des signes évidents de cette identité, de ce féminin désormais imparfait. C'est en ce sens que Kathleen Rowe comprend l'androgynie comme une forme d'ingouvernance. En se plaçant ni d'un côté du spectre ni de l'autre, le corps androgyne

---

22. Tig Notaro, *Boyish Girl Interrupted*, New York, HBO, 2015, 33 : 49. Je souligne.

— comme la douleur — échappe au langage : « il s'agit d'un "référent impossible" qui s'écroule dès qu'on y regarde de plus près […], un lieu où se rencontrent tous ces moments où la certitude de notre identité vacille sous la pression de quelque chose de caché, mais pas oublié[23] ». Alors, devant l'inquisition de l'autorité — l'agente de sécurité —, l'humoriste décide de ne pas parler. De ne rien faire. Comme Bartleby, le personnage d'Herman Melville, qui « préférerait ne pas », Notaro se tait. Comme lui, plutôt que d'aider l'autorité en agissant d'une quelconque manière, elle reste là, apathique. Elle se tient sur scène comme elle se tient à l'aéroport, les bras ballants, les yeux grands ouverts. Elle attend. Elle ne fait rien et parce qu'elle ne fait rien, elle s'ingouverne. Elle résiste aux discours qui instrumentalisent le corps dit féminin en lui dictant son apparence et ses attributs, les mêmes qui exigent de lui qu'il soit reconstruit s'il subit une altération, une déformation, afin qu'il continue de s'inscrire dans la norme requise.

Fin du sketch. Notaro remercie le public. Les projecteurs chauffent la scène. A-t-elle chaud ? Qui sait, mais elle retire, mine de rien, son veston et l'accroche au pied de micro juste derrière elle. Bon public, quelques personnes sifflent, pour l'encourager à aller un peu plus loin, comme on le fait pour les effeuilleuses ou les femmes, dans la rue, dont on se permet de commenter le corps et l'apparence. Tig Notaro, consciente de l'ironie que représentent ces sifflements de désir devant un corps amputé des apparats qui les attirent d'ordinaire, rétorque : « Ne me tentez pas. Je vais le faire. Oui. Je vous le dis. Je vais le faire[24]. » Puis, lentement, en détachant chaque mot d'une pause : « Allez… Allez, non. C'est sûr que je ne vais pas enlever ma chemise. Non[25]. » Et pendant qu'elle dit cela, entre chaque silence, elle déboutonne un à un les boutons des manches, puis ceux du devant de la chemise. La peau du torse apparaît entre les deux pans de tissu blanc. Le public continue de siffler. Puis, toujours sans laisser paraître d'émotion, comme un antieffeuillage, Notaro retire sa chemise et la pose nonchalamment par-dessus son veston, comme une peau qu'on aurait

---

23. Rowe, *The Unruly Woman*, p. 143.
24. Notaro, *Boyish Girl Interrupted*, 35:04.
25. *Ibid.*

retournée, exposée à l'envers. Quelque chose dans son geste me fait penser à cette théorie médicale qui a tenu lieu de vérité durant des milliers d'années selon laquelle le vagin était un pénis intérieur, dont les grandes lèvres auraient été le prépuce ; l'utérus, le scrotum ; et les ovaires, les testicules, comme si les femmes n'étaient que des hommes virés à l'envers[26]. Notaro fait quelques pas sur la scène, feignant de trouver l'inspiration pour le prochain segment. La foule applaudit, siffle, rit. Notaro garde un visage neutre, à son habitude. Une fois de plus, elle ne *fait* rien. Puis, elle reprend, flegmatique : « Bon. Comme je vous disais. J'ai peur de prendre l'avion[27]. » Devant l'absurdité de la situation, le public s'esclaffe pendant qu'elle se justifie, affectant de ne pas saisir ce qui fait réellement rire l'assemblée : « C'est vrai. Riez autant que vous voulez[28]. » Et s'ensuit un sketch sur une mésaventure en avion qui n'a aucun rapport avec ce qui vient — et qui continue — de se dérouler sur scène.

Tig Notaro se tient là, le torse nu, ses cicatrices saillantes sous les projecteurs de la salle. Son corps devient le témoin d'une perte, d'un vide, qui force, comme Dunham, le déplacement. Notre déplacement. Ici, ce déplacement prend la forme de l'oubli, du retour vers la banalité. Comme l'humoriste ne revient pas sur l'incident et qu'elle nous amène sur un terrain différent, qu'elle nous fait rire d'autre chose. On oublie. On ne voit plus la douleur, la chirurgie, les traces, la fragilité, la peur, la possibilité de la mort, la soi-disant perte du féminin. Tout disparaît, en dépit des lumens dont est baigné le corps de l'humoriste.

---

26. Abby Norman, *Ask Me About My Uterus : A Quest to Make Doctors Believe in Women's Pain*, New York, Nation Books, 2018. D'ailleurs, Pierre Bourdieu fait allusion à cette théorie dans *La domination masculine*, citant les travaux de Marie-Christine Pouchelle (1983). En revenant sur ce passé médical, il rappelle que la « définition sociale des organes sexuels, loin d'être un simple enregistrement de propriétés naturelles, directement livrées à la perception, est le produit d'une construction », ce qui fait qu'on tente de « trouver dans le corps de la femme la justification du statut social [qu'on] lui assigne au nom des oppositions traditionnelles entre l'intérieur et l'extérieur, la sensibilité et la raison, la passivité et l'activité » (p. 29).
27. Notaro, *Boyish Girl Interrupted*, 36 :10.
28. *Ibid.*

Et derrière cette disparition, comme un rappel de l'artifice qui vient de nous subjuguer, le pied de micro, avec sa peau de tissu retournée, reste là, témoin silencieux de la métamorphose, à nous dire, à son tour : ce n'est pas ça qui compte, regardez au-delà. Ce faisant, Tig Notaro offre un nouveau récit. Et celui-ci n'en est pas juste un — puissant — de réaffirmation et de réappropriation du soi devant la maladie. En puisant au potentiel comique de la tragédie, Notaro non seulement montre qu'il est possible de rire de ce qui nous accable, mais elle détourne notre attention d'une des images les plus vendues et les plus objectivées de la culture pop à laquelle elle appartient : celle du corps de la femme nue. Durant plus de 20 minutes encore, elle continue d'enchaîner les numéros humoristiques. En présentant sans gêne sa peau meurtrie et sa poitrine manquante à son public, Notaro le force à déconstruire une image sexualisée, réconfortante et binaire du corps féminin. Ses cicatrices flamboyantes dans la lumière crue des projecteurs, elle se rend vulnérable, mais est pourtant plus puissante que jamais.

Au moment des salutations d'usage pour signaler la fin du spectacle, le public se lève d'un trait, lui offrant une longue ovation. Affectant d'être gênée devant tant de reconnaissance, elle dit, faussement humble : « Asseyez-vous, je vous en prie. Je suis juste une personne. Touchez-moi[29]. » Toujours torse nu, elle parcourt alors la scène de gauche à droite, tendant sa main et le bras entier aux gens des premières rangées, redemandant encore et encore qu'ils la touchent. Posant ce geste très intime, elle leur offre le contact de sa peau et expose les marques de l'opération sur elle sans le filtre rassurant de la distance que procurent la scène et l'éclairage contrôlé. *Je suis juste une personne.* Elle accepte que le public la scrute de près ; elle insiste pour que les mains se posent sur sa peau. Elle veut qu'elles l'effleurent et comprennent cette peau, cette *personne* qui n'a pas à être féminine ou masculine ou, du moins, qui ne l'est pas moins ou plus en fonction de son corps. Puis, Notaro quitte la scène, sans un mot de plus, laissant derrière elle le pied de micro seul sur scène, comme un pantin vidé de sa substance. Retour au noir.

---

29. *Ibid.*, 52:44.

CHAPITRE QUATORZE

LE CAS GAGA :
PERFORMER
LE TRAUMA

> Il n'y a rien de plus fort qu'une femme brisée qui s'est reconstruite.
>
> Hannah Gadsby, *Nanette*

De ce veston que l'on retire pour montrer le corps féminin désormais hors normes et que l'on abandonne derrière comme une vieille peau inutile, il n'y a qu'un saut à faire jusqu'à celui, démesuré, qu'arbore Lady Gaga en octobre 2018, au 24ᵉ gala Women in Hollywood, qui est organisé par le magazine *Elle* chaque année. Ce soir-là, Lady Gaga, dont les apparitions publiques sont toujours plus travaillées les unes que les autres[1], traverse le tapis rouge vêtue d'un

---

1. Alors que de nombreux artistes de la chanson pop commencent leur carrière en proposant une image qui se veut plus authentique, voire ingénue,

costume grisâtre surdimensionné à la coupe résolument masculine, qui fait partie de la collection du printemps 2019 de Marc Jacobs. La pièce de haute couture est toutefois métamorphosée. Présenté durant différents défilés, le complet gardait des traces du féminin : les mannequins portaient le veston ouvert pour que la taille puisse être soulignée d'une ceinture ou agençaient l'ensemble avec des accessoires « féminins » (voilure, bijou, strass, pochette, taffetas, etc.). Pas cette fois. Les bras, les jambes et la taille de la star disparaissent sous des cascades de tissu banal pendant qu'elle pose pour les caméras, les mains négligemment glissées dans les poches du veston. Ses cheveux sont tirés vers l'arrière, enroulés dans un chignon bas ; son maquillage, discret. Elle n'arbore aucun bijou, pas même un petit diamant à l'oreille. Gaga a réduit au maximum les marques de ce qui pourrait faire d'elle une femme à Hollywood, paradant sur un tapis rouge. Sous le costume, là où se trouverait d'ordinaire la chemise pour un homme, sa peau apparaît, souveraine, exacerbant l'impression que le vêtement, disproportionné, est la peau d'un autre, enfilée comme un trophée, sinon comme une mise en garde. Au moment de monter sur scène pour accepter le prix qui lui est offert ce soir-là, elle explique son habillement :

> J'essayais une robe après l'autre, me préparant pour cette soirée, *un corset trop serré* après l'autre, une chaussure à talons après l'autre, un diamant, une plume, des mètres de tissus à paillettes, et les plus belles soies du monde… Et, pour être honnête, j'avais la nausée. […] Après avoir essayé au moins une dizaine de robes, avec cette triste certitude en tête que la seule chose qui compterait serait ce que je porterais sur le tapis rouge, j'ai vu un complet trop grand de Marc Jacobs discrètement déposé dans le fond de la pièce. Je l'ai revêtu sous des regards abasourdis, confus. « Mais la Rodarte était si élégante », a dit quelqu'un. « Mais la Raf Simons par Calvin Klein était à couper le souffle sur toi », dit une autre personne.

---

pour ensuite, dans un deuxième temps, construire une persona plus travaillée (pensons à Katy Perry, à Taylor Swift ou à Miley Cyrus), Lady Gaga a procédé dans le sens inverse : elle a commencé avec le personnage. Depuis qu'elle est entrée avec fracas sur la scène pop à l'été 2008 avec la parution de l'album *The Fame*, il n'y a pas une entrevue, une performance, une apparition publique qui n'ait pas été savamment calculée ou précautionneusement mise en scène.

« Et que penses-tu de la Brandon Maxwell ou de la Dior ? » Beaucoup de questions. Ce n'était que des robes[2].

Quand je découvre la vidéo de son discours parce qu'un ami me l'a envoyée, je pense immédiatement à Satine et à la scène de *Moulin Rouge* dans laquelle elle chante le medley de « Diamonds Are A Girl's Best Friend » de Marilyn Monroe et de « Material Girl » de Madonna. « Tiffany ! Cartier ! », lance-t-elle, comme un écho à la série de designers que Gaga décline elle aussi. Je la revois, perchée sur son trapèze dans les hauteurs du cabaret, dominant une mer d'hommes en costumes noir et blanc, plus indifférenciés les uns que les autres, qui la suivent avidement des yeux pendant qu'elle tournoie au-dessus de leur tête. « Here we are now, entertain us[3] », clament-ils, gourmands. Aux nuées d'hommes venus voir performer le diamant brut du Moulin Rouge, Satine offre sa taille parfaite, sculptée au corset ; Lady Gaga dissimule la sienne sous de larges pans de tissus gris. Je pense alors à un article lu je ne sais plus où dans lequel Nicole Kidman confie s'être cassé une côte durant le tournage du film de Baz Luhrmann, à force d'essayer de rentrer dans des corsets trop étroits parce qu'elle rêvait d'avoir une taille de 18 pouces comme Vivien Leigh dans *Autant en emporte le vent*. Voilà que la première femme inaimable que j'ai aimée revient me hanter jusque dans le souvenir de Satine que je retrouve dans le discours de Lady Gaga que j'écoute, blottie dans mes couvertures, un matin froid d'automne. De Scarlett O'Hara, à Satine, à Lady Gaga, en passant par Tig Notaro, se dessine une série de femmes qu'on aimerait mieux disposées là, comme les perles d'un collier niché dans un écrin de velours, bonnes à servir de parures pour une conception figée de la féminité, bonnes à servir de rappel que, dans notre société, il est convenu que « cette partie de l'humanité endurera beaucoup d'inconfort et de douleurs pour le plaisir et les délices de l'autre. Et nous avons tous convenu d'agir comme si cela était normal, comme si

---

2. Elle, *Lady Gaga's Emotional Speech on Surviving Sexual Assault and Mental Health*, YouTube, 17 octobre 2018, 04:35. Je souligne.
3. Paroles tirées de la célèbre chanson « Smells Like Teen Spirit », du groupe Nirvana, que l'on pourrait traduire par : « Nous sommes arrivés, maintenant divertissez-nous. »

le monde ne fonctionnait que comme cela[4] ». Mais elles ne sont jamais que de parfaites petites perles immobiles et rangées, étouffant dans leur inconfort. Parfois, elles sont aussi le gâteau de fête éclaté sur le plancher après une soirée trop arrosée, comme l'écrit Dunham de son utérus, tout sauf belles et parfaites : Scarlett manipule, Satine ment, Tig Notaro ne dit rien et Lady Gaga excède, amplifie, déforme :

> Nous ne sommes pas uniquement des objets créés pour divertir. Nous ne sommes pas de simples images servant à faire sourire ou grimacer les gens. Nous ne sommes pas les participantes d'un gigantesque concours de beauté destinées à se crêper le chignon pour le plaisir du public. Nous, les femmes d'Hollywood, sommes des voix. Nous avons des idées, des valeurs, des croyances profondes quant à l'avenir du monde. Et nous avons le pouvoir de prendre la parole et d'être entendues, de nous battre quand on aimerait nous faire taire[5].

Comme Satine, Lady Gaga a longuement gardé un secret bien caché derrière le faste de ses costumes. Comme Satine, elle souffre. Ce soir-là, en refusant de choisir parmi toutes les robes qui lui sont offertes et en endossant plutôt un veston surdimensionné — « un complet trop grand fait pour une femme plutôt qu'une robe de soirée[6] », dit-elle, soulignant toute l'ironie de son habillement —, Lady Gaga trouve non seulement une nouvelle manière de dénoncer les gestes pérennes imposés aux femmes à Hollywood qui les obligent à souffrir de beauté, mais surtout, elle décide de revêtir la peau de l'universel — cet homme ordinaire, ce monsieur Tout-le-Monde — pour se donner droit de parole, pour être écoutée comme un homme, semble-t-elle nous dire : « J'ai réalisé que je devais m'autoriser à être moi-même aujourd'hui plus que jamais. Pour résister aux standards d'Hollywood, peu importe ce que cela veut dire. Pour résister aux standards qui exigent que l'on s'habille pour faire sensation. Afin d'utiliser ce qui compte vraiment : ma voix[7]. »

---

4. Loofbourow, « The Female Price of Male Pleasure ».
5. Elle, *Lady Gaga's Emotional Speech on Surviving Sexual Assault and Mental Health*, 05:26.
6. *Ibid.*, 07:43.
7. *Ibid.*, 09:54.

The show must go on

Quelques mois plus tôt, en septembre 2017, Lady Gaga présente au Festival international du film de Toronto le documentaire *Five Foot Two*, réalisé par Chris Moukarbel. Sur Twitter et durant les conférences de presse entourant la première du film, la star nomme pour la première fois la maladie invisible qui la fait souffrir en silence depuis dix ans : fibromyalgie. Dans le documentaire, elle apparaît dénudée, dépouillée de ses masques habituels. Certes, une certaine attention demeure accordée à la partie glamour de sa vie de chanteuse à la renommée internationale : on la voit se préparer pour des prestations, entourée d'un essaim de professionnels, tourner un vidéoclip plus grand que nature, enregistrer des chansons avec les meilleurs producteurs, fouler des tapis rouges bombardée par les flashs des paparazzis. Mais, la plupart du temps, c'est sans artifice qu'elle est présentée à l'écran. D'ailleurs, le traitement du documentaire — gros plans, caméra à l'épaule, mise au point hésitante, interventions du réalisateur — participe à accentuer cette aura d'ordinaire, ce retour vers le commun. Dès la première scène, on comprend que le parti pris du documentaire est de nous immerger dans le quotidien créatif et émotif de Lady Gaga : on y voit la star dans des vêtements d'intérieur en train de nourrir ses chiens, de cuisiner avec les siens et de discuter des tensions qu'elle vit avec son petit ami. Elle regarde directement la caméra, s'adresse visiblement au réalisateur et dit : « Je suis juste à un autre endroit dans ma vie, en ce moment. Je n'aime plus… Je veux… Je ne sais pas. Je sens juste que ma tolérance devant les conneries des hommes est… Je n'en ai plus, maintenant. Je m'en fous royalement[8]. » Mais le ton est réellement donné dans la scène suivante, alors qu'on la retrouve couchée sur une table de massage, dans une grande chambre spacieuse, pendant qu'une thérapeute tente de soulager des spasmes et crampes causés par une fracture à la hanche faite durant la tournée *Born This Way*, trois ans auparavant. Les plans se resserrent : les mains de la thérapeute qui travaillent la peau de son bassin, les grains de beauté sur son épaule, ses yeux rougis, les pores de son visage. À partir de cet instant, la douleur ne quitte plus l'écran. Au

---

8. Chris Moukarbel, *Five Foot Two*, Netflix Productions, 2017, 00:02:26.

fil du documentaire, Lady Gaga pleure, elle doute, elle pique des crises, elle fume du cannabis pour atténuer ses douleurs. Le documentaire montre une Gaga aux cheveux parfois sales, dépeignés, le visage souvent sans maquillage; vulnérable. Même quand elle parle de musique ou d'écriture, elle puise au registre de la douleur: « On dit parfois que c'est comme une opération à cœur ouvert, tu sais ? Faire de la musique. Chaque fois, une intrusion[9]. »

Pourtant, dans les nombreux articles, résumés et autres critiques entourant la sortie du film, la douleur est rarement abordée. Tous s'entendent pour dire que la trame narrative du documentaire se centre surtout autour de la promotion de son nouvel album — *Joanne* — et de sa préparation en vue du spectacle de la mi-temps du 51e Super Bowl. À les lire, il s'agirait surtout d'un gros coup de pub. Une telle lecture ne fait pas fausse route, bien sûr, puisqu'il est question de Lady Gaga. Au risque de me répéter, je ne crois pas qu'il existe une manifestation publique de la *mother monster*[10] qui ne soit pas savamment étudiée à l'avance. Tout est calculé — des costumes à la gestuelle en passant par l'environnement choisi — pour que chaque apparition, chaque production, chaque spectacle s'insèrent de façon cohérente dans la construction globale de la persona « Lady Gaga ». Mais une telle lecture ignore ce qui se ficelle réellement, au-delà du personnage et en dépit du spectacle. « Le spectacle doit continuer », dit le propriétaire du Moulin Rouge à Satine, qui se meurt. *Five Foot Two* montre que, au contraire, parfois, le spectacle déraille sérieusement. Malgré cela, un trop petit nombre de ces articles parlent de la douleur, trop peu relèvent ce fil rouge qui déchire pourtant l'ensemble du récit de ses ondes lancinantes; un trop grand nombre font l'impasse sur la fracture constante que cause la douleur chronique dans la vie de la chanteuse. Ils la dépeignent de manière anecdotique. Plus encore, ils comprennent la douleur tel un mécanisme parmi d'autres utilisés par la chanteuse pour se « rendre vraie » aux yeux du public afin de mieux se vendre. Car voilà ce qui motive de telles lectures: soupeser, évaluer, décider,

---

9. Moukarbel, *Five Foot Two*, 00:07:47.
10. Surnom que les fans de Lady Gaga lui donnent, en écho avec le surnom « Little Monsters » qu'elle a commencé à leur donner en 2009.

si Lady Gaga, reine des masques, de la représentation et de la mise en scène, est — enfin — authentique.

Je continue à croire que c'est mal poser la question, surtout si celle-ci est énoncée depuis l'univers du show-business et du spectacle. Au-delà de ce qui paraît vrai ou de ce qui sonne faux ; au-delà des éléments qui participeraient d'une mise en scène orchestrée par Gaga ou de ceux qui brosseraient un portrait véridique de sa personne... ce qui me semble pertinent dans le cadre d'une réflexion sur la douleur comme manifestation de l'intime, c'est ce qui se tisse finement dans le récit que proposent ensemble Moukarbel et Lady Gaga. Il y a fort à parier que, si le récit de la douleur est une fois de plus relégué au second plan, c'est parce qu'il est énoncé depuis le féminin avant d'être énoncé depuis la célébrité. Car avant d'être une de ces célébrités presque déifiées, Lady Gaga reste d'abord — invariablement — une femme aux yeux de l'industrie. Ce n'est donc pas innocemment qu'au fil du documentaire, deux thématiques sont constamment ramenées l'une à l'autre : à répétition, l'aliénation que la douleur fait subir au corps est reliée à celle que l'abus de pouvoir fait subir à l'esprit. Dans *Five Foot Two*, pouvoir et douleur ne sont jamais disjoints.

« Je ne suis pas un réceptacle pour ta douleur »

S'intéressant aux effets de la torture, Elaine Scarry en vient à réfléchir aux rapports qui unissent douleur et pouvoir. Elle distingue trois moments clés durant un épisode de torture qui cimentent ces rapports : d'abord, l'infliction d'une douleur toujours grandissante, toujours plus intense ; puis, l'objectivation, par le torturant, de la douleur vécue subjectivement par le torturé (à savoir le moment où la douleur devient apparente pour quelqu'un d'autre que celui la ressentant) ; et finalement, le déplacement des signes rendus visibles de cette douleur objectivée en sentiment de pouvoir. Ainsi, Scarry entend que la douleur objectivée est perçue et interprétée non pas comme une douleur en soi, mais plutôt comme une preuve de la « réalité incontestable » du pouvoir du régime, processus que Scarry appelle une « justification analogique[11] »,

---

11. Scarry, *The Body in Pain*, p. 51.

c'est-à-dire que le régime oppressif légitime ses abus de pouvoir par (ou grâce aux) signaux de douleur que lui renvoie le corps de l'opprimé. Le contexte précis de la torture dépeint par Scarry, dans lequel bourgeonne cette étroite relation entre pouvoir et douleur, se transpose sans peine dans d'autres contextes — plus universels — où la douleur sert de justificatif aux gestes ou actions qu'elle engendre. D'ailleurs, n'y a-t-il pas un peu de cela dans le *il faut souffrir pour être belle* ?

Toujours est-il que, pour Gaga, l'univers sexiste de la musique pop fonctionne un peu de la même manière. Dans une scène où on la voit fumer un cigarillo à l'extérieur, assise au sol, en compagnie d'un musicien du studio où elle est en train d'enregistrer son prochain single, elle s'insurge :

> Quand les producteurs [...] agissent comme s'ils étaient notre seule option… Tu sais, du genre « Tu ne serais rien sans moi ». Particulièrement avec les femmes. Ces hommes… Ils ont tellement de pouvoir qu'ils peuvent posséder les femmes plus que n'importe quel autre homme. Quand ils le veulent, comme ils le veulent. La cocaïne, l'argent, le champagne, les filles, les plus belles filles que tu puisses imaginer. Et quand je mets le pied dans ce milieu… Huit fois sur dix, je suis placée dans cette catégorie. Ils s'attendent à ce que je leur donne la même chose que ces filles, alors que ce n'est pas du tout ce que j'ai à offrir[12].

La mécanique que dénonce Gaga est bien huilée. Les jeunes premières sont mises à l'épreuve par des imprésarios, des producteurs, des patrons de label, etc., qui sont responsables de les faire souffrir pour les préparer aux duretés du milieu du show-business. À travers les tourments qu'ils occasionnent chez leurs ouailles, ils ressentent une confirmation claire de l'importance de leur position et de leur rôle dans les carrières qu'ils accompagnent[13]. Le montage du documentaire

---

12. Moukarbel, *Five Foot Two*, 00:10:54.
13. D'ailleurs, cette dynamique atteint son paroxysme dans le cas judiciarisé qui a opposé Kesha à son imprésario, Dr. Luke, en 2014. En déposant une poursuite au civil contre Dr. Luke pour violences sexuelles et psychologiques, Kesha brise l'engrenage reliant douleur et pouvoir : elle enraye l'objectivation des douleurs qui lui ont été causées pour les resubjectifier dans l'espace public. Elle se les réapproprie. Mais le système de justice est aussi un espace déficient en matière de gestion de violences sexuelles. Bien que le combat de

entrecoupe le monologue ému de Lady Gaga avec des images où on la voit circuler dans le studio, un ordinateur portable ouvert à la main. Elle se déplace difficilement, doit se frayer un chemin entre des attroupements d'hommes — d'autres musiciens ou des producteurs — qui ne la regardent pas passer. La scène fait image. Gaga semble si petite, du haut de ses cinq pieds deux, seule femme entourée de tous ces hommes. Le documentaire revient sur Gaga, qui termine son cigare et conclut : « Je ne suis pas là pour cela. Je ne suis pas un réceptacle pour ta douleur. Tu comprends ? Je ne suis pas l'endroit où tu peux la mettre [*for you to put it*][14]. »

For you to put it. Ce *it* a beau référer à la douleur que la star nomme dans la phrase précédente, je ne peux m'empêcher d'y entendre davantage. J'y lis l'expression « to put out », ce qu'on dit des filles qui s'offrent sexuellement, une formulation qui s'utilise surtout à la négative, pour juger, pour rejeter, celles qui refusent, justement, de « put out ». J'entends aussi dans ce « it » tout ce qui accompagne trop souvent les abus de pouvoir entre dominants et dominées, comme lorsque l'on dit des victimes d'agressions sexuelles : « *they were asking for it* » (elles l'ont cherché). Lady Gaga, qui a commencé à témoigner publiquement d'abus sexuels subis dans le passé, me semble lancer par ce « it » une accusation multiple. Soudain, on ne sait plus très bien de quoi elle parle, ni de qui ou de quoi elle se garde d'être le réceptacle. Et par ce flou, elle se donne le droit de tout repousser en bloc : elle ne sera pas le réceptacle des impératifs de beauté du milieu dans lequel elle évolue, elle ne sera pas le réceptacle des crises de pouvoir des hommes qui l'encerclent comme des vautours, elle ne sera pas le réceptacle de celui qui aura imposé son corps au sien, jadis.

Chez Lady Gaga, si pouvoir et douleur sont intimement reliés, c'est parce qu'ils viennent se raccrocher à la fois à l'expérience du trauma et à celle de la célébrité. David Le Breton rappelle que, sans être chronique, la douleur inflige déjà un « avant » et un « après ». Sans

---

Kesha génère de fortes réactions d'empathie sur les réseaux sociaux, en 2017, une juge rejette ses demandes. En 2018, Dr. Luke la poursuit à son tour pour diffamation.

14. Moukarbel, *Five Foot Two*, 00 :11 :22.

être chronique, la douleur génère une mise à distance avec le soi. Mais quand elle dure, se poursuit sans s'interrompre, quand elle devient une épreuve permanente, la douleur prend l'aspect d'une « expérience traumatique, elle submerge les défenses contre l'angoisse, elle rompt la confiance ontologique avec le monde et avec soi-même[15] ». À l'instar de l'évènement traumatique, la douleur devient le voile qui recouvre tout — les interactions, les perceptions, les décisions, le présent et l'avenir — et force une forme de mise en deuil du soi parce les significations habituelles qui le rattachent au monde sont rompues pour de bon ; « le corps est un autre que soi. Le mal est blotti paradoxalement au creux de soi, mais il est impossible de se reconnaître en lui[16] ».

Five Foot Two atteste de cette expérience traumatique de la douleur chronique causée par la fibromyalgie, mais le fait en la posant constamment en parallèle avec la mise à distance de soi et du corps qu'entraîne le rythme effréné de la célébrité. À de nombreuses reprises, Gaga nous est montrée comme ne s'appartenant plus, comme étant étrangère à son corps, à la fois à cause de la douleur chronique *et* de ce qui est attendu qu'elle fasse pour maintenir son image. Je pense d'abord à ces deux scènes, présentées l'une après l'autre. Dans la première, Lady Gaga pleure de douleur dans son appartement new-yorkais. Elle hoquette, perd ses mots et se cache le visage, inquiète d'avoir l'air pathétique. Quand la douleur s'estompe un peu grâce aux soins de maints thérapeutes et assistants papillonnant autour d'elle, elle reconnaît que, sans l'aide rapide et compétente à laquelle son statut social lui permet d'accéder avec facilité, elle serait complètement démunie :

> Je pense aux autres personnes qui, peut-être, vivent quelque chose de semblable, mais qui ont du mal à comprendre ce qui se passe, et qui n'ont pas assez d'argent pour se payer de l'aide. Je sais pas ce que je ferais si je n'avais pas tout ce monde ici pour m'aider, bordel. Merde, qu'est-ce que je ferais[17] !

Immédiatement après, on observe la star se préparer à une performance. Ce qui est frappant, dans l'une et l'autre des scènes, c'est le

---

15. Le Breton, *Expériences de la douleur*, p. 144.
16. *Ibid.*, p. 48.
17. Moukarbel, *Five Foot Two*, 00:42:16.

nombre de personnes qui touchent, manipulent, dirigent le corps de Gaga, pendant que, elle, elle reste là, n'ayant que sa voix pour se garder à soi. D'un côté, des thérapeutes qui massent, compressent, bougent des membres; de l'autre, des coiffeurs et maquilleuses qui brossent, lissent, sèchent, retouchent, structurent.

Ce parallèle atteint son apogée dans une scène où la chanteuse a rendez-vous chez une soignante quelconque qui lui propose un traitement alternatif pour ses douleurs chroniques. Gaga, assise sur une table d'examen, porte une jaquette en papier bleu pâle qui est ouverte dans le dos, laissant paraître des traces de traitement de massothérapie par ventouses. La caméra, en gros plan sur la peau, nous dévoile tatouages, cicatrices et ecchymoses. La chanteuse discute de ses symptômes avec une spécialiste en sarrau, quand une voix hors champ intervient: « Il faut qu'on te prépare pour l'entrevue[18]. » S'ensuit un plan serré du haut du torse de Gaga qui nous est montrée de profil. Devant elle, des mains s'affairent à uniformiser son teint à l'aide d'une poudre; derrière elle, d'autres mains dessinent de petits «x» sur le haut du dos, là où, dans quelques instants, une aiguille percera l'épiderme pour injecter un remède[19]. Lady Gaga reste là, les yeux fermés, dépossédée de son corps: « Pouvez-vous bien me dire qui se fait maquiller tout en recevant un important traitement[20]? », lâche-t-elle, dégoûtée. Elle ne s'appartient plus. Au même instant, elle apprend qu'elle a aussi perdu le contrôle sur son art, que son nouvel album a été piraté et qu'il circule sur le Web, alors qu'il n'a pas encore été officiellement lancé. Le Breton et Scarry soulignent tous deux qu'une des façons de donner substance à la douleur est d'user de métaphores, de puiser à des « mots infirmes[21] » qui permettent de faire image. Il me semble que c'est ce qui est à l'œuvre, lorsque Gaga, dépassée par l'ironie du moment, laisse tomber: « Et pendant ce temps, mon nouvel album se répand comme une hémorragie partout sur Internet[22]. »

---

18. *Ibid.*, 01:11:10.
19. *Ibid.*, 01:12:11.
20. *Ibid.*, 01:11:45.
21. Le Breton, *Expériences de la douleur*, p. 163.
22. Moukarbel, *Five Foot Two*, 01:11:50.

Or, l'expérience du trauma et celle de la douleur chronique ne partagent pas seulement des manifestations, des manières de s'incarner dans le corps. Parfois, elles éclosent du même lieu : « La douleur chronique peut être la conséquence de la résurgence d'un évènement biographique qui a laissé une trace de mémoire réactivée dans le présent ou maintenue dans le temps mais déplacée et qui échappe à la lucidité[23]. » Ce que Le Breton dit dans son ouvrage, ce que des psychanalystes et des médecins ont dit avant lui dans des termes plus cliniques (et souvent paternalistes), Lady Gaga l'exprime de façon limpide à Stephen Colbert, sur le plateau du *Late Night Show* :

> Si quelqu'un subit une agression ou vit un trauma, la preuve scientifique a été faite que… C'est biologique. Les gens changent. Littéralement, ce qui arrive, c'est que le trauma est enregistré, placé dans une boîte et archivé profondément en nous pour que nous puissions survivre à la douleur. D'autres choses peuvent se manifester. De la douleur physique, par exemple[24].

Quand cette « trace de mémoire », ce souvenir qui a été profondément mis sous clé ressurgi, le corps résiste, fait barrage, se protège, et cette protection se traduit en douleur. Le corps devient l'ennemi à combattre pour éviter de penser à cet autre ennemi, là-bas, ailleurs, hors de soi, qui le premier a détruit l'unité du soi :

> À la suite de mon agression à l'âge de 19 ans, je n'ai plus jamais été la même. Une partie de moi s'est refermée sur elle-même durant de longues années. Je n'en ai parlé à personne. J'évitais le sujet. […] Même après avoir confié ce qui m'était arrivé à de très puissants hommes de mon industrie, personne ne m'a aidée. […] Ces hommes se sont tus parce qu'ils étaient terrifiés de perdre leur pouvoir. Et parce qu'ils se sont tus, j'ai continué à me taire, moi aussi. Je me suis tue si longtemps, jusqu'à ce que je commence à ressentir de la douleur physique[25].

Où trouver une issue, alors, si le corps et la parole font défaut ? Quelle est la porte de sortie, si le corps ne nous appartient plus puisqu'il est soumis aux phénomènes douloureux qui s'inscrivent

---

23. Le Breton, *Expériences de la douleur*, p. 199.
24. The Late Night Show, *Lady Gaga Talks to Stephen Colbert*, 26 :50.
25. Elle, *Lady Gaga's Emotional Speech*, 10 :30.

au creux de chaque organe, de chaque cellule; et que, de même, la douleur «brise la voix et la rend lasse, hachée, méconnaissable[26]»? À l'exemple de la voix de Lady Gaga qui perce même quand la douleur culmine, il est bon de se rappeler que la parole n'est pas le seul langage. Quand la parole échappe à celle ou celui qui souffre, d'autres langages s'ouvrent: mimiques, nuances du regard, postures, gestes, actions, comportements[27]. Bien sûr, chez Gaga, ce langage prend la forme du documentaire lui-même, sorte de journal intime de douleur, mais il s'exprime aussi dans sa voix, d'abord quand elle se plaint et se lamente, mais surtout quand elle chante. Il faut dire que la voix de Gaga, son registre, est parfois plus près de voix d'hommes, comme celle de Sting, par exemple. C'est une voix de gorge, qui s'ancre profondément dans la cage thoracique, qui parvient à se glisser jusqu'à des octaves très bas. Alors que la mode féminine en matière de chanson pop tend davantage vers les petites voix, plus haut perchées, situées dans la partie supérieure du visage (je pense à Ariana Grande, Selena Gomez, Ellie Goulding, Sia, etc.), Lady Gaga propose une voix — qu'elle se niche dans les vibratos ou les mezzos — qui ne se déconnecte jamais du corps.

J'aime croire que tout passe par la voix, chez Lady Gaga — la voix qu'elle prend pour chanter, la voix qu'elle prend quand elle gémit de douleur, la voix qu'elle prend pour dénoncer — parce que sa voix, justement, participe de sa déconstruction du monde qui l'entoure. De la même manière que d'endosser un costume d'homme tellement grand qu'il en devient la caricature de tout ce qu'il symbolise — l'impunité, le privilège, le pouvoir —, chanter, pour Gaga, c'est se redonner un langage. Et le fait d'ainsi retrouver une forme de parole dans la douleur est peut-être quelque chose comme le début d'une résistance au système, d'un pied de nez à la honte et à ceux qui ont espéré la lui faire porter:

> C'est en tant que survivante d'une agression sexuelle perpétrée par quelqu'un de l'industrie du spectacle, en tant que femme n'étant pas encore assez brave pour prononcer son nom, en tant que personne vivant avec de la douleur chronique, en tant que femme ayant appris très jeune à faire ce

---

26. Le Breton, *Expériences de la douleur*, p. 166.
27. *Ibid.*, p. 167.

que les hommes m'ordonnaient, j'ai décidé aujourd'hui qu'il était temps de reprendre le contrôle. Aujourd'hui, c'est moi qui porte les culottes [*I wear the pants*][28].

Une fois cette voix retrouvée, libérée, elle peut se mettre à jouer, à déjouer, surtout. À déplacer. Comme Lena Dunham et Tig Notaro, Lady Gaga s'amuse à déplacer ce qui est attendu d'elle comme femme du show-business : « Ma méthode a toujours été que, si on voulait que je sois sexy ou que je sois pop, j'ajoutais un putain d'élément absurde qui me donnait le sentiment d'être encore en contrôle[29]. » Le veston surdimensionné en est une manifestation, la prestation qu'elle donne aux MTV Video Music Awards de 2009 en est une autre. Après qu'on lui a demandé de faire une version aguichante de *Paparazzi* pour la soirée, Lady Gaga décide de jouer sur le propos de sa chanson, un peu comme elle l'a fait dans le vidéoclip officiel[30]. Elle monte sur scène, tout de blanc vêtue, affublée d'une culotte et d'un bustier extravagants. Sa chevelure rappelle explicitement la coiffure emblématique de Marilyn Monroe. Elle danse, chante, fait tout comme il se doit dans un décor aussi blanc que son costume et ses cheveux. Puis, de son torse, à la hauteur de son cœur, du sang se met à couler. Derrière elle, le décor passe au rouge. En idole sacrifiée, elle termine la chanson oscillant dans les airs, pendue par un seul bras, l'immaculé de sa parure souillé de sang. Je pense à Carrie White, baignée de son sang menstruel. Je pense à Satine, la trop belle et trop parfaite victime.

Pour Lady Gaga, la douleur se réflète dans la célébrité au sens où l'une et l'autre cultivent une esthétique de la féminité toxique. L'une et l'autre érigent des idoles à magnifier pour mieux les voir tomber et souffrir. De Satine à Marilyn Monroe, de Lady Gaga à Nicole Kidman,

---

28. Elle, *Lady Gaga's Emotional Speech*, 08:37.
29. Moukarbel, *Five Foot Two*, 00:11:46.
30. La chanson, qui constitue le dernier single de l'album *The Fame*, décrit le harcèlement d'une personne par une autre, dans le but de s'attirer attention et célébrité. Dans le vidéoclip, Gaga joue Lady Gaga, une jeune star constamment poursuivie par des paparazzis qui a un amoureux possessif qui manque de la tuer. Après sa rémission, elle se crée un alter ego, séduit à nouveau son petit ami et se venge enfin en l'empoisonnant. Le clip se termine alors qu'elle se dénonce à la police et que son arrestation relance sa carrière comme jamais.

on les veut glamour, même dans la douleur et surtout dans la célébrité. Ainsi, quand des femmes célèbres comme Tig Notaro, Amy Schumer, Lena Dunham, Lady Gaga et tant d'autres déplacent la discussion autour de la douleur, surtout en ce que notre société moderne considère qu'elle a de «féminin», elles touchent au dernier retranchement de l'intime et, grâce à lui, proposent un nouveau récit. En faisant dérailler l'image de la malade (célèbre) parfaite, elles rendent possible un nouvel imaginaire du corps — féminin, malade, célèbre.

La dernière profanation

Chez Giorgio Agamben, le spectacle est envisagé comme «la phase extrême du capitalisme[31]» où exhibition et consommation se partagent les deux faces «d'une même impossibilité de l'usage[32]», c'est-à-dire d'une incapacité à restituer à l'usage commun ce qui avait été séparé dans la sphère du sacré. Pour Agamben, le spectacle se fait le lieu par excellence de la mise en place d'un «Improfanable absolu» parce qu'il réalise «la forme pure de la séparation sans plus rien séparer[33]», un peu à l'image d'une ville transformée en musée par les touristes dont elle est envahie. Enfilant les «il faut voir telle place», «il faut goûter telle spécialité», «il faut marcher à tel endroit», les touristes errent dans une ville devenue destination sacrée, aux points de convergence délimités comme les étapes d'un pèlerinage, sans qu'elle soit réellement habitée, réellement visitée, réellement expérimentée. Le spectacle — et son abondance d'objets à consommer sans réellement les investir ou les travestir — a quelque chose de cette muséification, dit Agamben. Parmi ces objets, les récits de douleur formatés de stars que déplorent Lerner, ou les égoportraits qui ne proposent aucune dramaturgie du soi malade que dénonce Tembeck, participent de la part d'Improfanable du spectacle. Dans ces cas, la capitalisation n'a épargné ni la douleur ni la maladie. Jusque dans ces retranchements les plus intimes, le spectacle s'est immiscé. Hissés au sommet de la perfection, de tels

---

31. Agamben, *Profanations*, p. 107.
32. *Ibid.*
33. *Ibid.*

récits contribuent ainsi à une sorte de muséification de la douleur : on y entre comme on entre dans un musée, suivant un parcours de déambulation précis, prévisible, balisé, observant des objets qui ont été triés, sélectionnés au préalable. Dans de telles représentations spectaculaires, la douleur et la maladie ont été soit reléguées au passé puisque vaincues, soit tout simplement évacuées, masquées derrière la superbe des vies qui en témoignent. Autrement dit, ces récits n'ont rien de commun. Au contraire, il s'y déploie une narration de la douleur aussi formatée, aussi sacrée, que la vie de ceux et celles l'énonçant.

Heureusement, Agamben rappelle que même l'Improfanable n'est pas à l'abri de la profanation. Il faut chercher — braconner, dirait Michel de Certeau — afin de « retrouver, au-delà ou en deçà de son seuil, un usage intact[34] ». Si l'on suit l'analogie de la ville muséifiée par ses touristes, cela signifierait que celle-ci offrirait malgré tout la possibilité d'un usage imprévu : une rencontre, un évènement, un contretemps qui auraient le potentiel de changer le cours d'un voyage pourtant prévu dans ses moindres détails. Dans l'économie spectaculaire de la douleur, cet usage intact se dénicherait peut-être du côté du déplacement ; il serait une forme de non-usage. Une sacralisation s'est créée autour de la dyade formée du féminin et de la douleur, fortifiée par des siècles d'approches — médicale, sociale, littéraire, philosophique, etc. — sexistes et genrées. Depuis, un dispositif commun les rassemble pour mieux les figer : la fertilité. Or, par le refus, par le non-usage de cet impératif s'ouvre son éventuelle profanation. Il me semble que les récits de douleur de Lena Dunham, de Tig Notaro et de Lady Gaga participent, chacun à leur façon, de ce non-usage, de ce pas de côté par rapport à l'idée d'une douleur qui doit être fertile : une douleur qui serait féminine dans ce qu'on attend d'elle — complaisante, passive, utile, discrète et belle —, mais dont la nature « féminine » serait aussi la raison de son discrédit, le prétexte parfait pour l'accuser de n'être qu'égocentrisme, manipulation, exagération, hystérie, honte.

Malgré le rapport trouble qu'elle entretient avec la douleur au féminin, Leslie Jamison cherche des avenues pour éviter de valo-

---

34. *Ibid.*

riser les femmes souffrantes sans pour autant leur dénier écoute, reconnaissance, validation. Elle en vient à la conclusion que la seule issue possible pour contrer une réification de la douleur au féminin — pour la profaner, donc —, c'est d'entreprendre «un mouvement vers le commun, non plus sous l'angle de la particularité humaine et du genre[35]». Ainsi, en dépit du fait qu'une douleur devienne dicible *grâce à* la lumière qu'attire à lui le corps — et le nom — de celui ou celle la vivant, il suffit que s'y dessine tout de même quelque chose qui appartienne au commun pour que la douleur commence à signifier autrement, et pour d'autres que lui: «La douleur ne se dépasse elle-même que lorsque les dommages traversent du privé au public, du repli sur soi au collectif[36].» Que ce soit en repensant le corps et le féminin par le biais de l'absence de l'utérus plutôt que par sa toute-puissance, que ce soit en esquissant une subjectivité douloureuse qui advienne au monde par le rire et sans égards pour les normes genrées, ou que ce soit en plongeant au cœur des liens intimes se tissant entre pouvoir et douleur, les célébrités convoquées ici m'apparaissent toutes trois imaginer une mise en récit de la souffrance qui se situe hors des stéréotypes habituels, mais sans pour autant nier leur existence. Par les dispositifs intimes auxquels elles ont recours — le témoignage, le dénudement du corps, la voix —, elles contribuent à une démocratisation de la douleur en la rendant visible, d'abord, mais surtout en lui permettant d'être plurielle. La visibilisation qu'elles activent ramène la douleur des personnes s'identifiant comme femme à l'avant-plan, sans qu'elle ne soit figée par des interprétations romantiques et, ce faisant, dénaturalise le corps dit féminin en évitant de reconduire des stéréotypes essentialisant l'identité de genre.

*

J'aurai toujours une profonde affection pour les tragédiennes passives de mon enfance. À chacun de mes visionnements de *Moulin Rouge*, Satine meurt, et je l'aime chaque fois un peu davantage. Je n'y peux rien, c'est comme ça. Mais j'ai appris à ne plus valoriser la douleur des

---

35. Jamison, «Grand Unified Theory of Female Pain».
36. *Ibid.*

femmes pour ce qu'elle a de féminine, justement : « On blâme la femme blessée d'incarner un stéréotype et parfois, elle l'est. Mais parfois, elle est simplement authentique. Je crois que la crainte que la douleur soit potentiellement fétichisée n'est pas une raison pour cesser de la représenter. De la douleur mal représentée, déformée, est encore de la douleur. Une douleur galvaudée est encore une douleur[37]. » Ma lecture de Jamison comme une lueur pour me guider, je garde en tête que, au-delà de toutes les représentations romancées et autres performativités de la douleur qui sont produites, écrites, jouées, quelque chose persiste : la douleur — elle — demeure. Peu importe le lieu de son énonciation ou la manière dont elle est mise en scène, une douleur performée est encore une douleur, remarque Jamison. Il s'agit de trouver le chemin de sa profanation pour qu'elle parvienne à compter — à se matérialiser, dirait Butler. Pour que derrière elle des personnes comme ma chère Fanny commencent, elles aussi, à apparaître.

Ainsi, la douleur vécue par les féministes pop peut se lire comme le degré zéro d'une posture intime articulée au cœur du gouvernement spectaculaire que forment les industries culturelles. Avec leurs corps qui ne peuvent plus, qui ne veulent plus, qui ne suffisent plus, il devient impossible pour elles de répondre parfaitement aux impératifs du système qui les accueillent. Une autre fois encore, elles échouent. Or, c'est la mise en récit de cette interruption, de cette incapacité, de cette défaillance qui leur permet de renverser — de profaner — les structures habituelles d'Hollywood en se faisant tactique. Grâce aux « failles que des conjonctures particulières [leur douleur] ouvrent dans la surveillance du pouvoir propriétaire [les industries culturelles][38] », elles parviennent à écrire, à jouer et à performer leur douleur et, de ce fait, à braconner. Chez Dunham, Notaro et Gaga, le fait de se retirer — momentanément ou non — du spectacle, puis de se raconter en train d'être vulnérables, incomplètes, et même parfois vaincues par la douleur participe de leur resubjectivation puisque, comme l'écrit Michel de Certeau, « c'est parce qu'il perd sa place que l'individu naît

---

37. Jamison, *The Empathy Exams*, p. 248.
38. De Certeau, *L'invention du quotidien*, tome 1, p. 61.

comme sujet[39] ». Et je crois que cet ultime retranchement du corps célèbre dans ses quartiers les plus intimes a le potentiel d'ouvrir une énonciation féministe autobiographique qui aille au-delà des schèmes empruntés à l'idéologie dominante pour permettre une expérience qui participe davantage du commun ou de l'ordinaire.

---

39. *Ibid.*, p. 204.

CHAPITRE QUINZE

À CELLES QUI SONT MES CONTEMPORAINES

> [J]e dis : changeons les règles ! Mon pouvoir devrait être *votre* pouvoir. [...] Chaque fille qui a les capacités d'avoir le pouvoir l'aura. Toutes celles en mesure de s'élever le feront. [...] Chacune d'entre nous. Faites votre choix : êtes-vous prêtes à être fortes ?
>
> Buffy, *Buffy contre les vampires*

L'année 2014, durant laquelle les revendications et les mobilisations citoyennes féministes ont côtoyé une certaine « mise en féminisme[1] » de la culture pop et des médias, a participé à la construction de l'hypothèse qui sous-tend les pages de ce livre : les célébrités qui s'adonnent à une mise en scène de soi dans l'écriture ont le potentiel d'offrir une certaine intimité au cœur du spectacle,

---

1. D'autant plus que ce regain de popularité pour le féminisme dans l'espace public n'a pas été exclusif au monde d'Hollywood et s'est fait sentir autant dans l'univers de la mode, qu'en publicité, au cinéma, à la télévision et sur les réseaux sociaux.

intime qui s'impose comme un contre-dispositif aux dispositifs par moment annihilateurs de l'univers du show-business et de la culture pop. Car si, comme l'écrit Giorgio Agamben, les dispositifs consistent en « tout ce qui a, d'une manière ou d'une autre, la capacité de capturer, d'orienter, de déterminer, d'intercepter, de modeler, de contrôler et d'assurer les gestes, les conduites, les opinions et les discours des êtres vivants[2] », alors l'intime, parce qu'il « permet de suspendre tout jugement extérieur sur ce qui s'y trouve élaboré [et que,] pour exister, il doit échapper aux regards[3] » me paraît ouvrir la possibilité d'une respiration, d'une resubjectivation à même le gouvernement spectaculaire. Tout en continuant de s'inscrire dans le discours dominant et les normes qui le régissent, certaines féministes pop parviennent donc par moment à braconner au vu et au su de tous grâce à la mise en place d'une image de soi qui s'est offerte comme « un mode particulier de manifestation, une manière d'apparaître irréductible à toutes les autres[4] ». Je pense au torse de Notaro sous les projecteurs de la salle de spectacle, je pense aux chairs débordantes de Lena Dunham, je pense aux larmes de Lady Gaga, je pense aux bas-ventres de Schumer, Glazer ou Jacobson, je pense au corps-*I* de Beyoncé… Chacune à leur façon, elles transgressent les règles du système dans lequel elles évoluent et ouvrent ainsi un espace relationnel où une partie de leur public se sait *regardée* et se voit invitée à réfléchir, à s'interroger, à produire du sens.

Mais quel rôle ces féministes pop jouent-elle dans l'espace public ? Quelle place leur accorde-t-on ? J'écris ces mots et je pense une fois de plus à #MeToo, à ce mot-clic qu'on ramène trop rarement à sa créatrice, l'activiste noire originaire de Harlem Tarana Burke. Le mouvement de 2017, mené par des stars hollywoodiennes, a forcément rayonné davantage que Burke puisqu'il a joui de la notoriété de celles qui ont osé prendre parole : ces vedettes ont fait résonner dans l'espace public un message qui peinait à se faire entendre, dressant la table

---
2. Giorgio Agamben, *Qu'est-ce qu'un dispositif ?*, Paris, Payot & Rivages, 2007, p. 31.
3. Fœssel, *La privation de l'intime*, p. 16.
4. *Ibid.*, p. 70.

pour d'autres qui n'en auraient pas le temps, l'énergie, la capacité ou le capital. Les bienfaits d'une telle prise de parole portée par des figures connues et aimées n'ont d'ailleurs pas tardé à se faire sentir. Au Québec, on a noté une hausse des appels dans les Centres d'aide et de lutte contre les agressions à caractère sexuel (CALACS) chaque fois qu'une vedette partageait son récit dans les médias[5]. Si certaines voix, plus audibles, peuvent ainsi participer à mettre certaines expériences en lumière, il ne faut pas que leur force occulte les récits de celles qu'elles prétendent aider. Pour prendre la mesure de cette asymétrie, il suffit de revenir au numéro spécial du magazine *Time* qui a nommé les « briseuses de silence » (« *silence breakers* ») de #MeToo personnalités de l'année 2017. Si le numéro consacre des passages du dossier à Burke ainsi qu'à d'autres femmes de moins grande renommée dans une volonté évidente de démocratiser la discussion et de la rendre intersectionnelle, cet effort est entaché par le choix éditorial de la photographie de couverture sur laquelle se retrouvent différentes actantes de la vague de dénonciations. En effet, Burke ne s'y trouve pas, mais Taylor Swift, elle, y figure. Certes, relier Swift à #MeToo n'est pas sans fondement : elle a été au centre d'un procès pour agression sexuelle durant l'été précédant les premières révélations de #MeToo, procès au fil duquel elle a souligné à répétition les limites du système judiciaire en matière d'agressions ou de harcèlement sexuels ainsi que les doubles standards imposés aux victimes. Ce procès, hautement médiatisé, a rouvert un débat à peine refermé depuis l'affaire Jian Ghomeshi, relançant des discussions essentielles. Néanmoins, l'apparition de Swift sur la couverture du *Time* se lit comme la tentative maladroite de faire de la mégastar l'héroïne d'un récit qui concerne en fait une prise de parole commune, un tour de force collectif dont la pluralité des actantes se trouve ainsi reléguée au second plan. Et alors, celles-ci sont doublement ignorées : d'abord par une société qui refuse de reconnaître la légitimité de leur récit d'agression, puis par le mouvement même qui prétend vouloir leur redonner parole. Ce morceau d'histoire récente me semble prolonger

---

5. Jessica Nadeau, « Une vague "glamour" qui a laissé des femmes dans l'ombre », *Le Devoir,* 6 octobre 2018.

les tensions qui sillonnent le féminisme canonique occidental, ce qui me rappelle combien elles ne sont ni nouvelles ni propres aux féminismes des dernières années.

La conception du féminisme qui se joue à Hollywood et dans le show-business, celui-là même que s'échangent une poignée de stars ne suffit pas, évidemment. Le néolibéralisme, du fait qu'il valorise l'individu et ses réussites personnelles au détriment de tout, ne contribue pas à l'avancée concrète des luttes féministes, qui ont toujours gagné à être communautaires, intersectionnelles, multiples, fondamentalement orientées par un idéal de justice. Mais le féminisme pop ne constitue pas l'unique voie du féminisme aujourd'hui. Je préfère l'envisager comme un outil, plutôt qu'une fin en soi, afin que son utilité — sa puissance d'agir — demeure bien après que les projecteurs se soient éteints, bien après que les tapis rouges soient terminés et bien après qu'on ait arrêté d'imprimer des #FEMINIST sur des sous-vêtements vendus en grande surface. Il faut penser *les* féminismes, et celui qui s'exprime depuis la culture pop n'en est qu'une manifestation parmi tant d'autres. À partir de là, afin de pouvoir appréhender le féminisme pop adéquatement, il fallait que je parvienne à lui être contemporaine au sens où l'entend Agamben, c'est-à-dire que je ne me contente pas d'être du même temps que lui, mais j'accepte plutôt de m'installer « au point de [sa] fracture[6] ». Ce point névralgique, cette césure d'où commence à apparaître la part d'obscurité singulière d'une époque — pour le dire encore avec le philosophe —, je l'ai trouvé dans les imperfections des féministes pop.

L'un des points constitutifs de ce livre demeure que je suis contemporaine des phénomènes qu'il décrit. J'ai sensiblement le même âge que la majorité des féministes pop citées entre ces pages et, même lorsque ce n'est pas le cas et que nous n'appartenons pas exactement à la même génération, nous partageons malgré tout des référents culturels communs et évoluons dans un contexte socioéconomique semblable. Nous sommes du même temps, les unes et les autres. Parfois, j'ai l'impression que si tel n'avait été le cas, je n'aurais pas mené à bien ce projet. Au bout du compte, j'ai eu besoin de lui. J'ai eu besoin

---

6. Agamben, *Qu'est-ce que le contemporain?*, p. 25.

d'elles. Ainsi, au fil des mois, au fil des pages, à force de laisser mon Instagram être de plus en plus envahi par leurs photographies et de lire les commentaires publiés en dessous, à force de parcourir les articles que m'envoyaient incessamment mes amies et à force de discuter avec celles-ci des dires de l'une ou des actions de l'autre, j'ai commencé à « vivre en lui », à m'insérer dans les tensions du féminisme pop sans les redouter, sans vouloir les amener d'un côté et de l'autre, jusqu'à me le répéter, ici, pour une dernière fois : il m'importe peu de trancher entre un féminisme authentique — méritant — et un féminisme de parure, récupéré par le discours commercial ; je désire plutôt m'en réclamer pour ce qu'il a de compliqué, de contradictoire, parce que, dans ses tensions, je me suis reconnue.

Mais le pari que j'ai pris de les envisager avec leurs manquements et leurs impairs n'a pas été sans heurts. Encore il y a quelques mois, en apprenant qu'Asia Argento, une des premières actrices à dénoncer publiquement Harvey Weinstein, était à son tour accusée d'agression sexuelle par un jeune acteur, je me suis revue ouvrant mon téléphone, le matin, et découvrant dans le fil de nouvelles une énième bévue commise par l'une ou l'autre de mes féministes pop. Le même sentiment brûlant de déception m'a envahie. *Ah, non. Pas encore. Pas elle. Pas maintenant.* Puis, le découragement. Tout serait à refaire, à réexpliquer. Avec énormément d'appréhension, j'ai lu des articles entourant la nouvelle. Asia Argento aurait agressé sexuellement un acteur, Jimmy Bennett, quand il avait 17 ans et lui aurait ensuite versé 380 000 $ pour acheter son silence. Dans un parallèle quasi parfait avec son propre récit d'agression, Argento nie les accusations : elle n'a jamais eu de relations sexuelles avec Bennett et lui a simplement remis le montant qu'il exigeait afin qu'il ne l'approche plus. L'histoire se répète, mais différemment. Les étiquettes nettes et définies, rassurantes, se confondent : victime ? agresseuse ? innocente ? menteuse ? Avec cette histoire, #MeToo connaît sa première interférence majeure : une anomalie dans le réseau fait fluctuer sa pertinence, sa légitimité, son influence. On le voit pour ce qu'il est : imparfait. Et Argento devient une inaimable… Elle nous a fait faux bond. Elle a failli à la tâche. Son aura de parfaite victime est déconstruite. Je peste. Comment se fait-il que, là encore, nous n'ayons pas le droit à une histoire sans taches, à une dénonciation parfaite ? « Parfois, les histoires sont inexorablement et malencontreusement compliquées[7] », écrit Monica Hesse à propos de la chute d'Argento. Et elle a raison. Demander à Argento ou à toutes les autres femmes ayant pris la parole d'être de parfaites victimes, c'est faire fi du système à l'origine des violences qu'elles ont vécues : « Il nous faut réfléchir aux actions alléguées d'Argento — pas parce qu'elles "invalident" le mouvement, mais parce qu'elles en font partie. Avec #MeToo, il n'a jamais été question de ce qu'une poignée d'hommes ont fait à une poignée de femmes, mais bien du poison avec lequel nous nous étouffons tous[8]. »

De la même manière, les faux pas et les débordements des féministes pop ne me semblent pas être ce qui les invalide, mais plutôt ce qui révèle les rouages du gouvernement spectaculaire dans lequel elles évoluent. Dans la foulée de Michel Foucault, j'ai envisagé l'univers du show-business nord-américain comme un gouvernement, c'est-à-dire un lieu où le pouvoir se tisse en réseau. Au cœur de ce gouvernement spectaculaire où image, réputation et plaisir vont de pair, le pouvoir réside forcément dans la possession et le contrôle du visible : qui est vu, mais aussi qui montre qui ou quoi, et de quelle façon. Chez les féministes pop, le pouvoir ne se trouve ni dans le fait de regarder ni dans celui d'être vues, mais bien dans le fait de se montrer — et de choisir comment. Pour cette raison, je vois chez les féministes pop quelque chose de la figure du fou du roi. Comme le bouffon qui appartient à la cour, mais qui en est aussi l'agitateur extérieur, les féministes pop appartiennent au spectacle, mais quelque chose chez elles empêche qu'elles en soient des membres à part entière. Constamment, elles échouent à faire ce qui y est attendu d'elles. Elles tombent de leur piédestal, elles désacralisent l'image de la star. Même si elles demeurent des personnalités en vue, elles ne sont pas les parfaites étoiles d'Hollywood. Dans ce décalage s'installant entre ce que l'on attend d'elles et l'image qu'elles projettent, elles exposent les dispositifs du système dont elles font partie sans s'y opposer de

---

7. Monica Hesse, « Asia Argento, and the Dangerous Fallacy of the Perfect Victim », *The Washington Post*, 21 août 2018.
8. *Ibid.*

front. Elles y existent autrement. Trop grosses, trop vieilles, trop nues, trop bruyantes, trop malades… Elles incarnent l'ingouvernabilité que dénote Rowe chez les figures désormais consacrées de la culture pop que sont Miss Piggy ou Mae West. Ainsi, comme le bouffon qui joue, sans en avoir l'air, un rôle central dans l'équilibre du royaume, « se donner en spectacle ne rend pas [les ingouvernables] vulnérables, mais cimente [leur] pouvoir[9] ».

Ainsi sont les féministes pop. Elles s'invitent au banquet, prêtes à festoyer. Elles entrent en scène et continuent de se donner en représentation sans se soucier de plaire ou de déplaire. Tout ce qui compte, c'est qu'elles soient vues. De cette manière, elles arrivent à renverser les hiérarchies :

> Le refus de la femme ingouvernable de se tenir à sa place déstabilise l'une des distinctions sociales les plus fondamentales — celle entre le masculin et le féminin. [L'ingouvernable] ne se tient ni à sa place ni dans toute autre position légitime. Lorsqu'elle s'élève au-dessus du masculin, elle ne prend pas sa place en devenant un « homme », mais ne demeure pas non plus une « femme »[10].

Les féministes pop sont donc ingouvernables au sens où elles s'emparent sans hésitation de comportements, de discours, de sentiments et de rôles que l'on réserve encore largement aux hommes : elles ne sont pas qu'actrices, elles produisent et réalisent ; elles ne se contentent pas de monter sur scène, elles jouent à guichets fermés ; elles ne dénudent pas que leurs seins ou d'autres parties de leur corps qui sont habituellement esthétisés à l'écran, elles se montrent tout entières — leur sexe, leur sueur, leur pilosité — dans tout ce que leur corps a d'imparfait et de commun. Et, surtout, elles se donnent le droit d'être inaimables et de ne pas s'en excuser.

Dans le chamboulement des structures et conventions que ces figures opèrent, Lucie Joubert entrevoit la possibilité d'une relecture contemporaine du carnaval, cette journée annuelle où le roi devient fou et le fou devient roi, et que « s'ouvre la possibilité pour *tous* de se créer un autre soi, un double licencieux et temporaire à qui est

---

9. Rowe, *The Unruly Woman*, p. 120.
10. *Ibid.*, p. 43.

accordée une liberté totale de geste et d'expression[11] ». Par contre, Joubert soulève un bémol: au carnaval ne s'invite pas qui veut. Elle rappelle que

> le renversement des hiérarchies inhérent au carnaval se fera surtout entre hommes (les gars font des blagues entre eux, devant les femmes), rarement entre hommes et femmes (l'homme ne prendra pas la place de la femme et vice versa) et, plus encore, souvent au détriment des femmes[12].

En humour, comme en art ou en politique, cela signifie que les femmes doivent d'abord se donner le droit d'assister au carnaval, c'est-à-dire qu'elles doivent s'octroyer la liberté de se donner en spectacle avant de pouvoir *effectivement* se donner en spectacle. Elles sont obligées de « s'accorder le droit à la licence avant de l'énoncer[13] », ce qui fait que leur carnaval en est un qui devient « *marqué* (portant la trace du féminin, dans une volonté de se distinguer d'un carnaval *universel* qui lui fait peu de place) qui tradui[t], jusqu'à un certain point, un carnaval *manqué*[14] ». On connaît la chanson: elles créent des séries « de filles », font de l'humour « féminin », écrivent des livres de « chicklit », gouvernent comme « des femmes ». Pour éviter ce piège, Lucie Joubert suggère, dans une très belle formulation, qu'il s'agit d'« inventer [notre] propre banquet, ou [de] trouver un équivalent féminin à cette manifestation virile[15] », un peu comme l'a fait Louky Bersianik avec son *Pique-nique sur l'Acropole*, qui parodie le sacro-saint banquet de Platon. Il me semble que les féministes pop, en ce qu'elles cherchent à s'unir et à travailler ensemble, participent de ce carnaval redessiné.

Comme la tête hilare de Méduse-Hillary qui continue de rire dans les mains de l'homme qui la vaincra, les féministes pop se plaisent dans leur rôle de folles du roi puisqu'elles sont libres d'y entretenir cet état constant d'entre-deux qui leur donne leur puissance. À la suite de Roseanne Barr, mais aussi de Mae West ou de Joan Rivers, celles « pouvant engendrer un sentiment de fascination et de dégoût tout à la

---

11. Joubert, *L'humour du sexe*, p. 40.
12. *Ibid.*, p. 41-42.
13. *Ibid.*, p. 42.
14. *Ibid.*
15. *Ibid.*, p. 44.

fois[16] », les féministes pop refusent d'être l'objet du récit d'un autre et deviennent le sujet de leur propre narrativité. Le fait qu'elles soient des célébrités n'enlève rien à la force ni au potentiel de leur ingouvernance, au contraire. Celle-ci est d'autant plus importante qu'elle est *médiatisée*, justement, c'est-à-dire qu'elle sert d'intermédiaire, de relais entre les féministes pop et leurs fans. Entre elles et moi. Leur ingouvernance délie la mienne. Grâce à elle, je suis, à mon tour, invitée au carnaval.

Les écarts des féministes pop — de langage, de conduite, d'apparence — insèrent un *glitch* dans le système qui ne profite pas qu'à elles. Ils ouvrent un espace de liberté pour toutes les personnes qui, comme moi, se lisent dans ces imperfections, comme si elles nous donnaient la possibilité d'exister autrement. Si Roxane Gay accepte d'être une mauvaise féministe parce que la culture — pop ! — qu'elle consomme n'est pas toujours au diapason de sa pratique militante ; si Janet Mock épouse sa féminité grâce au reflet que lui renvoie le corps de Beyoncé ; si Martine Delvaux écrit qu'elle a été *faite* par les femmes de la télé que sont les Charlie's Angels, Wonder Woman, la femme bionique… à mon tour, je prends la mesure du rôle qu'ont joué les féministes pop dans ma formation comme adulte, comme féministe.

Puisque les féminismes existent en continuum — une série d'avancées contre lesquelles viennent se braquer des ressacs —, je suis convaincue que le féminisme pop a participé, à sa manière, à préparer la réponse à #MeToo. Dans une forme d'éducation populaire en amont, il a non seulement accéléré la circulation d'idées féministes dans l'espace public, mais il a aussi ouvert la voie à de nombreuses jeunes personnes — dont je suis — qui se heurtaient jusqu'alors aux exigences que leur renvoyait la société, leur permettant de trouver, en plein cœur de la culture qu'elles consomment (musique, film, série, réseaux sociaux), une marge de manœuvre pour bricoler quelque chose comme une posture féministe. Là où j'avais déjà des sœurs, des amies, des amantes, j'ai trouvé des allié·e·s.

---

16. *Ibid.*, p. XVI.

✶

Dans la culture pop et, plus précisément dans la culture de la célébrité, le féminisme a souvent été envisagé comme la victime de son propre succès, désavoué parce qu'il capitule, en quelque sorte. Je ne crois pas que les féministes pop aient décidé «d'ajouter» l'idée du féminisme à leur marque de commerce. Les questions féministes sont devenues une partie intégrante de leurs diverses productions culturelles et, ainsi, de leur renommée. L'engagement qu'ont pris des femmes comme Beyoncé Knowles-Carter, Lena Dunham, Amy Schumer, Mindy Kaling, Abbi Jacobson, Ilana Glazer, Tina Fey, Amy Poehler, Sarah Silverman, Lady Gaga ou Tig Notaro par rapport aux enjeux politiques et sociaux naissant aux intersections du genre, de la classe sociale et de l'appartenance raciale n'a pas été uniquement une question d'image. Sans forcément se radicaliser, puisqu'une telle chose est virtuellement inenvisageable, comme le rappelle John Fiske, leur persona médiatique témoigne d'une politisation certaine.

Ainsi, devant la montée de la droite politique aux États-Unis à la suite de l'élection de Donald Trump en 2016 — et, corollairement, de la défaite d'Hillary Clinton —, les artistes dont les noms tapissent les pages de ce livre se sont lentement mais sûrement mobilisées, à leur façon. D'autres ont procédé à un examen de conscience approfondi, reconnaissant que des propos tenus dans le passé étaient inacceptables (je pense, entre autres, à Amy Schumer), et certaines ont même commencé à se taire, à laisser le *spotlight* se diriger vers d'autres qu'elles : «Ma voix n'est plus requise», dira Lena Dunham alors qu'on lui demande pourquoi elle s'est retirée de l'attention médiatique[17]. Leur persona, qu'elles construisent à coups de gazouillis et de photographies Instagram, s'est transformée sensiblement durant les années qu'il m'a fallu pour écrire ces pages : appel à la mobilisation politique, dénonciation des abus du gouvernement à la frontière mexicaine, soutien aux organismes pro-choix, etc. Je l'ai répété souvent à des ami·e·s qui me questionnaient sur l'avancée de mes recherches :

---

17. Allison Davis, «"Yeah, I'm Not for Everyone". Lena Dunham Comes to Terms with Herself», *The Cut*, 26 novembre 2018.

sans l'élection de Trump, j'ai le sentiment que c'est une tout autre conclusion que je serais en train d'écrire aujourd'hui. Tristement, la montée de la haine aux États-Unis a catalysé une certaine urgence qui s'est répercutée jusque dans les industries de la culture pop. Des commentaires politiques se retrouvent désormais parsemés à la fois dans des émissions satiriques tels que *The Simpsons* ou *Who Is America*, dans les *late night shows* comme ceux qu'animent John Oliver ou Jimmy Kimmel, voire dans les émissions de téléréalités comme *RuPaul's DragRace*. Les féministes pop n'y font pas exception. De toute manière, les dynamiques politiques se jouant dans les industries culturelles ne devraient pas être considérées comme moindres — inauthentiques — par rapport à une « vraie », authentique, vie politique.

La présence médiatique des féministes pop n'est donc pas apolitique. Pour cette raison, quand on lui demande si, selon elle, les évènements des dernières années — les Marches des femmes, #MeToo, l'augmentation de candidates en politique — ne sont que des moments distincts et éphémères ou s'ils prennent part à un réel mouvement, l'écrivaine Rebecca Traister réajuste le tir : « La dualité sur laquelle repose cette question me semble fallacieuse. Les mouvements sont faits de moments, s'étirant durant des mois, des années, des décennies. Ils sont considérés comme des mouvements — continus et cohérents — seulement après qu'ils ont entraîné des changements considérables[18]. »

Comme le remarque Sophie Smith au lendemain des Golden Globes de 2018 où le tapis rouge s'est paré de noir, le problème avec un féminisme qui se penserait exclusivement en fonction de victoires ponctuelles ou de mouvements canoniques est qu'on risque d'oublier « l'inadéquation entre la rapidité occasionnelle de la politique démocratique et la lenteur des changements structurels[19] ». N'oublions pas que ce soir-là — malgré toutes les robes noires, malgré les petites broches #TimesUp, malgré le discours senti d'Oprah Winfrey, qui devenait la

---

18. Rebecca Traister, « And You Thought Trump Voters Were Mad. American Women Are Furious — and Our Politics and Culture Will Never Be the Same », *The Cut*, 17 septembre 2018.
19. Sophie Smith, « Time's Up ? », *London Review of Books*, 16 janvier 2018.

première femme noire à recevoir le prix Cecil B. DeMille —, les deux prix décernés à un acteur principal ont été remis à des comédiens accusés d'agressions (Gary Oldman et James Franco) et que Kirk Douglas, accusé de viol, a reçu une ovation.

★

En 2018, après l'explosion de #MeToo à Hollywood, Jian Ghomeshi, comme une ultime insulte, publie un essai dans le *New York Review of Books* pour partager son « expérience ». Il écrit : « Je suis devenu un mot-clic. Une de mes amies m'a lancé, à la blague, que je devrais obtenir une sorte de reconnaissance publique en tant que pionnier de #MeToo. Aujourd'hui, il y a pas mal de gars plus détestés que moi. Mais j'ai été celui que tout le monde a haï en premier[20]. » L'ensemble de son texte est odieux dans la propension qu'il a de rester complètement aveugle aux questions de pouvoir inhérentes à ce genre d'affaires. Preuve en est qu'il se donne le droit de livrer son histoire dans une revue prestigieuse sans jamais se demander pourquoi on lui accorde une telle tribune. Mais j'aime cette citation parce qu'elle me permet de prendre ses mots et de les retourner contre eux-mêmes afin qu'ils se mettent à dire autre chose. Ghomeshi y affirme — ouvertement provocateur — qu'il devrait être considéré comme le pionnier de #MeToo. Mais ce récit ne lui appartient pas. Ce que Ghomeshi est incapable d'envisager, c'est qu'il n'est pas « l'homme que tout le monde a haï en premier ». Enlevons-lui cette importance. Il n'est *qu'un* homme, qu'un des visages de l'oppression que les féminismes de tout acabit s'affairent à démonter. Il n'a pas existé comme mot-clic parce qu'il était le premier. Il a existé comme mot-clic parce qu'il était un de trop, un de plus. Ce n'est pas à lui que revient l'émergence de #MeToo, mais à la discussion — commune et multiple — qui a découlé de la prise de parole des femmes sur les réseaux sociaux, fomentant les bases d'une colère grâce à laquelle, quatre ans plus tard, #MeToo a pu prendre les proportions qu'on lui connaît. Ghomeshi n'est pas Persée, le héros mythique venu tuer la Méduse. Il n'est qu'un petit Persée parmi

---

20. Jian Ghomeshi, « Reflections from a Hashtag », *The New York Review of Books*, 11 octobre 2018.

d'autres, banals, qui redoutent le rire des Méduses, plurielles à n'en plus finir. « Plus une minute à perdre », nous dit Cixous, « *sortons* ». Voilà ce que je souhaite au féminisme pop : qu'il sorte. Qu'il continue de déborder au-delà de ce qui est attendu de lui, que ce soit par l'usage qu'en feront celles et ceux qui le consomment, ou que ce soit par ses actantes, qui elles-mêmes se déconstruisent afin de proposer un langage spectaculaire qui a à voir autant avec l'intime que le politique, avec le personnel que le commun.

*

Pâques 2019. Je suis dans le salon de ma grand-mère avec ma mère et ma tante. Par la fenêtre, je vois poindre les premières fleurs sur les cornouillers qui encerclent le terrain. Alors que je feuillette les albums de photos de famille, comme à mon habitude, ma tante me questionne sur mes études, sur ma recherche. Depuis toutes ces années, depuis toutes ces Pâques, c'est la première fois. Je commence. Je donne le contexte. Je m'y attendais : elle roule des yeux dès que je prononce le mot « féminisme » et s'empresse de me couper la parole pour me dire que les féministes exagèrent, que les jeunes garçons ne parviennent plus à s'épanouir, qu'on n'a plus le droit d'être un homme en paix. *Regarde les universités, c'est rempli de filles comme toi qui raflent tous les honneurs.* S'ensuit une brève altercation durant laquelle je tente de lui articuler tout ce que cache une telle affirmation, mais rapidement, elle étend sa main, la paume bien ouverte, autoritaire, et tranche : *De toute façon, elles vont servir à quoi, tes recherches ? Qui va les lire ? C'est pas comme si tu proposais des solutions concrètes.* Je referme l'album de photographies que je tiens entre mes mains et je me lève. Je quitte la pièce, sans penser à ce que je suis en train de faire. *Je sors*. Derrière moi, le ton monte entre ma mère et ma tante. J'entends ma mère me défendre, elle qui n'a jamais rien eu à faire des questions féministes. *Elle doit savoir ce qu'elle dit, quand même, elle en a lu des trucs depuis six ans. Tu ne la laisses même pas parler, tu ne l'écoutes pas.* Je me surprends à sourire. Puis, je sens les larmes arriver. Rien n'est jamais gagné, même avec Beyoncé comme porte-étendard. Mais, n'empêche, il y aura ma mère, désormais.

MERCI

À Mélanie, d'abord, de poser sur le monde son regard unique qui empêche le mien de se complaire dans la facilité, mais surtout pour son amour, refuge indéfectible où je peux choir. K'Kzalmel.

À mes ami·e·s, toutes autant que vous êtes, pour votre curiosité, vos suggestions, vos questionnements exigeants et nécessaires. Nos échanges ont contribué aux ramifications de ce livre, et de notre complicité il est désormais traversé. Je n'ai pas fini de nous aimer.

À Fanny Tremblay pour les innombrables heures de discussions enflammées. Mon amour du féminisme pop, c'est aussi mon amour pour toi.

À mes Lamas pour les folies quasi quotidiennes qui ont su alléger les longues soirées de réécriture.

À Guillaume Gagnon pour la traduction tout aussi inattendue que généreuse.

À Jean-François Lebel pour l'aide spontanée et les mots qui rassurent.

À Martine Delvaux pour sa pensée lucide, sans complaisance et pourtant si altruiste. Lumineuse. Ce livre lui doit très certainement ses assises et, moi, je lui dois une vaste part de la féministe que je suis aujourd'hui.

À Maryse Andraos pour sa confiance, elle qui a su, la première, deviner le livre derrière la thèse.

À Marie Parent pour la lecture rigoureuse, intelligente et humaine de ce manuscrit, pour son efficacité inégalée, mais aussi pour les mille courriels délirants et l'écoute infatigable durant les derniers mois. Je n'aurais pu rêver d'une meilleure complice pour mener à bien ce projet.

À Rachel Bédard, Anne Migner-Laurin et toute la précieuse équipe de Remue-ménage pour l'accompagnement bienveillant jusqu'à la fin.

Au Conseil de recherches en sciences humaines du Canada, au département d'études littéraires de l'UQAM et au centre de recherche Figura pour leur appui financier au cours des premières années d'écriture. Je les remercie d'avoir cru en ce projet.

Et, finalement, à Alanis et Élouan pour vos câlins et vos fous rires qui me ramèneront toujours là où ça compte. Je vous aime.

TABLE DES MATIÈRES

Introduction	9
1. L'entrée du féminisme sur le tapis rouge	27
2. Lire le féminisme pop	53
3. Le prélude de Beyoncé	79
4. Manifestations de l'intime	101
5. Lena Dunham I : star en chute libre	117
6. Une Méduse pour les ingouverner toutes	135
7. Quand une star dit *je*	161
8. Lena Dunham II : corps en bataille	175
9. Amy Schumer : reprendre les rênes du rire	195
10. Le corps comique : pour l'amour du bas-ventre	209
11. Spectaculaire douleur	233
12. Le cas Dunham : réécrire l'origine	257
13. Le cas Notaro : se rire de la douleur	275
14. Le cas Gaga : performer le trauma	287
15. À celles qui sont mes contemporaines	307
Remerciements	321

Imprimé en France par CPI
en janvier 2022

Dépôt légal : février 2022
N° d'impression : 167817